Die Kirchen und die portugiesische Präsenz in Afrika

Entwicklung und Frieden · Dokumente, Berichte, Meinungen 2

Im Auftrag des Katholischen Arbeitskreises Entwicklung und Frieden (Kommission Justitia et Pax in der Bundesrepublik Deutschland) herausgegeben von Ulrich Koch, Harry Neyer und Hans Zwiefelhofer

1 Krücken/Neyer (Hg.): Wehrdienst - Kriegsdienstverweigerung - Zivildienst

2 Grohs/Neyer (Hg.): Die Kirchen und die portugiesische Präsenz in Afrika

3 Koch/Risse (Hg.): Die Dritte Welt antwortet der Synode

Die Kirchen und die portugiesische Präsenz in Afrika

Herausgegeben von Gerhard Grohs und Harry Neyer

Kaiser · Grünewald

© 1975 Chr. Kaiser Verlag, München. ISBN 3-459-00995-0
Matthias-Grünewald-Verlag, Mainz. ISBN 3-7867-0471-6
Umschlag: Kroehl/Offenberg
Composersatz: Niko Jessen, Hamburg
Druck und Bindung: Anton Hain KG, Meisenheim

Inhalt

Zur Einführung 7

I. Die politische, wirtschaftliche und soziale Situation Portugals 11
Fritz René Allemann

II. Die portugiesische Überseepolitik und die Situation in den portugiesischen Überseegebieten

Überlegungen zur portugiesischen Afrika-Politik 29
Francisco Bonifácio de Miranda

Nationale Integration in einer multirassialen Gesellschaft – Das Beispiel
Mozambique 36
Miguel Artur Murupa

Zur Situation in den portugiesischen Kolonien Afrikas 45
Eduardo de Sousa Ferreira

III. Staat und Kirche in Portugal und seinen afrikanischen Überseegebieten

Die Beziehungen zwischen Kirche und Staat in Portugal und seinen
Territorien in Afrika 53
Luc Hertsens

Zur Situation der katholischen Missionen in Mozambique 67
Wilhelm Großkortenhaus

Missionen, Kirchen und Sekten in Mozambique 78
Horst R. Flachsmeier

IV. Die Kirchen und die portugiesische Präsenz in Afrika

Die Haltung des Episkopats der portugiesischen Überseegebiete und
des Heiligen Stuhls 83
Jean Villot

Möglichkeiten und Chancen eines kirchlichen Beitrags zur
Konfliktlösung 86
Heinrich Tenhumberg

Überlegungen zum Verhältnis der westeuropäischen Kirchen zur
Situation in Portugal und seinen afrikanischen Überseegebieten 93
Gerhard Grohs

V. Zur Situation der Kirche in Portugal nach dem Umsturz vom 25. April 1974 107

Gerhard Grohs

VI. Anhang: Dokumente zur kirchlichen Situation

Brief des Generalrats der Weißen Väter betreffend Mozambique
vom 15. Mai 1971 117

Hirtenbrief der Bischöfe Angolas über die Gerechtigkeit –
31. August 1972 120

Predigt des Bischofs von Carmona zum Hirtenbrief über die
Gerechtigkeit – 28. Januar 1973 134

Den Krieg überdenken. Hirtenbrief des Bischofs von Nampula
zum Welttag des Friedens – Januar 1974 139

Ein Appell des Gewissens. Manifest der Missionare der Diözese
Nampula – 12. Februar 1974 149

Der Beitrag der Christen zum sozialen und politischen Leben –
Auszüge aus dem Hirtenbrief des portugiesischen Episkopats vom
Juli 1974 156

Überlegungen über einen Widerspruch von P. Bento Domingues OP –
September 1974 170

Ausgewählte Literatur 173
Autoren des Bandes 175

Zur Einführung

Die Weltöffentlichkeit verfolgt in diesen Monaten mit wachem Interesse, wie die über vierhundertjährige Kolonialherrschaft Portugals zusammenbricht und die portugiesischen Gebiete in Afrika die Unabhängigkeit erlangen. Der Sturz der Regierung Caetano in Portugal am 25. April 1974 hat das Tor zur Freiheit auch für Millionen Schwarze in Angola, Mozambique und Guinea-Bissau aufgestoßen. Wie diese Zukunft aussehen wird, ist noch ungewiß.

Einen Sturz des salazaristischen Regimes in Portugal, das hätten wohl nur wenige der über hundert Teilnehmer — Wissenschaftler, Journalisten, Kirchenmänner, Missionare aus Afrika, Portugiesen — der Studienkonferenz "Die Kirchen und die Situation in den portugiesischen Überseegebieten in Afrika" vorauszusagen gewagt, die Ende November 1973 in Bensberg bei Köln stattfand. Als die "Gemeinsame Konferenz der Kirchen für Entwicklungsfragen"[1] gemeinsam mit der Thomas-Morus-Akademie zu dieser Studienkonferenz einlud, hatten die Auseinandersetzungen um die Kolonialpolitik Portugals und um die Rolle der Kirchen in diesem Konflikt sehr an Schärfe zugenommen. Die Veröffentlichungen von Pater Hastings in der "Times" über die Massaker von Wiriyamu erregten die Weltöffentlichkeit — erstmals übrigens in dem schon 13 Jahre währenden Kolonialkrieg. Eine *Frelimo*-Delegation kam nach Bonn und wurde auch von den Kirchen empfangen. Die Burgos-Priester bereisten die Bundesrepublik und bestätigten die Nachrichten über schwere Ausschreitungen der portugiesischen Truppen in Mozambique. Evangelische und katholische Jugend riefen die Christen zu einem "Angola-Sonntag" auf, der von spontaner Zustimmung bis zu krasser Ablehnung ein breites Echo fand. Er wurde von kirchlichen Kreisen durchgeführt und unterstützt und von anderen Kirchenmännern als einseitige politische Stellungnahme bekämpft. Mitarbeiter der evangelischen und katholischen Entwicklungsgremien bereisten Angola und Mozambique; sie warnten vor einer zu unterschiedslosen Gleichsetzung der Interessen der schwarzen Bevölkerung und der verschiedenen Befreiungsbewegungen und berichteten von den Auseinandersetzungen zwischen Missionsorden und Bischöfen über die Haltung, die zur portugiesischen Kolonialherrschaft eingenommen werden sollte. Unterdessen proklamierte Ende September 1973 die Afrikanische Partei für die Unabhängigkeit Guineas und der Kapverdischen Inseln (PAIGC) die Unabhängige Republik Guinea-Bissau, die bald von vielen Mitgliedsstaaten der UNO anerkannt wurde.
In dieser Situation sollte die Studienkonferenz in Bensberg zunächst einen Beitrag zur sachlichen und unvoreingenommenen Information leisten. Sodann sollte die Rolle der Kirchen kritisch beleuchtet werden, die vom

Mutterland Portugal her und durch ihre Missionen in den Konflikt um die
portugiesische Afrikapolitik tief verwickelt waren und sind. Während die
katholische Kirche durch Konkordat, Missionsabkommen und Missionsstatut auf eine umstrittene Kooperation mit der portugiesischen Regierung
verpflichtet wurde und für ihre Arbeit in Afrika staatliche Subventionen
empfing, fühlten sich die protestantischen Kirchen oft nur geduldet und zeig-
ten ein distanzierteres Verhältnis zum Staat. Der Abzug der Weißen Väter
aus Mozambique und die Verbreitung der Massakerberichte durch Missionare,
die Inhaftierungen von Missionaren beider Kirchen in Mozambique signali-
sierten jedoch, daß dieser Konflikt auch quer durch die Kirchen ging.

Der vorliegende Band gibt die Referate wieder, die auf der Bensberger Studientagung gehalten wurden. Die Veranstalter hatten sich bemüht, Refe-
renten der unterschiedlichen Positionen zu Wort kommen zu lassen. Allerdings hat Mozambique mehr als Angola im Mittelpunkt der Erörterungen
gestanden. Es war leider mehr als ein Schönheitsfehler, daß offizielle
Vertreter der Unabhängigkeitsbewegungen nicht nach Bensberg eingeladen
wurden, weil die Veranstalter wohl befürchteten, daß die Studienkonferenz
sonst an protokollarischen Schwierigkeiten gescheitert wäre, da die portugiesische Regierung sich weigerte, sich mit Vertretern der von ihr als
"Terroristen" bezeichneten Freiheitskämpfer an einen Tisch zu setzen. Jedoch wurde die Haltung der Befreiungsbewegungen durch die eingeladenen
Sympathisanten dieser Bewegungen und durch Missionare aus Angola und
Mozambique deutlich gemacht.
Eine Wiedergabe der teils sehr kontroversen Diskussion hätte den Rahmen
dieses Bandes gesprengt. Bemerkenswert war jedoch die Behauptung des
portugiesischen Informationschefs Dr. Miranda, daß Portugal zu einer Revision des in der Bensberger Tagung stark attackierten Konkordats bereit
sei. Bischof Tenhumberg konnte sich inzwischen durch Einsicht in die vatikanischen Akten überzeugen, daß die portugiesische Regierung zu keiner
Zeit gegenüber dem Vatikan offiziell ihre Bereitschaft zur Überprüfung oder
Änderung des Konkordats gezeigt hat.
Ein wichtiges Ziel der Bensberger Tagung war die Beantwortung der Frage,
wie die Kirchen in der Bundesrepublik ihrer Mitverantwortung zur Lösung
dieses Konfliktes gerecht werden könnten. Im Beitrag von Bischof Tenhumberg wird deutlich, daß in dieser Diskussion nur Ansätze und mögliche
Richtungen eines Engagements aufgezeigt werden konnten.

Die Bensberger Studienkonferenz hat ein ungewöhnliches Echo gefunden,
nicht nur in der überregionalen Tagespresse sondern auch in Fachblättern
und besonders in der innerkirchlichen Diskussion. In der portugiesischen
Nationalversammlung wurde die Studienkonferenz zum Anlaß genommen,

um über die Kritik an den ausländischen Missionaren zu diskutieren, worüber die portugiesische Presse ausführlich berichtete.[2]
Dieses breite Echo in Portugal und in der Bundesrepublik hat die Veranstalter bewogen, die Referate einer größeren Öffentlichkeit zugänglich zu machen. Durch einen Beitrag über die Situation der protestantischen Mission in Mozambique, durch einen zusätzlichen, kurz vor Drucklegung geschriebenen kurzen Nachtrag, der auf die Situation der Kirche in Portugal nach dem Umsturz vom 25. April 1974 eingeht, und durch die Übersetzungen einiger neuerer Dokumente wird versucht, der neuesten Entwicklung Rechnung zu tragen.

Gerhard Grohs – Harry Neyer

1 In der Gemeinsamen Konferenz der Kirchen für Entwicklungsfragen arbeiten die evangelische "Arbeitsgemeinschaft Kirchlicher Entwicklungsdienst" (AGKED) und der "Katholische Arbeitskreis Entwicklung und Frieden" (KAEF) zusammen, die die im Entwicklungsbereich tätigen Institutionen der beiden Kirchen repräsentieren.
2 Vgl. Studientagung Bensberg, in: Portugal Report Nr. 11/1973; Betrachtungen über ein Seminar, in: Diario de Noticias vom 22. 12. 1973 (teilweise abgedruckt in: Portugal Report Nr. 12/1973); Francisco Sá Carneiro, Gerechtigkeit und Politik, in: Expresso vom 26. 1. 1974; Bericht über die Parlamentssitzung, in: Republica vom 16. 1. 1974; "L'eglise et les Territoires Portugais d'Outre-mer", in: La Documentation Catholique, Paris, Nr. 1647 (Februar 1974).

I. Die politische, wirtschaftliche und soziale Situation Portugals

Fritz René Allemann

Wer die Licht- und Schattenseiten der portugiesischen Situation in ihrem überaus komplizierten Nebeneinander und Ineinander aufzeigen und die Zustände nicht so sehr beurteilen, als in ihrer Widersprüchlichkeit verständlich machen will, der wird die Vereinfachung, zu der die von mir erbetene gedrängte Darstellungsweise zwingt, unweigerlich als Verlust empfinden. Zu dieser Einschränkung möchte ich darauf hinweisen, daß ich die religiöse und kirchliche Situation in Portugal sowie das Kolonialproblem nicht behandeln werde, da es anderen Beiträgen vorbehalten ist. Mir scheint allerdings, daß man das salazaristische System, an dem sich ja die Kontroverse in erster Linie entzündet, nicht losgelöst von seinen historischen Voraussetzungen betrachten darf.

Es hat eine Zeit gegeben, da Portugal in mehr als einer Hinsicht an der Spitze der europäischen Entwicklung marschierte: Als einziges Land unseres Erdteils fand es bereits um die Mitte des 14. Jahrhunderts — wenig mehr als 100 Jahre nach seiner Staatswerdung — seine heutige geographische Gestalt, die sich seither kaum mehr verändert hat. Das ist nur der äußere Ausdruck für eine ungemein frühe nationale Entwicklung. Diese war wiederum die Bedingung dafür, daß dieses kleine Königreich am äußersten Rande Europas eine Pionierrolle von weltgeschichtlicher Bedeutung übernehmen konnte: Mit dem Vorstoß, den seine kühnen Seefahrer in ihren winzigen Karavellen entlang der afrikanischen Küste unternahmen und der sie schließlich zur Öffnung des Seewegs zu den Reichtümern Indiens und den Gewürzen des malayischen Archipels führte, hat überhaupt erst das Zeitalter der europäischen Weltherrschaft begonnen.

Der gewaltigen kolonisatorischen Anstrengung jedoch und dem Glanz, der von ihr ausging, folgte ein langer und scheinbar unaufhaltsamer Niedergang: Wenn schon 80 Jahre, nachdem Vasco da Gama das Tor zu den Schätzen Asiens aufgestoßen hatte, die portugiesische Unabhängigkeit für sechs Jahrzehnte an Spanien verloren ging, so war das nicht so sehr die Ursache als vielmehr die Folge einer schweren nationalen Krise. Auch der Wiedergewinn der nationalen Souveränität im 17. Jahrhundert hat an dem Phänomen der portugiesischen Dekadenz nichts geändert. Aus eben dieser Zeit der nationalen Restauration datiert bezeichnenderweise das böse Wort des Jesuitenpaters Antonio Vieira, der seine Landsleute als "die Kaffern Europas" bezeichnete.

Auch jenes äußerlich geordnete konstitutionelle Staatswesen, das aus dem

Zusammenbruch der absoluten Monarchie in der napoleonischen Zeit und aus den anschließenden jahrzehntelangen Wirren schließlich hervorging und unter dem die ersten Modernisierungs-Anstöße erfolgten, vermochte die tiefe Schwäche und Haltlosigkeit einer mittlerweile selber in halbkoloniale Abhängigkeit abgesunkenen Gesellschaft nur zeitweise zu übertünchen, aber nicht wirklich zu überwinden. Noch viel weniger war das dem kurzlebigen Experiment einer demokratisch-parlamentarischen Republik vergönnt, die 1910 an die Stelle des Königtums trat: Mit der Auflösung der traditionellen, wenn auch längst brüchig gewordenen Ordnung schien Portugal vielmehr vollends der Anarchie anheimzufallen. In einer unablässigen Reihe von Putschen und Staatsstreichen wie im rapiden Wechsel schwach begründeter und sogleich wieder zerfallender Parlamentsregierungen kam ihm nicht nur selbst der äußere Schein politischer Stabilität abhanden, sondern diese ziellose Unruhe verschärfte auch jenen katastrophalen Zustand der öffentlichen Finanzen, an dem das Land seit einem Jahrhundert chronisch krankte, bis zu dem Punkt, da der Staatsbankrott unabweisbar schien. Nur das macht die achselzuckende Resignation begreiflich, mit der die Mehrheit der Portugiesen es hinnahm, als 1926 eine Gruppe konservativer Offiziere unter General Carmona mit der üblichen Parole solcher uniformierter Vaterlandsretter, man müsse "Ordnung schaffen", das Parlament zum Teufel jagte, die Verfassung außer Kraft setzte und unter der Parole einer "Nationalen Revolution" eine Militärdiktatur errichtete.

Wenn die Offiziere bei ihrer Machtergreifung auf keinen ernsten Widerstand stießen, so stellte sich schnell heraus, daß sie keine Ahnung hatten, was sie eigentlich mit der leicht gewonnenen Macht anfangen sollten. An die Stelle der zivilen trat nun einfach die militärische Mißwirtschaft. Die neuen Machthaber hatten in ihrem Revolutions-Manifest zwar eine große Zahl drastischer Maßnahmen angekündigt: Die Beschneidung der öffentlichen Ausgaben, eine radikale Reform des total desorganisierten Steuerwesens wie der Staatsverwaltung. In Wirklichkeit aber nahmen schon im ersten Jahr ihrer Herrschaft die Staatsausgaben bei annähernd gleichgebliebenen Einnahmen um mehr als ein volles Viertel zu, und die Gesamtsumme der kurzfristigen Verschuldung stieg sogar in zwei Jahren auf das Doppelte an. Das geschah, ohne daß die Generale irgend etwas Nennenswertes getan hätten, um etwa das völlig zerrüttete Verkehrswesen wenigstens halbwegs wieder in Ordnung zu bringen — zum Beispiel gab es damals in ganz Portugal nicht eine einzige einigermaßen normal befahrbare Straße — oder irgend ein anderes der nationalen Probleme einer Lösung entgegenzuführen. In ihrer verzweifelten Situation wandten sich die Generale hilferufend an den Völkerbund, und dieser zeigte sich in der Tat bereit, ihnen mit einer großen Stabilisierungsanleihe unter die Arme zu greifen. Die Bedingungen jedoch, an die der Völkerbund diese Hilfe knüpfte und die praktisch auf die Unterstellung des ganzen öffentlichen Finanzgebarens unter die Vormundschaft ausländischer Experten hinausliefen, erschienen den sehr nationalistischen Militärs als schlechthin unannehmbar. Und sie waren es wohl auch, wenn das Regime nicht Gefahr laufen wollte, sich völlig zu diskreditieren. Angesichts solcher Ausweglosigkeit blieb ihnen nur noch die Zuflucht zu dem einzigen Mann übrig, der sich anheischig machte, der Finanzkrise aus eigener Kraft Herr zu werden: der katholische Professor der Nationalökonomie und Finanzwissenschaft an der Universität Coimbra, Antonio de Oliveira Salazar.

Die Ära Salazar: eine unumschränkte Diktatur des Zivilisten stoppt den Niedergang Portugals

Salazar war schon unmittelbar nach dem Putsch von 1926 als Finanzminister berufen worden. Er hatte dieses Amt aber nach wenigen Tagen wieder niedergelegt, weil er zu dem Schluß gekommen war, daß die Militärregierung zu den durchgreifenden Maßnahmen, die er als unerläßlich ansah, weder willens noch imstande sei. Nun erklärte er sich zwar bereit, den verfahrenen Karren aus dem Dreck zu ziehen. Aber er stellte seinerseits Bedingungen, die ihm — obwohl er offiziell nur gewöhnliches Kabinettsmitglied war — faktisch diktatorische Gewalt verliehen: völlig freie Hand bei der Gestaltung des Staatshaushalts, Vetorecht gegen jede Maßnahme, die direkt oder indirekt Auswirkungen auf den Etat haben, also Geld kosten würde, und insbesondere gegen jede Erhöhung der Ausgaben, selbst wenn sie vom ganzen übrigen Kabinett gebilligt sein sollte. Das war ein harter Brocken für die selbstbewußten Militärs, die damit die tatsächliche Macht im Staat dem eigenwilligen Zivilisten abtreten mußten. Da sie jedoch nicht mehr aus und ein wußten, blieb ihnen nichts anderes übrig, als die Demission zugunsten des Mannes, der wußte, was er wollte.
Damit war Salazar bereits zum tatsächlichen unumschränkten Herrscher Portugals geworden. "Ich weiß, was ich will und wohin ich gehe", sagte er in seiner Antrittsrede, und das blieb das Motto seiner ganzen Herrschaft. Er war erst 39 Jahre alt, als er diese Herrschaft übernahm, und er sollte sie mehr als 40 Jahre behalten.
Entscheidend dafür war der spektakuläre Erfolg seines finanziellen Sanierungswerkes. Durch rigorose Drosselung der öffentlichen Ausgaben, Erhöhung der indirekten Steuern und der Abgaben für Landbesitz, durch Kürzungen der Beamtengehälter und Pensionen brachte er es fertig, ein Budget vorzulegen, das mit einem Überschuß von 1,5 Millionen Escudos abschloß. In Wirklichkeit betrug der Überschuß am Ende des ersten Finanzjahres über 250 Millionen Escudos, und das war keine einmalige

Leistung: von 1929 bis zum Ende der Herrschaft Salazars hat es nie mehr einen Fehlbetrag im portugiesischen Staatshaushalt gegeben. Die Überschüsse erlaubten es, die gesamten schwebenden Haushaltschulden schon im ersten Jahr abzutragen. Sehr bald konnten auch die übrigen Verpflichtungen im Ausland wie im Inland abgelöst oder doch in Anleihen zu sehr viel günstigerem Zinsfuß konvertiert werden. Er hatte so die früher notorisch wackelige Währung gefestigt, die Kapitalflucht aufgehalten und ins Ausland geflohenes Kapital zurückgelockt. Wichtiger wurde jedoch, daß er wachsende Mittel für den Ausbau der "Infrastruktur" freimachen und damit das völlig verlotterte Straßennetz instand stellen und die Häfen ausbauen konnte. Seine Maßnahmen waren ohne Zweifel drakonisch und zunächst höchst unpopulär: ein ohnedies bitterarmes Volk mit dem niedrigsten Lebensstandard Europas außer der Türkei mußte seinen Gürtel noch enger schnallen; von großangelegten Plänen zur wirtschaftlichen Entwicklung konnte zunächst keine Rede sein. Vollends konnten keine sozialen Rücksichten genommen werden. Aber so hart diese Methoden waren, so aufsehenerregenden Erfolg zeitigten sie. Die unbestreitbare Autorität, die Salazar von da an ausübte, stützte sich in allererster Linie auf seine tatsächliche Leistung, mit der er das finanzielle und wirtschaftliche Chaos überwunden hatte.
Als Voraussetzung dafür aber erschien ihm die Wahrung der politischen Stabilität um jeden Preis. Dies schien ihm nicht anders erreichbar als durch systematische Verfestigung der autoritären Strukturen, also durch Umwandlung der "provisorischen" Militär-Diktatur in ein auf Dauer berechnetes, konstant abgesichertes System, das auf der unbedingten Vorherrschaft der Exekutive beruhte. Diesem Ziel diente die neue Verfassung von 1933, die Salazar durchsetzte, nachdem er auch formell im Jahr zuvor an die Spitze der Regierung getreten war, die er schon von Anfang an faktisch dirigiert hatte.
Die Verfassung, die Salazar in einer Volksabstimmung bestätigen ließ, vor der die Gegner keinerlei Möglichkeit der Propaganda hatten, stellt formell einen Kompromiß zwischen demokratischen und autoritären Zügen dar. Der Staatspräsident wurde danach vom Volke gewählt, ebenso das Parlament als "Nationalversammlung" (allerdings wurde die Volkswahl des Präsidenten nachträglich abgeschafft, als 1959 der Oppositionskandidat Delgado wider Erwarten gut abschnitt). Die Regierung ist aber nicht vom Vertrauen des Parlaments abhängig, sondern wird vom Staatspräsidenten eingesetzt, der den Ministerpräsidenten nach freiem Willen berufen oder entlassen kann. Mehr noch: Die Regierung ist berechtigt, von sich aus Gesetze ohne Zustimmung der Nationalversammlung zu erlassen, die ohnehin nur drei Monate im Jahr zusammentritt. Daneben gibt es als "konsultatives" Organ eine Korporationenkammer, die teils von wirtschaftlichen und kulturellen Verbänden bestellt, teils aber auch vom Ministerpräsidenten nominiert wird.

In Wirklichkeit jedoch sind alle diese Bestimmungen nur Fassade. Die Wahlen des Präsidenten wie der Nationalversammlung werden selbstverständlich weiterhin mit bewährten Mitteln manipuliert. Dies ist nun um so leichter, da Parteien generell verboten sind und der Wahlvorgang praktisch unkontrolliert bleibt. Gleichzeitig wurde als Sammelbecken der Regime-Anhänger eine Art Quasi-Einheitspartei, die "Nationale Union" geschaffen, der das Monopol politischer Tätigkeit zwischen den Wahlen zukommt. Die Kandidaten der Opposition können zwar einige Wochen vor der Wahl aufgestellt werden und erhalten während der kurzen Vorbereitungszeit auch gewisse Möglichkeiten, sich öffentlich zu äußern. Aber schon die Tatsache, daß nie ein einziger inoffizieller Kandidat der Oppositionsgruppen gewählt wurde, demonstriert, daß es sich bei diesen pseudodemokratischen Elementen der Verfassung um reine Augenwischerei handelte.

Ähnlich irreführend ist aber auch die Machtverteilung in der Exekutive. Formell ist der Präsident allmächtig, da der Regierungschef ja ausschließlich von seinem Vertrauen abhängig ist. Tatsächlich aber war der erste Präsident, General Carmona, Salazar blind ergeben. Als seine beiden Nachfolger wurden Admiräle ausgesucht, die Salazar als bloße Werkzeuge betrachtete und behandelte. So sammelte sich alle faktische Regierungsgewalt in der Person des Ministerpräsidenten, der damit praktisch unabsetzbar wurde. Was sich äußerlich als eine Mischung zwischen präsidialer Demokratie und autoritärem Regiment darstellte, war in Wirklichkeit nur eine trügerische Hülle für die unumschränkte persönliche Diktatur Salazars und blieb es bis zu dem Augenblick, als im Herbst 1968 der Diktator plötzlich durch einen schweren Schlaganfall ausfiel.

Gefestigt und abgestützt wurde diese Diktatur vor allem durch zwei Machtinstrumente:

1. Durch die Zensur der Presse, die keine Zeile (nicht einmal Inserate) veröffentlichen durfte, ohne sie vorher der Zensurbehörde im Ministerpräsidium vorzulegen, und durch die totale staatliche Beherrschung der Massenmedien Rundfunk und Fernsehen. Daran hat sich bis heute nichts geändert.

2. Durch den Aufbau einer geheimen Staatspolizei (PIDE), bei dem übrigens Experten der deutschen Gestapo wesentliche Hilfsdienste leisteten; sie unterhielt nicht nur ein ausgedehntes Spitzelsystem und führte eine genaue Karthotek über alle politisch je hervortretenden oder auch nur politischer Aktivität verdächtigen Bürger, sondern konnte auch unbekümmert um Rechtsvorschriften Personen verhaften, Verdächtige einsperren und der Tortur unterwerfen. Niemand konnte irgendeine staatliche Stelle in Anspruch nehmen, wenn die PIDE Einwände gegen seine "Loyalität" erhob. Diese Kontrolle erstreckte sich auch auf die offiziellen organisierten Gewerkschaften und andere Vereinigungen. Ärzte, die der PIDE unangenehm waren,

konnten zwar (wie Rechtsanwälte) frei praktizieren, wurden aber aus jeder Tätigkeit für Organe der Sozialversicherung oder für öffentliche Krankenhäuser ausgeschlossen, mußten also mindestens schwere wirtschaftliche Nachteile in Kauf nehmen.
Diese beiden Institutionen — Zensur und PIDE — garantierten zusammen mit der Verfassungs-Wirklichkeit den Fortbestand des Regimes.
Das Netz dieses Machtsystems wies freilich einige wenige Lücken auf. So unterstand zum Beispiel die Buchproduktion nicht der Zensur. Mißliebige Buchveröffentlichungen konnten allerdings durch bloßen Beschluß des zuständigen Ministers konfisziert werden. Der Minister war auch befugt, den Verlegern schwere Strafen bis zur völligen Schließung ihrer Betriebe aufzuerlegen. Immerhin wurde davon verhältnismäßig selten Gebrauch gemacht, und selbst führende Angehörige der Opposition konnten gelegentlich Schriften in Buchform mit durchaus kritischen Äußerungen gegenüber dem Regime veröffentlichen. Außerdem blieben wissenschaftliche Zeitschriften ebenfalls unbehelligt, so daß deren Leser sehr viele Tatsachen erfahren konnten, die in der Presse nicht zur Sprache kommen durften. Schließlich — und das scheint mir die wichtigste "Lücke" gewesen zu sein: die persönliche Meinungsäußerung, soweit sie nicht den Charakter einer politischen Agitation annahm, blieb frei. Einem "deutschen Blick" bin ich in Portugal nie begegnet. Selbst hohe Würdenträger des Regimes, Angehörige der Korporationenkammer und der Ministerien, hatten keine Bedenken, ihre abweichenden und zum Teil scharf oppositionellen Ansichten auch einem relativ Unbekannten gegenüber offen und rückhaltlos auszusprechen.

Caetano weckt Hoffnungen auf eine Liberalisierung, die sich nicht erfüllen

Bisher habe ich in der Vergangenheit gesprochen. Im wesentlichen aber gilt das alles auch noch bis zum Sturz der Regierung Caetano im April 1974, mit einigen wenigen Modifikationen.
Erst mehr als vierzig Jahre nach der Machtübernahme, als Salazar im September 1968 infolge eines Unfalls gelähmt im Krankenhaus lag, und als klar wurde, daß an seine völlige Wiederherstellung nicht zu denken war, stellte sich die Frage seiner Nachfolge. Salazar hatte diese immer mit Berufung darauf, das sei allein Sache des Staatspräsidenten, vor sich hergeschoben. Es war bemerkenswert, daß der Präsident und seine Berater in diesem Augenblick, als auf einmal der Druck der übermächtigen Persönlichkeit von ihnen genommen war, nicht an irgendeinen der engeren Mitarbeiter des Diktators appellierten, sein Werk weiterzuführen. Sie trugen die Leitung der Geschäfte vielmehr einem Mann an, dessen Stellung sich als die eines "loyalen Halb-Opponenten" charakterisieren ließe: Marcello Caetano,

Professor wie Salazar, führender Staats- und Verwaltungsrechtler Portugals. Caetano hatte zwar viele Jahre zu den engsten Vertrauten und Ministern seines Vorgängers gehört, sich aber 1959 mit ihm entzweit und ins Privatleben zurückgezogen.

Caetano hatte immer als einer der Kandidaten für die Übernahme des Salazar-Erbes gegolten; das war ein Grund für seine Ausbootung aus dem Kabinett gewesen, denn Diktatoren lieben keine "Kronprinzen". Zugleich aber ging ihm der Ruf verhältnismäßiger "Liberalität" voraus. Er war öffentlich mehrmals für eine Lockerung des autoritären Druckes, wenn auch keineswegs für eine Rückkehr zur Demokratie eingetreten. Wenn die Koryphäen des Regimes trotzdem auf ihn zurückgriffen, dann ist das nicht nur seinen zweifellos hervorragenden sachlichen Fähigkeiten zuzuschreiben, sondern es zeigt auch, daß man der lastenden Autorität Salazars bis in die Spitzen des Staates hinein einfach müde geworden war und einen Mann der leichteren Hand bevorzugte.

Allerdings handelte es sich dabei um nicht viel mehr als einen Unterschied der Nuance. Caetano schaffte die Zensur keineswegs ab, aber er beschränkte zunächst ihre Aktivität, ließ in gewissem, sehr bescheidenem Umfang kritische Stimmen in der Presse zu Worte kommen und vor allem bisher unterdrückte Nachrichten etwas freier verbreiten. Er hob eine ganze Reihe von Buch-Beschlagnahmungen auf, ließ vor allem in Verbänden der freien Berufe (Ärzte, Rechtsanwälte) eine gewisse Freiheit in der Wahl der Führungsgremien zu und dehnte diese später auch auf die Arbeiter-Organisationen aus. Ebenso dämmte er die Willkür der PIDE ein und ordnete sie als Politische Polizei dem Innenministerium zu. Vor allem aber ließ er 1963 die unzweifelhaft korrektesten Parlamentswahlen durchführen, die Portugal seit 1926 (und vielleicht noch länger) erlebt hatte. Korrekt waren diese Wahlen insofern, als die üblichen Manipulationen der Resultate (also die schlichten Wahlfälschungen) unterblieben und die Opposition erstmals in breitem Umfang Gelegenheit zur Kontrolle der Stimmabgabe durch ihre eigenen Vertreter erhielt, die ihr bisher verweigert worden war. Die Wahlen waren jedoch keineswegs frei. Die Propaganda der Opposition wurde weiterhin durch vielfältige Einschränkungen verhindert. Vor allem aber konnte sie erst aktiv werden, nachdem die Eintragung in die Wahllisten bereits abgeschlossen war; sie hatte also keine Möglichkeit, ihren Anhängern bei den dafür notwendigen sehr komplizierten Modalitäten an die Hand zu gehen. In den überseeischen Provinzen – Kolonien –, die ja in Portugal als Teil des Mutterlandes gelten, wo allerdings außer den weißen Siedlern nur die sehr kleine Schicht der "Assimilierten" volles Bürgerrecht genießt – wurden Oppositionslisten überhaupt nicht zugelassen. Bei dieser Wahl konnten von 9,5 Millionen Einwohnern des sogenannten metropolitanen Portugal einschließlich der Azoren und Madeiras nur etwa 1,5 Millionen,

von den 13 Millionen Einwohnern der überseeischen Provinzen nur wenige Hunderttausend überhaupt ihre Stimme abgeben. Aber selbst wenn unter solchen Umständen von einem repressiven Charakter der Wahlen keine Rede sein kann, scheint es bemerkenswert, daß die Opposition auch dort, wo sie auftreten konnte, trotz korrekter Durchführung der Wahlen keinen einzigen Kandidaten durchzubringen vermochte. Das muß zweifellos als Ergebnis jener sehr weit gediehenen Entpolitisierung angesehen werden, die sich in 40 Jahren der Salazar-Herrschaft unter systematischer Förderung des Regimes durchgesetzt hatte. Ein großer Teil des portugiesischen Volkes, wahrscheinlich die Mehrheit, hatte sich in eine patriarchalische Regierungsstruktur eingewöhnt, die zum mindesten politische Stabilität und ein nicht geringes Maß an wirtschaftlichen Fortschritten zu gewährleisten schien, aber vom Bürger nicht Aktivität, sondern einfach Gehorsam forderte. Daran hat auch die beschränkte "Liberalisierung" unter Caetano nichts geändert. Der autoritäre Charakter des Regimes wurde zwar stellenweise abgemildert, aber in seinem Wesen nicht angetastet. Mehr noch: es zeigte sich sehr schnell, daß Caetano zu einer halbwegs durchgreifenden Liberalisierung überhaupt nicht imstande war, selbst wenn man annehmen wollte, daß er etwas derartiges wirklich angestrebt hätte. Er stand von Anfang an unter dem Druck der sogenannten "Ultras" – der Erz-Reaktionäre orthodox salazaristischer Prägung –, die sowohl in den Spitzen der Armee als auch in dem formell mit so gewaltigen Vollmachten ausgestatteten Staatschef Admiral Tomáz ihren soliden Rückhalt fanden.
Und so wurden selbst die anfangs eingeleiteten Reformen mit der Zeit wieder ausgehöhlt und ihres ursprünglichen Sinnes entleert. Zwar genießen die Gewerkschaften immer noch ein höheres Maß an Autonomie als einst unter Salazar; aber sobald die Gefahr bestand, daß ihre gewählte Führung eine zu radikale Politik einschlagen könnte, wurde sie wieder abgesetzt. Zwar ist die PIDE aufgehoben, aber das Organ, das an ihre Stelle getreten ist und von den gleichen Leuten unter dem Titel einer Generaldirektion für Sicherheit geführt wird, arbeitet nach den alten Methoden weiter. Man spricht in bezug auf die Presse heute nicht mehr von Zensur, sondern von "Vorprüfung", aber die Sache hat sich nicht im geringsten geändert – wobei vor allem die afrikanischen Kolonialkriege als Vorwand dienen, warum die Presse weiter am ganz kurzen Zügel gehalten wird. Daher sind notwendigerweise die portugiesischen Zeitungen auch die langweiligsten, uninformativsten aller Zeitungen im nichtkommunistischen Europa, neben denen einem selbst die spanischen der Franco-Diktatur noch als lesbar und diskussionsfreudig vorkommen. Die Gründung von Parteien ist auch weiterhin verboten. Die Einheitspartei "União Nacional" wurde zwar in "Acção Nacional Popular" (Nationale Volksaktion) umbenannt, aber mit den gleichen Privilegien wie früher ausgestattet.

Nichts ist für diesen Charakter des Regimes bezeichnender als das Schicksal jener Gruppe junger liberaler Intellektueller und "Technokraten", die Caetano 1969 mit dem Versprechen wachsender Einflußmöglichkeiten dafür gewonnen hatte, auf den Listen der Regierungspartei für das Parlament zu kandidieren. Ihre wichtigsten Köpfe haben ihre Mandate niedergelegt, weil sie erkennen mußten, daß sie mit ihren Vorschlägen — etwa für eine durchgreifende Verfassungsreform oder für die Ausdehnung der bürgerlichen Rechte auf anderem Wege — hoffnungslos auf der Strecke blieben. Und genau so erging es den fortschrittlichen, aber zur Mitarbeit im Regime bereiten begabten Leuten, die sich zunächst zur Übernahme von Regierungsposten — sei es als Minister oder vor allem als Staatssekretäre — bereitgefunden hatten: auch sie sind, bis auf den sehr tatkräftigen und leistungsfähigen Erziehungsminister Veiga Simão, mit der Zeit allesamt wieder ausgebootet worden und in der Versenkung verschwunden.

Charakteristisch für diese Entwicklung ist der frappante Unterschied der Atmosphäre, in der sich der Wahlkampf von 1969 und der für die 1973 fällige Gesamterneuerung der Nationalversammlung vollzogen hat. Im Jahr 1969 gab es wirklich eine intensive Auseinandersetzung, auch wenn die Opposition durch alle möglichen einschränkenden Maßnahmen in ihrer Tätigkeit behindert wurde. Im Herbst 1973 war der Wahlkampf genau so lahm wie normalerweise zur Zeit Salazars. Die Versammlungen der Opposition wurden unter allen denkbaren technischen Vorwänden behindert oder unmöglich gemacht, wozu die zahllosen raffinierten Vorschriften der einschlägigen Gesetzgebung immer irgendeinen technisch korrekten Anlaß lieferten. Und vor allem wurde die Eintragung ins Wählerregister immer noch so kompliziert gehandhabt, daß nicht einmal 40 % der formell als Wähler infrage kommenden Bürger diese mühseligen Formalitäten über sich ergehen ließen. Staatsangestellte und Beamte dagegen, die natürlich in ihrer großen Mehrheit aus Nutznießern und daher auch treuen Anhängern des Systems rekrutiert sind, werden automatisch auch ohne ihr Zutun in die Listen eingetragen. Schon deshalb war das Resultat des Urnengangs Ende November vorigen Jahres völlig uninteressant. Die Regierung konnte sich auf ihre solide Mehrheit auch ohne Zuflucht zu den früher üblichen Fälschungen verlassen. Im neuen Parlament gibt es so wenig oppositionelle Vertreter wie in irgendeinem der Salazar-Ära: die autoritären Strukturen sind alles in allem ungebrochen.

"Portugal verurteilt, zwischen Anarchie und autoritärem Regime zu wählen"

Und doch ist das nicht der wichtigste Aspekt, den wir uns bei einer Untersuchung des Salazarismus und seiner Auswirkungen vor Augen halten müssen. Auch in anderen Ländern, die einen langen ökonomisch-sozialen Rückstand aufholen müssen, hat es sich ja schließlich gezeigt, wie schwierig diese Aufgabe unter den Bedingungen eines demokratischen Systems zu lösen ist. Eine funktionierende Demokratie setzt ja eben ein mehr oder weniger entwickeltes soziales und wirtschaftliches Gefüge voraus. In Portugal kann davon noch keine Rede sein.

Portugal, so hat Salazar einmal gesagt — und auf diesen Gedanken kam er immer wieder zurück — sei "dazu verurteilt, zwischen der Anarchie und der Disziplin einer autoritären Regierung zu wählen". Die katastrophalen Erfahrungen, die das Land mit der parlamentarischen Demokratie zwischen 1910 und 1926 gemacht hatte, verleihen diesem Argument zweifellos ein Gewicht, das man nicht ohne weiteres beiseiteschieben kann. Überhaupt lassen sich gute Gründe für die These anführen, daß in ökonomisch unterentwickelten Ländern — und dazu gehört Portugal ganz zweifellos heute nach den Jahrhunderten der Dekadenz — gemeinhin nur eine starke, straff geführte, eben autoritäre Regierung imstande sei, solche Länder auf den Weg der Entwicklung, auf den Weg aus der chronischen Rückständigkeit heraus zu führen.

Wir werden daher auch der Leistung Salazars und seines "Estado Novo" — des "Neuen Staates" — nur dann gerecht werden können, wenn wir die Frage stellen, was er dem portugiesischen Volk für den Verzicht auf persönliche und politische Freiheit denn nun eigentlich an Kompensationen geboten hat, ob und wieweit er imstande gewesen ist, die große Entwicklungsarbeit wirklich in die Hand zu nehmen.

Zweifellos kann Salazar auf eine Reihe respektabler Leistungen verweisen. Allein schon die lange Zeit politischer Stabilität und äußerer Ordnung, die er dem Lande gesichert hat, ist nicht gering zu schätzen: sie stellt nun einmal die elementare Voraussetzung für ein ökonomisches Aufbauwerk dar. Und diese Voraussetzung ist in Portugal zweifellos vorhanden. Außerdem war allein schon das finanzielle Gesundungswerk, das Salazar vollbrachte und von dem ich bereits berichtet habe, trotz der schweren Opfer, die es dem Volke und zumal dessen breiten Massen abverlangte, ganz sicher eine imponierende Tat. Ordnung in den seit einem Jahrhundert hoffnungslos zerrütteten Staatshaushalt zu bringen, die chronisch kranke Währung zu sanieren, und zwar nicht nur vorübergehend, sondern auf die Dauer — das stellte zweifellos eine gar nicht hoch genug zu schätzende Leistung dar. Und eben sie hat auch die Fundamente sowohl für Salazars unbestreitbare Popularität als auch für die spätere Entwicklungsarbeit gelegt.

Wenn man den Zustand Portugals vor und nach Salazar vergleicht, dann fallen die krassen Unterschiede in der Tat ins Auge, und zwar in einem ganz wörtlichen Sinn. Portugal, das so lange als eines der schmutzigsten, verkommensten Länder des europäischen Südens galt, erscheint heute als das properste, aufgeräumteste, sauberste, rein äußerlich attraktivste Land dieser Region. Darüber hinaus sind die äußeren Zeichen des Fortschritts unübersehbar: das modern ausgebaute, bis tief ins Hinterland hinein vorzügliche Straßennetz, die vielen neuen Fabriken, die modernisierten und leistungsfähigen Häfen, die zwar immer noch langsamen, aber vorzüglich instandgehaltenen Bahnen. Das alles steht in einem frappanten Gegensatz zu der Verlotterung der Infrastruktur in den Jahren, als der Diktator die Macht übernahm. Tatsächlich benützte das Regime die wachsenden Überschüsse des Staatshaushalts, nachdem einmal die unmäßige Schuldenlast abgetragen war, zunächst in erster Linie zur systematischen Überholung und Verbesserung dieser Infrastruktur, vor allem zur Schaffung eines leistungsfähigen Verkehrswesens.

Aber nach dem zweiten Weltkrieg mit den beiden ersten Sechsjahresplänen von 1953 bis 1964 setzte ein tiefergehender ökonomischer und sozialer Wandel ein, der vor allem in einem energisch vorangetriebenen Industrialisierungsprozeß seinen Ausdruck fand. Bis dahin war Portugal noch immer ein archaisches Agrarland mit einem gesellschaftlichen Gefüge geblieben, das in Europa nur noch auf dem Balkan seinesgleichen fand. Eine primitive Landwirtschaft mit traditionellen, seit dem Mittelalter kaum veränderten Techniken, teils in großen Gütern, teils auf winzigen Kleinparzellen betrieben, beschäftigte immer noch zwei Drittel aller Arbeitskräfte. In den letzten 20 Jahren hat sich das Bild von Grund auf verändert. Heute bezieht weniger als ein Drittel aller Portugiesen sein Einkommen aus landwirtschaftlicher Arbeit, ein volles Drittel bereits aus der Industrie, die nicht nur eine bemerkenswerte quantitative, sondern auch eine qualitative Entwicklung durchgemacht hat. Metall- und Maschinenproduktion, Schiffsbau und vor allem Schiffsreparatur, Chemie und verwandte Wirtschaftszweige, Automontage und viele andere neue Industriezweige haben einen kräftigen Aufschwung verzeichnet. Und es ist nur ein Zeichen für diesen Umschwung, wenn heute bereits die Hälfte des portugiesischen Exports mit Industriegütern bestritten wird. Dieser Prozeß erhielt dadurch neue Anstöße, daß Portugal sowohl im Rahmen der EFTA-Freihandelszone, der es beitrat, als auch neuerdings in seinem Assoziationsvertrag mit der Europäischen Wirtschafts-Gemeinschaft eine gewisse Vorzugsbehandlung zugebilligt erhielt, die ihm wenigstens bis 1985 eine Übergangszeit zur Anpassung an die internationale Konkurrenz einräumt. Allerdings muß man sich vor einer Idealisierung dieser gewiß bedeutenden und eindrucksvollen ökonomischen Fortschritte hüten. Ein guter Teil der neuen Industrien ist künstlich hochgepäppelt und vor allem durch die Bewilligungspflicht für neue industrielle Betriebe sorgsam gegen allzuviel Konkurrenz abgeschirmt worden, so daß sie auch mit wenig rationellen Methoden noch Erträge abwerfen können. Ihre Konkurrenzfähigkeit auf dem Weltmarkt beruhte in erster Linie auf den teils erschreckend niedrigen Löhnen.

Es ist auch nicht zu leugnen, daß sich Salazar auf die Industrialisierung wie die Entwicklung anderer neuer Erwerbszweige — etwa des Tourismus — nur widerwillig und zögernd eingelassen hat. Seiner zutiefst konservativen Ideenwelt entsprach eigentlich das traditionelle, agrarische, althergebracht portugiesische Gefüge viel eher; er fürchtete letztlich die Dynamik der Modernisierung — auch wenn er einsah, daß er nicht um ihre Entfesselung herumkam — und war stets eher auf eine bedächtige als auf eine energische Gangart bei der Entwicklung neuer Strukturen bedacht. Typisch dafür ist, daß er immer wieder vor der Ausnützung des touristischen Potentials zurückschreckte, weil der Fremdenverkehr für ihn die Gefahr des Einbruchs fremder Sitten in die patriarchalisch geordnete Welt enthielt, die ihm vorschwebte. Und als er sich in den sechziger Jahren dazu entschloß, diese Quelle auszuschöpfen, da tat er das nur unter dem unabweisbaren Druck der wachsenden finanziellen Anforderungen, die die afrikanischen Kolonialkriege stellten und die es einfach nicht mehr erlaubten, auf Möglichkeiten zusätzlichen Gewinns weiter zu verzichten. Heute decken die Einnahmen aus dem Tourismus allein schon den weitaus größten Teil des Fehlbetrags aus dem Handelsverkehr des Mutterlandes samt der überseeischen Provinzen, und vor allem der südlichste Landesteil — die Algarve — hat im Laufe eines einzigen Jahrzehnts durch den Fremdenstrom eine radikale Verwandlung erfahren.

Portugal: der Prototyp eines autoritären Klassenstaates kapitalistischer Prägung

Aber die ökonomische Entwicklung allein kann ja nicht das entscheidende Kriterium sein. Wir müssen auch fragen, wem sie zugute kommt, welche Auswirkungen sie auf die Lebensbedingungen der Bevölkerung hat, also wie ihre sozialen Konsequenzen beschaffen sind. Da stoßen wir allerdings gleich auf den großen Passivposten des salazaristischen Experiments.
Was in Portugal an Fortschritten des wirtschaftlichen Aufbaus zu verzeichnen ist, kam lange Zeit ausschließlich und kommt heute noch überwiegend einer relativ dünnen Oberschicht zugute. Selbst angesichts seiner gegenwärtigen Phase einer Halb-Industrialisierung bleibt Portugal das Land der niedrigsten Löhne, der schlechtesten sozialen Leistungen und des gedrücktesten Lebensstandards im ganzen nichtkommunistischen Europa. Für die überwiegende Mehrheit der Bevölkerung haben diese Fortschritte entweder überhaupt keine oder nur eine sehr bescheidene Verbesserung ihrer Lage mit sich gebracht. Und vor allem ist der relative Anteil der Besitzlosen am Nationaleinkommen während der ganzen vier Jahrzehnte von Salazars Herrschaft nicht etwa gestiegen, sondern noch zurückgegangen. Nach den letzten Untersuchungen, die mir vorliegen — und die allerdings auch schon fast zehn

Jahre alt sind – entfielen nur zwei Fünftel aller Einkünfte auf solche aus unselbständiger Arbeit. Selbst in Spanien machten die Löhne und Gehälter schon damals fast die Hälfte aus, in der Bundesrepublik über 60 Prozent, in England gar 70 Prozent.

Noch auffälliger und erschreckender aber sind die Verschiebungen im Anteil von Arbeits- und Kapitaleinkommen. In den 50er Jahren stieg die Gesamtsumme der Einkünfte aus Löhnen und Gehältern zwar um 79 %, die der Kapitalerträge aber um fast 140 %, die Einnahmen aus Wohnungsmieten um 110 %. Dabei muß man sich vergegenwärtigen, daß die auf den ersten Blick immer noch eindrucksvolle Lohnsummen-Zunahme in erster Linie durch den beträchtlichen Zuwachs an Arbeitskräften in Industrie, Handel, Bankwesen und anderen Dienstleistungen verursacht war. Darüber hinaus geht aus den offiziellen Zahlen hervor, daß der Zuwachs an industrieller Produktivität größer war als die Steigerung der Nominallöhne; so gut wie überall sonst ist das Gegenteil der Fall. Das heißt: eine wesentlich größere Zahl von Arbeitskräften produzierte ständig pro Kopf mehr als zuvor, erhielt aber einen geringeren Anteil am soviel größer gewordenen Kuchen als zuvor. Zwar setzten sich die staatlichen Wirtschaftspläne auf dem Papier immer wieder das Ziel, dieses Mißverhältnis zu korrigieren. Aber dieser Teil der Pläne blieb nicht nur unausgeführt, sondern das Mißverhältnis hat sich sogar noch verschärft.

Wir müssen uns über eines klar werden: das war nicht ein bloßer Zufall oder das Resultat irgendwelcher ökonomischen Gesetzmäßigkeiten. Es lag vielmehr im Charakter und in der Politik des Regimes selber begründet, in einem politischen System, das von Anfang an ganz auf die Niederhaltung der unteren Klassen und ihrer wirtschaftlichen wie gesellschaftlichen Aspirationen hin ausgerichtet war. Das korporative System, auf das Salazar so stolz war, verbot ja nicht nur den Streik und unterwarf die Gewerkschaften einer strikten Staatsaufsicht, sondern es machte den Staat auch zum Schiedsrichter über alle sozialen Konflikte. Und dieser Schiedsrichter war keineswegs neutral, sondern er identifizierte das "Gesamtinteresse", das er wahrnehmen sollte, ganz unverhüllt mit dem Interesse der Besitzenden.

"Portugal ist ein Staat der Reichen für die Reichen" – diesen Ausspruch habe ich nicht etwa von einem Mann der Linken gehört, sondern von einem ehemaligen hohen Beamten, den Salazar persönlich in die Korporationenkammer berufen hatte. Und ein deutscher Freund, der Portugal von Grund auf kennt und sich immer als ein Bewunderer Salazars bekannte, meinte genau dasselbe, wenn er die korporative Ordnung kurzerhand als eine "Maschinerie zum Schutz der Reichen und zur Ausbeutung der Armen" bezeichnete. Die gesamte Gesetzgebung ist in einer Weise, wie das kaum anderswo in Europa der Fall ist, ausschließlich auf die Interessen der Besitzenden – und vor allem des großen Besitzes – hin orientiert, die nur mit einem Mini-

mum an Steuern belastet und durch alle möglichen Privilegien begünstigt sind.
Portugal — daran läßt sich nicht rütteln — ist geradezu der Prototyp eines autoritären Klassenstaates rein kapitalistischen Charakters, der ganz und gar als Werkzeug der ökonomisch Mächtigen gehandhabt wird. Und eben daraus ergibt sich auch jener Zug, der das salazaristische System mehr als jeder andere charakterisiert: die geradezu panische Angst vor dem Konflikt überhaupt und dem sozialen Konflikt im besonderen. Die autoritären Strukturen, wie sie Salazar entwickelt und dem zunächst durchaus gefügigen Volk aufgezwungen hat, werden zwar formell damit begründet, daß sie ein gesellschaftliches Gleichgewicht erhalten sollten. In Wirklichkeit aber verfolgen sie genau den umgekehrten Zweck: sie sollen jedes Rütteln an einem Zustand des äußersten und ständig schroffer ausgebildeten sozialen Ungleichgewichts ausschließen. Eben diesem Zweck dienen auch die Instrumente des offenen und verschleierten Terrors, von der Knebelung der Presse und der freien Diskussion, der Unterdrückung jeder Opposition außer in der Wahlzeit bis hin zu den Möglichkeiten der Verhaftung ohne gerichtliche Anklage und zu den raffinierten Folterungen in den Untersuchungsgefängnissen, an denen kein Zweifel möglich ist.
In den letzten Jahren sind allerdings einige neue Entwicklungen eingetreten, die Korrekturen an diesem Bilde angebracht haben. Einige dieser neuen Elemente haben sich schon vor dem Ausscheiden Salazars abgezeichnet.

Die Massenauswanderung verstärkt den Trend zur dualistischen Gesellschaft

Der weitaus wichtigste dieser neuen Faktoren ist die neue Massenauswanderung, die sich nun nicht mehr nach Übersee richtet, sondern nach Mitteleuropa. Seit etwa 1965 hat sich ein gewaltiger und unaufhaltsamer Strom von portugiesischen Gastarbeitern vor allem nach Frankreich ergossen, wo heute etwa eine Million Portugiesen leben. Dieses Phänomen ist leicht verständlich. Selbst wenn die portugiesischen Gastarbeiter in Frankreich — und in geringerem Maße auch in anderen Industrieländern — nur die schlechtesten und schlechtestbezahlten Arbeiten verrichten, verdienen sie immer noch mehr als in der Heimat. Und bei ihrer sprichwörtlichen Sparsamkeit und Bedürfnislosigkeit ermöglicht ihnen das, einen namhaften Teil ihres Lohnes nach Hause zu schicken und ihre Familien besser zu unterhalten, als sie das durch die Annahme von Arbeit in den Fabriken Lissabons und Portos vermöchten, geschweige denn durch landwirtschaftliche Tätigkeit.
Die Konsequenzen sind allenthalben erkennbar: in den ländlichen Gebieten, zumal in den ärmsten und elendsten, kann man allenthalben sehen, wie neue Häuser entstehen oder alte renoviert werden. Und wenn man fragt, woher

die plötzliche Prosperität kommt, bekommt man unweigerlich zur Antwort: "vem da França". In vielen Dörfern begegnet man kaum mehr Männern jüngeren oder mittleren Alters, sondern nur noch Halbwüchsigen, Greisen und Frauen. Ganze Landstriche haben sich zur Hälfte entvölkert — zuerst durch den Arbeitskräfte-Bedarf der einheimischen Industrie, dann aber und vor allem durch den Exodus der Gastarbeiter. Das aber bedeutet, daß die früher im Überfluß vorhandenen Arbeitskräfte immer knapper werden und die noch vorhandenen daher zwangsläufig auch besser bezahlt werden müssen, wenn man sie bei der Stange halten will. So sind die Arbeitslöhne zuerst der Landarbeiter, dann aber auch die in der Industrie, aus der die Beschäftigten und nicht zuletzt die Gelernten ebenfalls in wachsender Zahl abwanderten, im letzten Jahrzehnt weit schneller als früher gestiegen. Vieles deutet darauf hin, daß sie selbst die beträchtlichen Preissteigerungen der letzten Jahre alles in allem überholt haben. Während zur Zeit Salazars die Preise bemerkenswert stabil blieben, wird jetzt auch Portugal mehr und mehr in den internationalen Inflationsprozeß hineingerissen. Im Laufe des letzten Jahrzehnts hat sich daher die bisherige Tendenz umgekehrt: die Schere der Entwicklung von Arbeitsertrag und Kapitalertrag, die sich vorher immer weiter öffnete, beginnt sich allmählich zu schließen. Aber das ist nicht das Verdienst des Regimes. Im Gegenteil: zur Zeit Salazars war die Regierung systematisch bemüht, die Auswanderung, deren soziale Konsequenzen sie klar erkannte, mit allen Mitteln und vor allem mit denen behördlichen Zwangs in engen Grenzen zu halten.

Portugal war das einzige nichtkommunistische Land, das seinen Bürgern die Freizügigkeit ins Ausland versagte, allerdings nur mit dem Erfolg, daß die Auswanderer das Land in Scharen illegal und ohne Papiere verließen und daß der Menschenschmuggel über die Grenze zu einem überaus einträglichen neuen Erwerbszweig wurde. Dies war auch der Grund, warum Frankreich das Ziel der meisten Gastarbeiter ist: hier werden im Gegensatz zur Bundesrepublik und zur Schweiz von den Arbeitssuchenden keine Papiere verlangt. Caetano hat zwar die Behinderungen abgeschafft und auch für diejenigen, die früher das Land ohne Erlaubnis verlassen haben, eine Amnestie verkündet. Aber die illegale Auswanderung blüht nichtsdestoweniger weiter, weil sie das einzige Mittel für die jungen Leute ist, sich dem Militärdienst zu entziehen. Die afrikanischen Kolonialkriege, die Portugal dazu zwingen, ständig Truppen von mindestens einer Viertelmillion Mann in Afrika zu unterhalten, haben es mit sich gebracht, daß die Dienstpflicht beim Militär auf vier, für manche Spezialeinheiten sogar auf fünf Jahre festgelegt werden mußte. Es ist daher begreiflich, daß sich viele junge Bürger diesem leidigen Zwang durch Ausweichen ins Ausland zu entziehen suchen. Und im übrigen verschärft diese lange Dienstzeit für die jungen und aktivsten Jahrgänge auch allein schon das Problem des Arbeitskräftemangels.

Tatsächlich hat Portugal zwischen 1960 und 1970 nach den (noch unvollständigen) Ergebnissen der letzten Volkszählung rund eine Million Menschen verloren und damit einen in Europa einzig dastehenden Bevölkerungsrückgang verzeichnet. Allerdings verschafft dieser Aderlaß dem Land als ganzem auch andere Vorteile als den der längst fälligen Hebung des Lohnniveaus. Die Geldüberweisungen der Portugiesen aus dem Ausland sind längst zu einem der wichtigsten Posten in der portugiesischen Zahlungsbilanz geworden und bringen dem Land etwa das Doppelte an Devisen ein wie der Tourismus, der inzwischen sein einträglichster Wirtschaftszweig geworden ist. Aber zugleich verschärft diese Massenabwanderung auf unheilvolle Weise eines der bedenklichsten Strukturprobleme des modernen Portugal: den wachsenden Widerspruch zwischen den Polen einer modernen Entwicklung im weiteren Umkreis der beiden einzigen Großstädte Lissabon und Porto einerseits und dem stagnierenden Hinterland andererseits.

Von wirklicher Entwicklung Portugals kann nicht die Rede sein

Man hat Portugal mit Recht als eine "dualistische Gesellschaft" charakterisiert. Es gibt ein paar vorwiegend städtische und vorstädtische Zonen, in denen sich die ganze Industrie, der Handel, die Dienstleistungen, die Verwaltung konzentrieren und die einen durchaus mitteleuropäischen Eindruck machen. Dort hat sich allmählich auch ein aufstrebender und aktiver Mittelstand herausgebildet; es gibt auch in den einfachen Vierteln ein gewisses Maß an Komfort, eine gute und teilweise sogar vorzügliche ärztliche, hygienische und pädagogische Versorgung. Aber die provinziellen Kleinstädte und vollends die ländlichen Gegenden serbeln dahin, genießen kaum einen Anteil an dieser Entwicklung. Sie leben noch immer im althergebrachten armseligen Stil. Und wenn sich auch das Schulwesen in letzter Zeit spürbar selbst in den Dörfern gebessert hat, seit Caetanos bemerkenswert fortschrittlicher Erziehungsminister Veiga Simão die wenigstens sechsjährige Schulpflicht anstelle der bisher üblichen (und oft nicht eingehaltenen) vierjährigen eingeführt und auch praktisch verwirklicht hat, so sieht es doch mit den Gesundheitsverhältnissen auf dem Lande noch immer erschreckend trübe aus. Die Kindersterblichkeit in den agrarischen Distrikten Portugals stellt in Europa einen traurigen Rekord dar und liegt um das Doppelte bis Dreifache höher – nicht etwa als in Mitteleuropa, sondern als in den armseligsten Elendsdistrikten Spaniens!
Je mehr sich aber die Agrargebiete entvölkern, die Landwirtschaft nur noch zu einer Sache der Frauen und der Alten wird, desto weniger ist daran zu denken, daß tüchtige Ärzte, Lehrer, Agrar-Ingenieure sich dieser zurückge-

bliebenen Gebiete annehmen. Desto weiter klaffen also die Verhältnisse in den modernen Metropolen und im immer weiter absinkenden Hinterland auseinander. Auch dieses Problem ist in den Sechsjahresplänen durchaus gesehen, aber praktisch nie wirklich angepackt worden.
Solange aber der weitaus größere Teil des Landes in der Stagnation der Unterentwicklung verharrt, aus der er weniger und weniger einen Ausweg findet, solange kann von einer wirklichen, die ganze Nation umfassenden Entwicklung Portugals nicht die Rede sein. Das heißt eben letzten Endes doch nichts anderes, als daß die Opfer an Freiheit, die das salazaristische System dem Volk auferlegt hat, nicht durch eine wirklich entsprechende Leistung an ökonomischem und sozialem Fortschritt abgegolten wurden.
Das Gesamturteil über das Ergebnis des autoritären Regimes wird daher auch dann eher negativ ausfallen müssen, wenn man sich von der Schwarzmalerei der professionellen Protestierer fernhält und um eine sorgfältige Abwägung von plus und minus bemüht.

II. Die portugiesische Überseepolitik und die Situation in den portugiesischen Überseegebieten

Überlegungen zur portugiesischen Afrika-Politik

Francisco Bonifácio de Miranda

Zunächst einige relevante Fakten als Hintergrund-Information.
- Portugal ist seit 500 Jahren in Afrika.
- Die Ideale und Ziele, die die Portugiesen von Europa nach Afrika führten, unterschieden sich sehr von denen der anderen Europäer, die später — besonders im 19. Jahrhundert — dorthin gingen.
- Portugal hat seine Territorien in Afrika immer als einen integrierenden Bestandteil eines unitarischen Staates betrachtet, ganz gleich, welche Bezeichnung ihnen gegeben wurde.
- Obwohl es Zeiten gab, in denen andere Mächte den Versuch machten, Portugal diese Territorien unter verschiedenen Vorwänden zu nehmen — und einige Teile nahmen —, stand die portugiesische Souveränität dort nie in Frage.
- Diese Versuche nahmen die Form von geheimen diplomatischen Übereinkünften zwischen anderen Mächten und von Waffen- und Geldlieferungen an einige zur Rebellion aufgewiegelte Stammeshäuptlinge an.
- Portugal mußte diesen Aufständen entgegentreten. Es stimmt jedoch nicht, daß Portugal sich nur aufgrund seiner militärischen Stärke in Afrika hält.
- Im Laufe der Jahrhunderte hat man viele Fehler gemacht, sowohl durch Handlungen als auch durch Unterlassung. Die Korrektur dieser Fehler war aber immer von den Idealen der Einheit der Nation und der Gleichheit der Rassen bestimmt worden.

Nach dieser Einführung möchte ich zu den Überlegungen übergehen, die direkt mit der Frage Portugiesisch-Afrikas zusammenhängen, so wie sie sich heute darstellt.

Selbstbestimmung

Portugal wird beschuldigt, dieses Grundrecht der afrikanischen Bevölkerung vorzuenthalten. Portugal hat nie geleugnet, daß Selbstbestimmung ein Naturrecht des Menschen ist; nicht allein in Afrika, sondern an jedem Ort und zu jeder Zeit. Da es ein Naturrecht ist, muß es allgemein gewährleistet sein.

Aber wie jeder weiß, trifft dies nicht zu: Es gibt viele Völker in der Welt —
mein eigenes eingeschlossen —, die in neuerer Zeit mit Waffengewalt unterdrückt wurden. Doch jene Völker hat man praktisch vergessen, während
Portugal zur Zielscheibe des Angriffs gemacht wird.
Aber sogar bei Portugal hat man zweierlei Maß angelegt. Ich meine damit die
widersprüchliche Haltung der kommunistischen und der meisten afro-asiatischen Mächte in bezug auf Goa und Portugiesisch-Afrika: Von Portugal verlangt man, es solle das Selbstbestimmungsrecht gewähren. Ein Mitglied
des afro-asiatischen Blocks darf dagegen mit Unterstützung kommunistischer
Mächte einer Bevölkerung jenes Recht nehmen, der, den kommunistischen
und einigen afro-asiatischen Mächten zufolge, bis zur indischen Besetzung
das Selbstbestimmungsrecht angeblich von Portugal verweigert wurde! Und
doch hatten vierhundertfünfzig Jahre lang Goaner als volle Staatsbürger
am politischen Leben der ganzen portugiesischen Nation teilgenommen. Sie
waren den europäischen Bürgern in dem Maße gleichgestellt, daß einige von
ihnen Minister in der Lissabonner Zentralregierung wurden. Übten sie nicht
das Selbstbestimmungsrecht aus? Wenn nicht, dann hat kein portugiesischer
Bürger jemals das Selbstbestimmungsrecht ausgeübt. Und derselben Überlegung folgend hat nie ein Bürger irgendeines anderen Landes das Selbstbestimmungsrecht ausgeübt. Aber das ist absurd, werden Sie sagen, und mit
Recht.
Auch wir glauben, daß fortwährende Teilnahme aller Bürger am politischen
Leben ihrer jeweiligen Nation die normale Form ist, in der das Selbstbestimmungsrecht ausgeübt wird. Dementsprechend sind wir der Meinung, daß
dieselbe Form auch für Portugiesisch-Afrika gültig sein sollte. Die Form
könnte verschieden sein, wenn die portugiesischen Territorien in Afrika in
jüngerer Zeit besetzt worden wären wie im Falle Goa oder wenn es sich um
Kolonialgebiete handeln würde. Daß es mehr als eine Form der Selbstbestimmung gibt, wird allgemein anerkannt. Die Vereinten Nationen selbst haben
nicht weniger als sieben Formen festgestellt. Die Form, der Portugiesisch-Afrika aus juristischen und politischen Gründen und auch wegen seiner multirassialen Gemeinschaft folgt, ist die normale, auf die wir bereits hingewiesen
haben.
Portugal tut sein Bestes, die kulturelle, erziehungsmäßige und wirtschaftliche
Entwicklung der autochthonen afrikanischen Bevölkerung möglichst zu beschleunigen, um eine wachsende Beteiligung am politischen Leben auf jeder
Ebene zu gewährleisten. Es wird sehr bald der Zeitpunkt gekommen sein,
an dem die Mehrzahl der Wähler in der gesamten portugiesischen Nation afrikanischen Ursprungs sein wird. Portugal, das die Hautfarbe als einen irrelevanten Faktor in den Beziehungen der Menschen untereinander betrachtet,
wird ein solches Ergebnis akzeptieren, weil Portugal nicht nur eine europäische, sondern auch eine afrikanische Nation ist. Bereits jetzt sind zwischen

80 und 90 Prozent der Wähler in jedem der afrikanischen Territorien Farbige.
(Diese Zahlen sind natürlich eine grobe Schätzung, da keine Statistiken auf
rassischer Grundlage geführt werden.)
Die Gegner Portugals aber verlangen eine besondere Form der Selbstbestimmung, die zum sofortigen Rückzug Portugals aus Afrika führen soll. Wäre
dasselbe Ergebnis durch bewaffnete Invasion zu erreichen wie in Goa, würden sich diese Gegner um die Selbstbestimmung nicht scheren. Lesen Sie die
Dokumentationen der Vereinten Nationen und die Erklärungen der kommunistischen und der afrikanischen Sprecher. Ihre These ist dieselbe, wie sie
Nehru später vertrat, ein weiterer sogenannter Verfechter von Selbstbestimmung und friedlicher Veränderung. Am 6. September 1955 sagte er vor dem
Oberhaus des indischen Parlaments: "Die Portugiesen müssen Goa verlassen,
selbst wenn die Goaner wollen, daß sie dort bleiben." Und das nennt man
Selbstbestimmung!
Kurz gesagt: Es gibt in Portugiesisch-Afrika kein echtes Problem der Selbstbestimmung. Die Gegner Portugals benutzen sie jedoch als Deckmantel für
Rassismus und Neokolonialismus.
Portugal ist eine alte und erfahrene Nation. Man kann, ohne unbescheiden zu
sein, behaupten, daß es eine längere Erfahrung im Umgang mit Völkern anderer Rassen auf anderen Kontinenten hat als jedes andere westliche Volk.
Wenn wir Portugiesen uns bestimmten Forderungen von Außenstehenden
widersetzen, so nicht aus einer Laune heraus und viel weniger noch, weil wir
nicht alle Aspekte des afrikanischen Problems überdacht hätten. Im Gegenteil, wir können es uns nicht leisten, naiv zu sein. Wir haben keine Illusionen
über das, was hinter der trügerischen Fassade idealistischer Beschwörungen
vorgeht. Idealismus ist kein Monopol. Auch wir haben unsere Ideale. Mehr
noch, wir sind uns unserer Verantwortung gegenüber der Bevölkerung bewußt, die wir nicht verlassen können, es sei denn, sie selbst verlangte es so.
Und sie ist einzig und allein dazu berechtigt.

"Befreiungsbewegungen"

In gewissen Kreisen fordert man, Portugal müsse mit den "Befreiungsbewegungen" verhandeln. Politische Entscheidungen werden nicht aus rein emotionellen Gründen ohne angemessene Berücksichtigung der dazugehörigen
Prinzipien und Realitäten getroffen. Andernfalls bewirken sie höchstwahrwahrscheinlich das Gegenteil. Und in diesem Fall werden die Opfer gerade
die Bevölkerungsgruppen sein, um deren Wohl es bei Entscheidungen allein
gehen sollte. Äußerer Druck, wenn auch stark und allgemein, ist irrelevant,
fällt er nicht mit den Forderungen der betreffenden Bevölkerungsgruppen zusammen. Ist das der Fall in bezug auf Portugiesisch-Afrika?

Manche betrachten die "Befreiungsbewegungen" als die wahren und einzigen Vertreter der Wünsche des Volkes in Portugiesisch-Afrika. Lassen Sie uns diese Behauptung prüfen.
Es gibt mindestens drei Gruppen, die für sich in Anspruch nehmen, Angola zu "befreien"; es gibt mindestens zwei Gruppen, die für sich in Anspruch nehmen, Mozambique zu "befreien"; es gab vor einigen Jahren zwei Gruppen, die für sich behaupteten, Portugiesisch-Guinea zu "befreien". Diese Gruppen sind aufgrund stammesmäßiger und ideologischer Zugehörigkeit einander entgegengesetzt. Aber nehmen wir an, sie sind sich einig — wenn auch nicht vereint — in ihrem Gegensatz zu Portugal, können sie sich auf ein Mandat des Volkes berufen oder für Repräsentanten der Wünsche der Mehrheit der Bevölkerung in jedem dieser Territorien gehalten werden?
Jede dieser Bewegungen wurde in einem Nachbarland organisiert, finanziert und bewaffnet von Mächten, die nicht nur Portugiesisch-Afrika, sondern Afrika überhaupt fernstehen. In allen Fällen — bis auf einen — sind es kommunistische Mächte; und die einzige Ausnahme erwies sich als erfolglos, da sie sich nicht mit den Kommunisten zusammentat. Haben diese Mächte, die Afrika fernstehen, mehr Recht, in afrikanische Angelegenheiten einzugreifen als Portugal, die Zukunft in seinen eigenen Territorien aufzubauen? Und wenn man behaupten wollte, die kommunistischen Mächte griffen ein zur Verteidigung der Selbstbestimmung, mag man fragen, ob jene Mächte die Selbstbestimmung im mindesten respektieren, wo sie selbst betroffen sind. Soll man glauben, es ginge jenen Mächten um Selbstbestimmung, wenn sie diese in Europa offensichtlich leugnen? Was ist ihr Ziel in Afrika?
Das ist der eine Aspekt. Ein weiterer ist, daß die "Befreiungsbewegungen" Gruppen von Minderheiten sind, die es nicht geschafft haben, die Unterstützung der Bevölkerung zu gewinnen. Ganz zu schweigen von der großen Mehrheit der afrikanischen Bevölkerung, die Portugal treu bleibt, gibt es zahlenmäßig mehr Afrikaner in den portugiesischen Streitkräften als in den "Befreiungsbewegungen". Es wird vielleicht überraschen, daß das, was so fälschlich "Portugals Kolonialkrieg" genannt wird, mehr und mehr von Afrikanern getragen wird, die sich freiwillig zum Militärdienst melden und schon 60 Prozent der portugiesischen Streitkräfte in Afrika ausmachen. Außerdem hat man afrikanischen Dorfbewohnern in den Grenzgebieten Waffen gegeben, damit sie sich selbst gegen Terroristenüberfälle verteidigen können.
Diese Tatsachen mögen dazu beitragen, eine Vorstellung von den Realitäten über die Haltung der afrikanischen Bevölkerung zu vermitteln. Natürlich, Afrikaner, die mit der portugiesischen Verwaltung zusammenarbeiten, werden von der anti-portugiesischen Propaganda als "Söldner" bezeichnet, während die, die Geld von ausländischen Quellen erhalten, um Portugal zu bekämpfen, "Freineitskämpfer" und als die wahren Vertreter der Wünsche des

Volkes bezeichnet werden. Das ist nur eine Illustration für die Art und Weise, wie die Propaganda Realitäten verdreht. Aber die Zukunft von Millionen Menschen ist eine ernsthafte Sache. Und man könnte nichts Besseres tun, als sie auf der Basis der bestehenden Realitäten aufzubauen.
Die portugiesischen Behörden ergreifen ebenfalls Maßnahmen gegen die Subversion, wie sie sie gegen den Terrorismus ergreifen. Es wäre nicht möglich, letzteres ohne ersteres zu tun. Wachsamkeit vor Terrorismus ist nicht zu trennen von Wachsamkeit auf dem Gebiet der psychologischen Kriegführung oder Subversion. Portugal leugnet nicht, daß es diese Wachsamkeit übt.
Aber wie sein militärischer Einsatz wird ihm seine Wachsamkeit durch die Subversion aufgezwungen, die von denselben Quellen ausgeht, die auch den Terrorismus verbreiten, namentlich den "Befreiungsbewegungen". Will man behaupten, diese hätten eine besondere politische Haltung eingenommen, so muß man zugeben, daß Portugal nicht nur das Recht, sondern auch die Pflicht hat, zu prüfen, ob diese Haltung die Gunst der Mehrheit der Bevölkerung findet. Ich habe bisher das Wort "legitim" vermieden. Mir scheint aber, die Legitimität wird auf der Seite Portugals sein, solange es seinen Gegnern nicht gelungen ist, die Unterstützung der Mehrheit der Bevölkerung zu gewinnen. Es ist nicht genug, einen Kampf zu beginnen und ihn "Befreiung" zu nennen. Jede kleine Gruppe kann das tun, besonders, wenn sie, wie im vorliegenden Fall, einer fortwährenden Unterstützung durch Außenstehende sicher ist. Eine solche Gruppe muß zeigen, daß sie die Mehrheit der Bevölkerung hinter sich hat. Obwohl die "Befreiungsbewegungen" von Außenstehenden massive Hilfe in Form von Waffen, Geld und Propaganda erhalten haben, kann jeder, der Portugiesisch-Afrika unvoreingenommen und aufgeschlossen besucht, feststellen, daß die portugiesischen Behörden auf die Loyalität der überwältigenden Mehrheit der Bevölkerung zählen können.
Nach über einem Jahrzehnt Terrorismus, von Nachbarländern aus nach Angola, Mozambique und Portugiesisch-Guinea hineingetragen, müssen die "Befreiungsbewegungen" immer noch von außerhalb gelegenen Stützpunkten eindringen, während im inneren dieser Territorien — außer in einigen Grenzgebieten, die den aus Nachbarländern kommenden Terroristen zugänglich sind — das Leben ungestört weitergeht und ein wesentlicher Fortschritt in Richtung auf eine beschleunigte umfassende Entwicklung der betreffenden Bevölkerungsteile gemacht wurde und weiterhin gemacht wird. Denn Portugal ist nicht nur um Abwehr von Terrorismus und Subversion bemüht: Weit wichtiger, sowohl in materieller als auch in menschlicher Beziehung, ist Portugals Bemühen, eine glücklichere Zukunft für alle seine Bewohner in Afrika aufzubauen.

Kolonialismus

Portugal wird beschuldigt, zu versuchen, "eine unzeitgemäße koloniale Position in Afrika" aufrechtzuerhalten. Worauf gründet sich diese Beschuldigung? In den Vereinten Nationen gründet man sie auf geographische Trennung und ethnische Verschiedenheit. Ich brauche diese These wohl kaum zu erörtern, denn ich bin sicher, Sie alle werden mir zustimmen, daß Geographie und Rasse an sich nichts Falsches anhaftet. Tatsächlich gibt es viele andere Staaten mit Territorien, die geographisch getrennt liegen und von Menschen verschiedener Rassen bewohnt werden; und sie werden nicht des Kolonialismus beschuldigt. Wir Portugiesen sehen — und ich hoffe, Sie werden derselben Meinung sein — das Wesen des Kolonialismus in der Unterordnung eines Volkes unter ein anderes. Gibt es im portugiesischen Staat die Unterordnung eines Volkes unter ein anderes?

In Anbetracht dessen, daß
- alle Territorien, die der portugiesische Staat umfaßt, gleich wo sie liegen mögen, juristisch und politisch einander gleichgestellt sind;
- die Einwohner all jener Territorien portugiesische Staatsbürger sind, ebenfalls juristisch und politisch einander gleichgestellt;
- der portugiesische Staat unitarisch ist und alle seine Bestandteile in gleicher Weise seine Souveränität teilen;
- jeder einzelne Bestandteil Provinzautonomie besitzt und im vollen Genuß seiner Einnahmen ist;
- die Provinzautonomie in der Entscheidungsgewalt der jeweiligen gesetzgebenden Versammlung in allen die Provinz betreffenden Angelegenheiten besteht;
- die gesetzgebende Versammlung gänzlich auf der Basis des allgemeinen Wahlrechtes gewählt wird;
- alle Bürger ohne Rücksicht auf Rasse oder Herkunft berechtigt sind, an der Wahl ihrer gemeinsamen Souveränitätsorgane teilzunehmen

ist nicht zu verstehen, wie ein solches System als kolonial bezeichnet werden kann.

Schlußfolgerung

Das Gesagte zeigt die Richtung auf, in die unsere Entwicklung zielt. Und hier erlauben Sie mir ein paar Bemerkungen über die irreführende und systematische Propaganda gegen Portugal. Uns besuchen Ausländer vieler Nationen. Sie haben bewiesen, daß in neun von zehn Fällen die Behauptungen gegen uns nicht stimmen. Wir haben ausländischen Beobachtern, die unsere dortigen Territorien guten Glaubens und offenen Geistes besuchen, die Tür zu Portugiesisch-Afrika geöffnet, denn wir haben nichts zu verbergen. Wir haben uns niemals für vollkommen gehalten; und wir haben keine Angst, die Fehler, die wir machen, zuzugeben. (Zeigen Sie uns ein Land, wo keine Fehler begangen werden!) Auch fürchten wir nicht den Vergleich mit anderen Gebieten in Afrika. So geht uns das Verständnis dafür ab, warum manche Leute, die uns so sehr kritisieren, vor viel schlimmeren Dingen, die irgendwo auf jenem Kontinent geschehen, die Augen verschließen und das uns von anderen zugefügte Unrecht hinwegzudiskutieren versuchen. Unseren Kritikern zufolge möchte es scheinen, daß wir einerseits nichts richtig machen können und andererseits alles, was gegen uns unternommen wird, durch etwas gerechtfertigt ist, das man vage "moderne Trends" nennt. Man kommt einer Definition dieses vagen Begriffes am nächsten, wenn man darunter versteht, Afrika gehöre den Afrikanern. Man würde denken, moderne Trends zielten auf eine wachsende Annäherung der Kontinente und Länder darauf, schon bestehende Bande zwischen Völkern verschiedener Rassen zu verstärken, multirassiale Gesellschaften aufzubauen. Oder soll man Afrika zu einem einsamen Beispiel des Rassismus machen? In bezug auf Portugiesisch-Afrika, das seit fünfhundert Jahren portugiesisch ist, kann man deshalb einwenden, daß in den modernen Trends, im konstruktivsten Sinne des Wortes, nichts liegt, was der grundlegenden Politik Portugals entgegengesetzt sein könnte. Diese Politik besteht darin, ich wiederhole, die volle Teilnahme von Menschen verschiedener Rassen an einer egalitären, multirassialen Gesellschaft zu fördern. Wir Portugiesen glauben, daß dies die einzige, mit dem modernen Denken zu vereinbarende Lösung ist. Jede andere Lösung wäre eine Manifestation des Rassismus und könnte zu Konsequenzen führen, unter denen gerade die Bevölkerungsteile am meisten zu leiden hätten, deren Wohl das Hauptanliegen sein sollte.

Portugal ist völlig damit einverstanden, daß das Wohl jener Bevölkerungsteile oberstes Gebot ist. Gerade aus diesem Grund ist Portugal der Meinung, daß es keine gültige Alternative zu seiner gegenwärtigen Politik in Afrika gibt.

(Übersetzt von Horst Sachse)

Nationale Integration in einer multirassialen Gesellschaft — Das Beispiel Mozambique

Miguel Artur Murupa

Eine korrekte und vernünftige Einschätzung der heutigen Integrationsbemühungen in Portugiesisch-Afrika im Zusammenhang und im Geist einer Nation, kann — wie ich glaube — am besten vorgenommen werden, wenn man sie vor dem historischen Hintergrund sieht, auf dem die gesamte Präsenz Portugals in Afrika seit dem 15. Jahrhundert aufgebaut ist.
Eine korrekte Kenntnis dessen, was tatsächlich im Verhältnis und in den Beziehungen fünf Jahrhunderte lang stattfand, führt unausweichlich zu der Schlußfolgerung, daß "Kolonisation" für die Portugiesen unabänderlich die Bedeutung rassischer, kultureller und politischer Integration der verschiedenen Völker, Rassen und Territorien in eine einzige portugiesische Nation angenommen hat, unabhängig davon, was immer die Fehlschläge, Fehler und offensichtlichen Abweichungen während dieser fünf Jahrhunderte gewesen sein mögen.

Die historische und Entwicklungsgrundlage der portugiesischen nationalen Integration

Was immer über die portugiesischen Bemühungen um eine nationale Integration im Kontext einer multirassialen Gesellschaft gesagt werden kann, es bleibt die Tatsache, daß sie mit Portugals Haltung zu den Rassenbeziehungen zwischen den Menschen tief verwurzelt ist. Diese Haltung ist frei von Vorurteilen. Die Freiheit von rassischen Vorurteilen ist Jahrhunderte alt und hat ihre Wurzeln in der vorchristlichen Zeit. Sie geht zurück auf die vorromanische Eroberung der Iberischen Halbinsel, lang bevor Portugal selbst als Nation im zwölften Jahrhundert, nämlich im Jahr 1143, gegründet wurde. Im 16. Jahrhundert war schon jeder zehnte Bewohner von der Algarve bis weit nach Lissabon Afrikaner oder afrikanischer Abstammung.
Portugal bemühte sich in der Periode der "Entdeckungen" im 15. Jahrhundert, als seine Gesellschaft politisch nicht nur gemischt, sondern auch geistig, physisch und politisch bereit war, andere Völker verschiedenster Rassen und Kultur zu akzeptieren, zu tolerieren, mit ihnen in Kontakt zu treten und sich mit ihnen zu integrieren. Die Gebiete zwischen der Algarve und Lissabon und sogar zwischen Lissabon und dem Minho haben eine solche rassische Vermischung erfahren, daß man heute nur schwer sagen kann, wer reiner

Weißer ist. Der größte Missionar und Kanzelredner in der gesamten katholischen Geschichte Portugals — wahrscheinlich auch einer der größten in der katholischen Kirche —, Pater António Vieira, ein Mulatte angolanischer Abstammung, war geistiger und politischer Berater der portugiesischen Könige im siebzehnten Jahrhundert.

Das portugiesische Vordringen in neue Gebiete und die Wechselwirkung mit der einheimischen Bevölkerung war sicher von einer mehr oder weniger fanatischen Christianisierungsmission des portugiesischen katholischen Königreiches begleitet. Dies zu einer Zeit, als Kirche und Staat nicht getrennt waren. Die Legende des christlichen Königreiches des Priesters João, das irgendwo in Nordostafrika vermutet wurde, und die Bemühungen der portugiesischen Könige, mit ihm Kontakt aufzunehmen, zeigen in großem Ausmaß den religiösen Eifer, der die portugiesischen Reisen und das Vordringen in Afrika begleitete.

Aber religiöse Motive wurden bald von politischen und wirtschaftlichen Motiven beeinflußt und überspielt, als später Handel und Aufbau des Reiches in den Vordergrund traten. Die religiösen Motive hatten jedoch eine positive, mäßigende Wirkung auf den oft wilden "Run" nach Afrika, und sie waren häufig die Instrumente, die politischen und Handelsbeziehungen zwischen dem Königreich Portugal und den neuentdeckten Ländern zu errichten.

Als Ergebnis dieser Entwicklung war der König von Portugal schon bald König von Portugal und der Länder auf dieser Seite des Ozeans und in Übersee. Die Errichtung des portugiesischen Übersee-Imperiums wurde von der Idee getragen, daß — unter der Fahne des Christentums — die neuentdeckten (und eroberten) Gebiete Teil und Bestandteil eines einzigen nationalen Territoriums Portugals bilden sollten, wobei die Völker dieser Territorien zur katholischen Religion konvertieren und dann in die portugiesische Bürgerschaft integriert werden sollten. Die politischen Beziehungen zwischen dem König von Portugal und den Stammeskönigen dieser Länder ähnelte dem System der Lehnsverhältnisse und dem Feudalismus. Dieses besondere Verhältnis wurde in Mozambique unter dem "Prazo-System" und in Angola unter D. Afonso I., König des Kongo, und seinen Nachfolgern in Gang gesetzt. Beide Fälle in Angola und Mozambique waren so gedacht, daß sie trotz unterschiedlicher Ausmaße und Verhältnisse die portugiesische Souveränität über große Gebiete und Völker aufrechterhalten und die Integration der letzteren in eine einzige Nation bewirken sollten. D. Afonso I., ein schwarzer afrikanischer Häuptling, wurde in Portugal erzogen und in seine Rechte als portugiesischer Bürger zum Zweck einer nationalen Integration in eine größere portugiesische Gemeinschaft eingesetzt. Mit großer Macht wurden im "Prazo-System" Afrikaner ausgestattet, die sich als portugiesische Bürger fühlten und ihre Prazos gegen Eindringlinge und politische Intriganten verteidigten.

Erst im 17. Jahrhundert (1612) wurden die wirkliche Bedeutung und das Ziel der portugiesischen nationalen Integration deutlich, begann sie als nationales Ziel und Bemühungen zu funktionieren. In diesem Jahr gab der Königliche Rat im Reich bekannt: "Portugiesisch-Indien und andere überseeische Länder, mit deren Regierungen diese Beratende Versammlung (des Königs von Portugal) in Verbindung steht, sind nicht selbständig oder getrennt von diesem Königreich, sie sind auch nicht mit ihm durch eine Union verbunden; trotzdem sind sie Mitglieder desselben Königreichs, wie es die Algarve oder irgendeine Provinz im Alentejo oder im Minho ist. Und derjenige, der in Goa oder in Brasilien oder in Angola geboren ist und dort lebt, ist genauso Portugiese wie der, der in Lissabon lebt und dort geboren ist."

Von diesem Erlaß an bis heute war die ganze portugiesische Politik und Verwaltung in den Übersee-Territorien mit ihren Auf- und Abbewegungen, Fehlern, Vorzügen, Erfolgen und Mißerfolgen im Geist einer einzigen Nation, einer einzigen Bürgerschaft und vieler Völker, Rassen, Territorien und Kulturen geleitet.

Im Laufe der Zeit wurden die portugiesischen Bemühungen um die Integration in der Verfassung verankert und zum Bestandteil der Gesetze, Politik und Ziele der ganzen portugiesischen Nation erklärt. Die Verfassung von 1826 war sehr eindeutig, und ein portugiesisches Manifest der "Provisorischen Regierungsjunta" von 1820 verlangte, daß ein für alle Male der unfaire Spitzname "Kolonien" beseitigt wird. Wir wollen nichts als den großzügigen Titel Mitbürger der gleichen Nation ... Zwischen den europäischen, amerikanischen, asiatischen und afrikanischen Portugiesen darf kein anderer Unterschied bestehen als der der Konkurrenz eines jeden, den anderen in der tiefsten Brüderlichkeit, heroischem Patriotismus und wagemutigsten Bemühungen zu übertreffen.

In diesem Geist, der nun für aufgeklärte Portugiesen typisch wurde, bestimmte später der portugiesische Premierminister Sá da Bandeira 1873: "Die portugiesischen Bewohner der Provinzen in Afrika, Asien und Ozeanien haben ohne Unterschied der Rasse, Farbe oder Religion die gleichen Rechte wie die europäischen Portugiesen."

Vom 17. bis zum 19. Jahrhundert wurden die portugiesischen Übersee-Territorien als Provinzen und nicht als Kolonien betrachtet, und dies wurde in der portugiesischen Verfassung von 1838 in Artikel 137 festgelegt: "Die Überseeprovinzen können durch besondere Gesetze regiert werden, die ihren Interessen geeignet erscheinen." Ein Gesetz, das vom Überseeminister Júlio Marques Vilhena am 30. September 1891 für Mozambique erlassen wurde, besagte: "Die heutige Provinz Mozambique soll ab sofort 'Staat Ostafrika' heißen."

Diese natürliche Entwicklung einer wirklichen und bedeutungsvollen Integration wurde aber durch die Auswirkungen der Berliner Konferenz von

1885 gestört, die einen de-facto-Kolonialismus in Afrika errichtete.
Der Geist der Integration wurde nicht unterbrochen. Erst nach 1910 wurde der Name "Kolonie" den portugiesischen Provinzen in Afrika beigefügt und in die Verfassung von 1933 aufgenommen.
Die portugiesischen Territorien in Afrika wurden nun als "Kolonien" bezeichnet, obwohl sie in der Praxis und im Geist als wirkliche Provinzen verwaltet wurden, wenn auch mit dem Paternalismus, der für das Lissabonner Verhalten typisch ist. Das "Assimilado"-System, das nun folgte, wodurch Afrikaner, die des Lesens und Schreibens mächtig waren, mit den gleichen Rechten und Pflichten wie ihre europäischen Mitbürger assimiliert wurden, war nur einer der vielen Versuche und Fehltritte auf dem langen und schmerzreichen Weg in Richtung auf eine effektive nationale Integration. Um 1951 erreichte die Integrationsentwicklung ein Stadium, in dem die Übersee-Territorien nicht länger mehr als Kolonien bezeichnet werden konnten. In der Verfassung von 1951 hießen die portugiesischen Übersee-Territorien wieder Provinzen. Das Jahrzehnt zwischen 1952 und 1961 brachte allumfassende soziale und wirtschaftliche Reformen, die die Mißbräuche und ruinösen Praktiken weniger Profitsüchtiger beseitigten, während gleichzeitig Entwicklungspläne in den Übersee-Provinzen in Gang gesetzt wurden.

Die Integration in den sechziger Jahren

Mit dem Beginn der sechziger Jahre und ihren heftigen und gehässigen Angriffen gegen die westeuropäischen Kolonialmächte erfuhr die Integration in Portugiesisch-Afrika eine gründliche Erneuerung. Mehr Afrikaner zogen in die Entscheidungsgremien auf nationaler Ebene und in den Provinzen ein. Die afrikanischen Provinzen wurden enger mit dem europäischen Portugal verbunden und Universitäten in Angola und Mozambique geschaffen, Schulen in nie dagewesener Zahl eröffnet, die Zusammenarbeit zwischen Schwarzen und Weißen effektiver gestaltet, der Paternalismus Lissabons erheblich reduziert, während alle mehr denn je in den Bemühungen vereint waren, den internationalen Interessen an den portugiesischen Territorien zu begegnen.
Die portugiesische Integrationserneuerung in den Überseeprovinzen war natürlich Teil der allgemeinen Atmosphäre eines Überdenkens der Politik, die von europäischen Mächten in zwei Richtungen (Integration und Apartheid) betrieben wurde. Wenn man der Meinung von Mr. Macmillan, dem früheren britischen Premierminister, und seiner Theorie der "Winds of change" folgt, so findet man, daß in den sechziger Jahren die afrikanischen Territorien unter europäischer Verwaltung zwei verschiedene Entwicklungen

nahmen, die außer im Fall Rhodesiens und Südafrikas eine direkte Folge der Kolonialphilosophie in den großen Hauptstädten waren. Die eine Richtung war, daß diese Territorien nach dem Prinzip der rassischen und territorialen Trennung regiert und in getrennte, politisch unabhängige Staaten unter eigener Verwaltung entwickelt wurden. Die andere Richtung war, daß diese Territorien nach dem Prinzip der rassischen und territorialen Integration regiert wurden und sich logisch als Übersee-Provinzen einer einzigen Nation entwickelten, wobei die verschiedenen Rassen, Territorien, Kulturen und Völker integriert wurden, wie es bei den portugiesischen Territorien in Afrika der Fall war.

Dies ist der hauptsächliche, fundamentale Unterschied zwischen der Politik der britischen, belgischen, französischen und anderen europäischen Kolonialmächte, die zur Unabhängigkeit ihrer afrikanischen Kolonien führte, und der portugiesischen Politik, die die Fortsetzung der Integration verfolgt.

Die heutigen Grenzen zwischen den Nationen kamen als Ergebnis von zwei Möglichkeiten zustande: durch Integration oder Desintegration territorialer Einheiten.

Es gibt nicht ein einziges Beispiel für eine Nation, deren Bürger wissenschaftlich als Ureinwohner eines Landes nachgewiesen worden sind. Seit undenkbaren Zeiten sind die Völker von einem Land zum anderen gezogen. Sie kamen zu anderen Völkern und Rassen, um neue nationale Einheiten zu bilden. Portugal folgte nur einer natürlichen Entwicklung.

Die beiden sozio-politischen Experimente in Afrika — "Dekolonisierung durch Desintegration", wie sie Belgien, Frankreich und England verfolgten, und "Dekolonisierung durch Integration", wie sie von Portugal praktiziert wird — sind vielfältig und verlockend, denn beide haben für das Wohlergehen ihrer Völker zu sorgen, während sie sich gleichzeitig gegen widersprüchliche äußere Einflüsse durchsetzen müssen: Kräfte, die behaupten, für die Afrikaner zu sprechen, und vorgeben, die Prinzipien der Freiheit und Unabhängigkeit aufrechtzuerhalten, die in Wirklichkeit Afrika (wenn schon nicht ideologisch oder politisch, so doch wenigstens wirtschaftlich) zu beherrschen suchen.

Ich möchte jedoch nicht sagen, daß unser portugiesisches Modell der politischen Entwicklung irgendwie besser oder schlechter wäre, verglichen mit den anderen schwarzafrikanischen Staatsmodellen. Schließlich können keine intelligenten, unparteiischen Beobachter, die den Kongo, Tansania, Guinea-Conakry, Zaire — neue unabhängige Staaten, die durch den Prozeß der "Dekolonisierung durch Desintegration" entstanden sind — und dann Angola oder Mozambique besuchen, die den Weg der "Dekolonisierung durch Integration" gehen, etwa sagen, die Menschen in den ersteren lebten irgendwie glücklicher als die der letzteren, oder daß es den ersteren besser ginge als den anderen.

Natürlich nicht. Schließlich zeigt die Statistik der UNO als erstes, daß unsere Gehälter, unser Pro-Kopf-Einkommen, unser Transportwesen, unsere soziale Infrastruktur und unsere Industrien höher und größer sind und schneller wachsen als anderswo. Trotzdem finden wir keine moralischen Gründe für die Forderung, daß sie unserem Modell der politischen Entwicklung folgen sollen, weil ihr Lebensstandard niedriger ist. Wir verlangen nur, daß jeder seinen eigenen Weg gehen soll, ohne sich in die Angelegenheiten der anderen einzumischen.

Das Problem in Mozambique (und in Portugiesisch-Afrika) ist für die überwiegende Mehrheit unseres Volkes nicht die Unabhängigkeit, losgelöst vom europäischen Portugal. Was wir wollen und wofür wir arbeiten, ist die volle politische und wirtschaftliche Integration in einer einzigen, großen, entwickelten und selbstbewußten Nation, in der Afrikaner voll gleichberechtigt mit ihren europäischen Mitbürgern in der Verwaltung, in den Entscheidungen der Überseeprovinzen wie in Lissabon, im wirtschaftlichen wie im politischen Leben, auf der oberen wie unteren Ebene, mitwirken können.

Deshalb beschäftigen wir uns nicht mit Selbstbestimmung, wie sie durch die UNO unter den Druck kommunistischer Mächte, kommunistischer Satelliten und unkontrollierter, unbewußter afro-asiatischer Majoritäten aufgezwungen werden soll.

Womit wir uns beschäftigen, ist, daß in Lourenço Marques, Luanda, Bissau und Lissabon schwarze Afrikaner in voller Partnerschaft mit ihren europäischen Mitbürgern als Minister, Staatssekretäre, Gouverneure und Beamte zusammensitzen müssen und sollen, um über die Interessen ihrer gemeinsamen Nation zu entscheiden. Dies muß ein Ergebnis der nationalen Entwicklung sein, durch eigene Anstöße bewirkt, und nicht ein Ergebnis des Drucks von Gruppen, die von fremden Hauptstädten aus operieren und kommandiert werden.

In Übereinstimmung mit diesem nationalen Ziel wurde die portugiesische Verfassung 1971 revidiert, um mehr Autonomie, aktive afrikanische Teilnahme auf Provinz-, Staats- und nationaler Ebene zu ermöglichen. Wir sind auf dem Weg zu den Vereinigten Staaten von Portugal, wenngleich auch auf einer anderen Grundlage und Philosophie als die Vereinigten Staaten von Amerika.

Die Bedeutung der Autonomie in einer integrierten multirassialen Gesellschaft der portugiesischen Nation

In den siebziger Jahren nimmt die Integration in Portugiesisch-Afrika eine neue Wendung. Afrikaner nehmen hohe Stellungen in der Verwaltung und in den Entscheidungsgremien ein. Dies ist eine Folge der revidierten Verfassung von 1971. Um dem Konzept der Autonomie und der Mitbestimmung der Bürger praktische Bedeutung zu verleihen, wurden im Jahr 1973 zwei wichtige Maßnahmen in den portugiesischen Überseeprovinzen durchgeführt. Die erste war im Frühjahr die Wahl zu den Gesetzgebenden Versammlungen der Provinzen. Die zweite war die Oktober-Wahl zur Nationalversammlung. Der Grad der Autonomie und die Beteiligung der Bürger mag daran gemessen werden, daß die Gesetzgebende Versammlung in Mozambique auf 50 Mitglieder erhöht wurde, von denen 28 Afrikaner, 19 Europäer, 2 Inder und 1 Chinese aus Macao sind. In Angola sind von den 53 Mitgliedern 29 Europäer, 23 Afrikaner und einer ein naturalisierter Portugiese. In der Lissabonner Nationalversammlung sind von den 12 Mozambique-Vertretern 6 aus Mozambique gebürtig, ebenso ist es bei den Angola-Vertretern.

Es ist bemerkenswert, daß in Angola und Mozambique über zwei Drittel der Wähler Farbige waren, in Guinea über drei Viertel. Der Schwerpunkt der politischen Themen lag in diesem Jahr auf der Politik von Ministerpräsident Caetano: den Wählern wurde die plebiszitäre Entscheidungsmöglichkeit gegeben, ob sie Portugiesen bleiben wollten, ihre Territorien Überseeprovinzen eines einzigen Portugals, und ob sie die Politik Marcelo Caetanos unterstützten. Die Antwort war eine massive Unterstützung der Politik von Ministerpräsident Caetano. Die Zahl der Wähler war die höchste in der gesamten portugiesischen Geschichte, ebenfalls die der Afrikaner.

Wir wissen, daß es keine richtige Autonomie ohne echte Vertretung geben kann. Ebenso kann es keine echte Repräsentation ohne Erziehungswesen, wirtschaftliche und soziale Entwicklung geben. In Mozambique haben wir z. B. 1965/66 300 Mio Escudos für die Bildung ausgegeben. Heute sind es über 11,5 Milliarden. Diese Zahlen schließen nicht die Ausgaben für private Schulen und Schulen, die das Militär unterstützt, ein. Für die allgemeine Entwicklung dürfte genügen, daß wir im dritten Sechs-Jahresplan, der im Dezember dieses Jahres endet, etwa 17 Millionen Contos für Entwicklungsprogramme aller Art ausgaben, im vierten Sechs-Jahresplan Mozambique über 55 Millionen Contos ausgeben wird (ohne die Beträge für Cabora Bassa)!

Die Gegner der Integration und unsere Entschlossenheit zum Fortschritt

Gegen dieses nach vorn schauende Bemühen der Portugiesen um eine völlige rassische und nationale Integration in einer aus allen Rassen bestehenden Gesellschaft ist eine bösartige internationale Kampagne im Gange, angeführt von den zwei kommunistischen Großmächten und unterstützt von der afro-asiatischen Gruppe bei der UN.

Diejenigen, die sich gegen unsere nationale Integration stellen, können in sechs Hauptkategorien eingeteilt werden:

Die erste Kategorie besteht aus den zwei kommunistischen Großmächten und ihren Satelliten. Bei ihren verzweifelten Bemühungen, den Westen oder die aufgegebenen westlichen Besitzungen in Afrika zu vernichten und ihre Weltherrschaft zu etablieren, stellt Portugal für sie ein Hindernis insofern dar, als das Land wichtige, reiche und strategische Positionen auf den wichtigsten Luft-, Land- und Seewegen in Besitz hält: in Mozambique, Angola und Guinea-Kapverde, die man benötigt, um den Indischen Ozean (wo die sowjetische Flotte alarmierend an Raum gewinnt) und den südlichen Atlantik zu beherrschen.

Die zweite Kategorie schließt die Rassisten der ganzen Welt ein, die die Vorstellung einer für Schwarze und Weiße geschaffenen Nation weder begreifen noch akzeptieren oder dulden können. Diese Gruppe bekämpft Portugal, um sich selber davon zu überzeugen, daß Selbstbestimmung und Unabhängigkeit der Rassen wegen gewährt werden sollten. Für diese Kategorie ist portugiesisch gleich weiß, deswegen haben Weiße in Afrika – das angeblich ausschließlich für Schwarze bestimmt ist – nichts zu suchen.

Zur dritten Kategorie gehören diejenigen, die ihre Kolonialreiche in Afrika verloren haben und aus gut bekannten Gründen und aus einem Neidgefühl heraus Portugal absichtlich beschuldigen, gerade weil sie wissen, daß dieses Land keinen Kolonialismus praktiziert, denn die Zeiten des Kolonialismus sind vorüber.

In der vierten Kategorie befinden sich diejenigen, die auch aus Neid befürchten, daß, nachdem Mozambique und Angola völlig integriert und entwickelt sind, Portugal eine wichtige wirtschaftliche und politische Macht wird, auf die man bei wichtigen internationalen Angelegenheiten Rücksicht nehmen muß. Darunter sind auch diejenigen zu finden, die gerne diese Möglichkeit, ehe sie zu einer mächtigen und unzerstörbaren Realität wird, vernichtet sehen wollen.

Die fünfte Kategorie besteht aus denjenigen, die sich verpflichtet haben, das kapitalistische System in der Welt zu beseitigen und deswegen der Meinung sind, daß Portugal ein Land ist, das zum Kampf geradezug herausfordert.

Die sechste Kategorie umfaßt all die ehrgeizigen Politiker verschiedener Nationen, die Niederlagen erlitten haben und Beschuldigungen gegen Portugal als eine gute Ausrede betrachten und darin einen bequemen Weg sehen, um die begehrten Stimmen von Linksgerichteten, von Sozialisten, Kommunisten und unzufriedenen Elementen zu sammeln. Sie alle sind bereit, Lösungen für die Probleme Portugals zu finden, sind aber unfähig, ihre Probleme im eigenen Land zu lösen.

All dies sind überzeugte Gegner der portugiesischen Integration und der Existenz Portugals als einer gleichzeitig afrikanischen und europäischen Nation. Sie alle nutzen bewußt, überlegt und geschickt zwei Gruppen für ihre Zwecke aus:

1. Diejenigen, die ehrlich den Frieden und die Entspannung wollen, und weil sie nicht wissen, was wirklich in Portugiesisch-Afrika geschieht, sich die schaurigsten Märchen über Portugals "Kolonialismus", "Unterdrückung", "Ausbeutung", "teuflische und Sklavenmethoden", "befreite Gebiete" usw. anhören und daran glauben;
2. die ehrgeizigen und enttäuschten Führer der selbsternannten "Befreiungsbewegungen", die von ausländischen Staaten und Interessengruppen finanziert, bewaffnet, unterstützt, aufgenommen und aufgehetzt sind, im Ausland leben und sich bewegen und nebenbei meinen, sie müßten von "Befreiung" reden, um sich damit ihren Lebensunterhalt zu verdienen.

Die Afrikaner in den Überseeprovinzen wissen ganz genau, daß sich wirtschaftliche und politische Motive imperialistischer Art hinter den Rufen "Solidarität", "Selbstbestimmung für die portugiesischen Kolonien" und "Hilfe für die Befreiungsbewegungen" verstecken, was Mozambique, Angola und Portugiesisch-Guinea anbetrifft. Wir werden uns nicht durch schöne Worte betrügen lassen. Aus diesem Grunde haben wir Caetano unsere Stimme gegeben. Denn wir wissen, daß kleine, nicht lebensfähige politische Einheiten, die behaupten, unabhängig zu sein, dazu verurteilt sind, von den Großmächten verschlungen zu werden. Das wollen wir nicht.

Diejenigen, die die Frelimo, MPLA und PAIGC verlassen, um sich den Portugiesen anzuschließen, wissen sehr genau, daß sie in dem Glauben betrogen wurden, ihre Rettung käme von internationalen Verschwörern aus dem Ausland. Tatsache ist, daß im vergangenen Jahr durchschnittlich 1000 pro Monat die Frelimo verließen, um sich den Portugiesen anzuschließen. Zwischen Juli und Oktober dieses Jahres verließen mehr als dreitausend Frelimos die Organisation und schlossen sich den Portugiesen an. Im letzten Oktober waren es 10 Führer der Frelimo. Einer von ihnen, Alves Muganga, war Mitglied des Zentralkomitees der Frelimo.

Wir stehen also auf der Seite Portugals; egal, was man in fremden Ländern und Organisationen sagen mag, was man als Hilfe den anti-portugiesischen Terroristenbewegungen gewährt, sei es Geld, Waffen, Ideologien, Propaganda und Material. Wir in Mozambique, Angola und Portugiesisch-Guinea sind entschlossen, die Integration voll wirksam zu machen und mit Leben zu füllen.

(Übersetzt von Horst Sachse)

Zur Situation in den portugiesischen Kolonien Afrikas

Eduardo de Sousa Ferreira

Bevor ich auf die Thematik eingehe, möchte ich einige Bemerkungen machen. Alle Daten, die in bezug auf die portugiesischen Kolonien verwendet werden, sind natürlich immer mit einer gewissen Vorsicht zu genießen, da die Statistik in den portugiesischen Kolonien nicht so zuverlässig ist wie zum Beispiel in der Bundesrepublik. Daher können je nach der benutzten Quelle manchmal ziemlich große Abweichungen zustande kommen. Ich möchte, daß dies berücksichtigt wird. Zum anderen möchte ich prinzipiell klären, daß ich hier nur akute Fragen als Anregung für eine Diskussion vorbringe. Es ist mir völlig klar, daß jedes Phänomen verschiedene Gesichtspunkte und Betrachtungsweisen hat, daß es immer Nuancierungen gibt. Und wenn ich zum Beispiel sage, daß die Entwicklung einer Sache nicht bemerkenswert war, so heißt das nicht, daß diese Sache überhaupt keine Entwicklung erfahren hat, sondern daß die Entwicklung wohl vorhanden, in der Tendenz aber sehr schwach war. Also immer relativieren unter dem Gesichtspunkt, daß ich nur bestimmte Aspekte darstellen will. Ich will nur den Kern des Problems herausarbeiten, unabhängig von bestimmten Randerscheinungen. Auch auf die Geschichte möchte ich aus verschiedenen Gründen nicht näher eingehen, zumal eine kritische Betrachtung der Geschichte im Moment nicht sehr sinnvoll ist, da die portugiesische Regierung solchen Darstellungen immer entgegenhält, in der Geschichte seien wohl viele Fehler gemacht worden, dies sei aber heute nicht mehr der Fall oder diese Fehler würden heute korrigiert.

Zuvor möchte ich allerdings doch kurz auf einen Punkt geschichtlicher Art zu sprechen kommen, den Portugal aufrechterhält und immer wieder benutzt: es handelt sich um die Aussage der 500jährigen Anwesenheit Portugals in Afrika. Dieser Behauptung möchte ich widersprechen.

In der Tat sind die Portugiesen nach Afrika gegangen, haben Festungen errichtet und Niederlassungen gegründet. Eine Präsenz Portugals in Afrika ist daraus jedoch nicht abzuleiten. Es gab befestigte Lager und es gab Niederlassungen, die den Handel ermöglichten. Man konnte aber nicht von einer Beherrschung dieser Gebiete sprechen, und Kontakte zur Bevölkerung bestanden kaum. Das lag an der Struktur der portugiesischen Wirtschaft. Diese war nicht in der Lage, in den Produktionsprozeß dieser Gebiete einzudringen, sondern beschränkte sich auf den Handel. Dazu reichten befestigte Niederlassungen und Initiativen einzelner mit dem Ziel, Kontakte zu Händlern aufzunehmen, völlig aus. All dies ist mitverantwortlich für die Tatsache, daß es

noch vor 100 Jahren nur 1 800 Portugiesen in Angola gab, dem Überseegebiet, in dem die meisten Portugiesen lebten. So stellte sich vor 100 Jahren die gesamte portugiesische Präsenz in Angola dar. Deshalb habe ich ernsthafte Bedenken gegenüber der Behauptung, Portugal sei seit fünf Jahrhunderten in Afrika präsent, zumal die portugiesischen Kolonialisten daraus die Tatsache ableiten möchten, daß sie mit der afrikanischen Geschichte verwachsen sind und daß sie ein Recht auf Anwesenheit haben. Es gab also in Angola 1 800 Portugiesen, in Mozambique noch weniger, da in Mozambique immer weniger Weiße lebten und in Guinea außer Händlern und Beamten praktisch keine. Deshalb bestreite ich, daß aus der angeblichen 500jährigen Präsenz Portugals in Afrika das "Recht auf Anwesenheit" abgeleitet werden kann.
Die weiße Bevölkerung kam in der Tat erst später, und zwar mit der Berliner Konferenz, die als Bedingung für die Beibehaltung der Kolonien den Zwang zur Verwaltungskontrolle stellte, und zum anderen mit der Unabhängigkeit Brasiliens, da von da an die Portugiesen wegen der Arbeitslosigkeit in Portugal statt nach Brasilien nach Afrika auswanderten. Das war der einzige geschichtliche Punkt, den ich klären wollte.
Ich werde auch systemimmanent bleiben. Ich werde an dieser Stelle nicht die Frage des kapitalistischen Systems oder möglicher alternativer Entwicklungen behandeln. Ebensowenig möchte ich hier die Existenz der Kolonien in Frage stellen, damit wir die Portugiesen an ihren eigenen Maßstäben messen können.

Verfassung und Verfassungswirklichkeit

Was wir hier in dieser Konferenz bisher gehört haben und vermutlich auch noch hören werden, ist, daß Portugal, besonders seit dem Beginn des bewaffneten Kampfes, große Reformen durchgeführt hat. Daß diese Reformen einmal dazu dienen, Fehler aus der Vergangenheit zu korrigieren, zum anderen den afrikanischen Völkern einen gewissen Wohlstand zu bringen, und daß auf bestimmten Gebieten Anstrengungen gemacht wurden, um die Präsenz Portugals zu legitimieren.
Ich möchte zunächst die für die Kolonien gültigen Gesetze untersuchen, um aufzuzeigen, inwieweit sich Änderungen ergeben haben. Die Verfassung sowie allgemein die Gesetze sind der weiteste Rahmen, in welchem legale Aktivitäten möglich sind. In den Gesetzen liegt die äußerste Grenze für Veränderungen innerhalb der Kolonien. Das bedeutet, daß die Möglichkeiten der Autonomie, auf die Portugal besonderen Wert legt, nicht über den Rahmen dieser Gesetze hinausgehen können. Unter der Annahme, daß alle Gesetze voll ausgeschöpft werden, wollen wir sehen, wieweit die Autonomie der Kolonien tatsächlich reicht.

Ich möchte zunächst auf die Verfassung zurückgreifen, in der den Kolonien die Autonomie gewährt wird. Die Einschränkung dieser Autonomie aber wird deutlich in Artikel 136 der Verfassung: "Die Ausübung der Autonomie durch die Überseeprovinzen beeinträchtigt nicht die Einheit der portugiesischen Nation und Staatsmacht. Zu diesem Zweck ist es Aufgabe der Höheren Staatsorgane (also der Zentralregierung in Lissabon): a) im In- und Ausland die ganze Nation zu vertreten, wobei es den Überseeprovinzen nicht gestattet ist, diplomatische oder konsularische Beziehungen mit fremden Mächten zu unterhalten; b) die Gesetzgebung vorzunehmen über Themen gemeinsamen Interesses oder höheren Staatsinteresses, sowie lokale Gesetze aufzuheben oder zu annuliieren, sofern sie diesen Interessen widersprechen; c) den Gouverneur jeder Provinz zu ernennen; d)...; e) Aufsicht über die Verwaltung der Provinzen auszuüben; f) die Finanzverwaltung zu kontrollieren" (Übersetzung des Verfassers).
Wenn also die höchsten Repräsentativorgane von Lissabon ernannt werden, wenn alle Gesetze von Lissabon außer Kraft gesetzt oder annulliert werden können und die Finanzen kontrolliert werden, so halte ich es für sehr fragwürdig, ob schon auf gesetzlicher Ebene überhaupt von Autonomie die Rede sein kann. Zur Finanzautonomie zitiere ich Artikel 59 aus dem Statut von Angola (in den anderen Kolonien ist es ähnlich): "Die Finanzautonomie der Provinz kann Restriktionen unterworfen werden, aufgrund einer bestimmten Finanzlage oder wegen Gefahren, die die ganze Nation betreffen" (Direktübersetzung). Darüber, ob Gefahr besteht oder nicht, entscheidet Lissabon als Zentralverwaltung. Hier liegen also die Grenzen für die Autonomie der Kolonien.
Als eine Bestätigung für ihre Kolonialpolitik brauchte die portugiesische Regierung die Wahlen. Caetano selbst hat betont, daß diese Wahlen eine Art Plebiszit darstellten für die Befürwortung oder Ablehnung der portugiesischen Kolonialpolitik. Diese Einstellung ist natürlich sehr seltsam. Denn wenn man die Bevölkerung der Kolonien betrachtet und die Zahl derer, die tatsächlich gewählt haben, so kann man schlecht von einer repräsentativen Äußerung reden. In Angola haben von ungefähr 6 Mio Einwohnern 445 000 an der Wahl teilgenommen. Das sind 7,8 % der Bevölkerung. Nun wissen wir aber, daß 2/3 der Wähler Schwarze waren und ein Drittel Weiße. Also haben sich von rund 6 Mio Afrikanern 300 000 geäußert. In Mozambique ist die Situation noch katastrophaler: von 8 Mio Einwohnern haben 1,7 %, das sind 164 000, ihre Stimme abgegeben. Ziehen wir die Weißen ab, wobei sie auch hier etwa ein Drittel ausmachen dürften, bleiben rund 100 000 bis 120 000 von 8 Mio Einwohnern. Die Behauptung, aus diesen Wahlen ließe sich das Einverständnis mit der Kolonialpolitik ableiten, ist also einfach absurd.
Diese Nichtpartizipation der Bevölkerung ist nicht zufällig, denn die Bevöl-

kerung ist am Geschehen in den Kolonien nicht beteiligt. Dasselbe gilt allerdings auch zum großen Teil für Portugal. Die portugiesische Bevölkerung ist ebenfalls nicht am Geschehen im Land beteiligt, soweit es sich um politische Entscheidungen handelt. Deshalb will ich auch nicht auf das Rassenproblem eingehen, denn ich bin tatsächlich derselben Meinung wie Herr Murupa, daß es einen Kolonialismus in dem Sinne, daß ein Volk ein anderes unterwirft, nicht gibt. Das stimmt. Aber daß eine Klasse, gleich welcher Farbe, eine andere Klasse, gleich welcher Farbe, unterwerfen kann, egal in welchem Land, das stimmt auch. Es sind die Reichen in Portugal und die Reichen in den Kolonien, die die Armen in Portugal und die Armen in den Kolonien unterdrücken. Es ist nicht eine Frage von Nationen, sondern von Klassen, die in Portugal und in den Kolonien Interessen haben. Denn die Weißen in Lissabon und in Portugal sind im Endeffekt genauso unterdrückt wie die Afrikaner in den Kolonien, die nicht zur Elite gehören. Diese afrikanische Elite wird von Portugal dazu benutzt, um Kontakte mit den Afrikanern herzustellen und sie als Marionetten vorzuschieben. Afrikaner, die für portugiesische Interessen kämpfen, sind schlicht und einfach Produkte der portugiesischen Assimilationspolitik, durch die sie ihre Identität verloren haben. Diese Nichtpartizipation in Portugal und in den Kolonien hat natürlich, wie ich bereits erwähnte, einen bestimmten Grund. Dieser liegt allerdings nicht darin, daß die portugiesische Regierung eine höhere Wahlbeteiligung nicht wünschte — allein schon, um eine gewisse Anerkennung durch das Ausland zu erlangen, wäre diese wünschenswert gewesen. Wir erinnern uns, daß Caetano eingehend an die Opposition appellierte, sich an den Wahlen zu beteiligen, denn es entsteht natürlich ein schlechter Eindruck, wenn niemand sich beteiligt, weil eine Politisierungsarbeit überhaupt nicht durchführbar ist. In den Kolonien, wo die Trennungslinie zwischen arm und reich in etwa parallel zur Rassentrennung verläuft, sind die Gründe für die Nichtpartizipation im Endeffekt dieselben wie in Portugal, obwohl sich in Portugal die Rassenfrage nicht stellt. Die Nichtpartizipation der Kolonialbevölkerung am politischen Geschehen in den einzelnen Ländern ist darauf zurückzuführen, daß eine Regierung, die diese Kolonien für ihre eigenen Interessen benutzen will, eine Mitentscheidung derjenigen, die darunter zu leiden haben, nicht zulassen kann.

Kolonien und portugiesische Wirtschaft

Die Kolonien erfüllen tatsächlich sehr wichtige Funktionen für die portugiesische Wirtschaft. Ich kann leider nicht intensiver darauf eingehen, möchte aber kurz die Frage des Marktes und der Devisen klären. Eine der Hauptwirtschaftsfunktionen der Kolonien ist es, in großem Umfang portugiesische

Produkte abzunehmen. Inzwischen sind diese Importe allerdings zum Teil zurückgegangen, weil der portugiesische Export in Richtung Europa und Europäische Gemeinschaft zugenommen hat. Die Kolonien haben die Produkte abzunehmen, die auf dem europäischen Markt (oder anderswo) nicht konkurrenzfähig sind. Portugal hat eine bestimmte Produktionsstruktur, veraltete Maschinen, kaum gelernte Arbeiter, so daß die Produktivität sehr niedrig ist und dadurch höhere Produktionskosten entstehen. Hinzu kommt, daß Portugal hauptsächlich Konsumprodukte erzeugt, die zum einen nur eine geringe Aufwertung erfahren und insofern niemals eine bestimmte Grenze überschreiten können und die zum anderen nicht immer exportfähig sind. Konsumgüter exportiert man nur in einem bestimmten Maße, da der Konsum nicht proportional zum Einkommen steigt; also gleichgültig, wie reich Europa wird: der Import von Konsumgütern aus Portugal kann nicht mehr sehr stark steigen. Diese Güter sind Produkte geringer Nachfrageelastizität; daraus folgt, daß Portugal das Bedürfnis hat, bestimmte Produkte anderswo abzusetzen. Dafür sind die Kolonien da.

Die Kolonien können aber am portugiesischen Markt nicht in gleichem Maße partizipieren: Portugal exportiert mehr in die Kolonien als die Kolonien nach Portugal exportieren, so daß auf bestimmten Gebieten immer wieder Schulden entstehen. (Ich klammere hier Diamanten und Öl aus, denn das stellt ein Problem für sich dar.) Der Ausgleich der negativen Zahlungs- und Handelsbilanz wird erreicht durch den Transfer von Devisen, die die Kolonien aus dem Export von Gütern oder Dienstleistungen in Drittländern erhalten, nach Portugal. Die portugiesische Nationalbank fungiert als Devisenverrechnungsstelle. Es gibt nach der letzten Regelung von 1971 für die interterritorialen Zahlungen ein Gesetz, das festlegt, wie hoch die Quote von Auslandsdevisen ist, die jede Kolonie haben darf. Was darüber hinausgeht, bleibt in der Bank von Portugal. Für ausstehende Zahlungen der Kolonien behält die portugiesische Bank einen Teil der Devisen aus dem Export ein, obwohl eine einheitliche Währung angestrebt und die Integration gepredigt wird. Tatsache ist, daß die Kolonien an Portugal nicht in Escudos zahlen dürfen, sondern in Auslandswährung, und zwar in Dollar, zahlen müssen, da der gesamte Export der Kolonien nach Drittländern auf Dollarbasis abläuft. Ich zitiere einen Bericht der Handelsbank von Angola: "Der neue Zahlungsmodus erlaubt eine bessere Kontrolle der Wirtschaft und ist ein großer Fortschritt wegen der Chance, die er denjenigen gibt, die Kapital besitzen" (Direktübersetzung). Dieser Bericht wurde vor der Generalversammlung gegeben. Der Direktor für Finanzen und Planung in Angola sagt zu diesem System, "die Wirtschaft der Metropole (also Portugals), die eigentlich eine Förderungsrolle spielen sollte, übernahm mit der Zeit eine dominierende Rolle, gegenüber der die portugiesischen Kolonien praktisch machtlos sind. Die Salden der Bilanzen addierten sich zugunsten der portugiesischen

Wirtschaft, nicht nur in Angola, sondern auch in den anderen Kolonien" (Direktübersetzung). Das System der Integration führte dazu, daß es den Kolonien nicht erlaubt ist, Industrien aufzubauen, die eine Konkurrenz für die portugiesische Industrie bedeuten. Eine industrielle Entwicklung der Kolonien wird durch die Integrationsbestrebungen also gehemmt. So sagt derselbe Finanzdirektor in einem offiziellen Buch, das auch keine Privatveröffentlichung ist: "Das angewandte System nutzte einigen, aber schadete vielen, da eine Reihe ernsthafter Initiativen behindert wurden mit dem Argument, sie würden die in der Metropole bereits bestehenden Industrien ihres Überseemarktes berauben" (Direktübersetzung). Die Kolonien sind tatsächlich — ich will das nicht weiter ausführen — von großem wirtschaftlichen Interesse für die Metropole, und das ist der Grund, warum die Bevölkerung der Kolonien nicht daran beteiligt sein kann. Es ist klar, daß gleichzeitig mit einer großen Beteiligung auch umfassende Aufklärung einsetzt; in dem Moment ist die Bevölkerung nicht mehr bereit, derartige Prozesse mitzumachen. Die Folge der dominierenden Position Portugals ist die völlige Abschöpfung des Reichtums der Kolonien. "Die Gesamtheit der Kapitalien, Direktionsposten, großen Agrarbetriebe sowie Industrie und Handel und die Entscheidungsgewalt sind und werden in den Händen von Europäern bleiben" (Direktübersetzung) — so der Direktor des Arbeitsinstituts von Luanda (Angola). Resultat ist die heutige Realität in den Kolonien, die durch große Armut gekennzeichnet ist. Dies ist die Folge aller möglichen Theorien, die Portugal erfindet. Derselbe Mann, an dessen Kompetenz nicht gezweifelt werden kann, schreibt in einem geheimen offiziellen Bericht (der allerdings an die Öffentlichkeit kam und dem auch das obige Zitat entstammt), die Art, wie die Verwaltung mit den Arbeitern umgehe, sei so, "daß diese Intervention der Behörden in der Gesetzessprache 'Zwangsarbeit' heißen würde" (Direktübersetzung). Ich will damit nicht sagen, daß in Angola Zwangsarbeit herrscht, aber es gibt sie noch immer. Das ist natürlich ein extremer Fall, aber Tatsache, daß die Wirtschaft des Landes nicht der Bevölkerung zugute kommt. Die niedrigen Löhne in den Kolonien bleiben bestehen. Ich will an einem Beispiel kurz aufzeigen, wie der Verdienst im Verhältnis zur Kaufkraft aussieht.

In Angola wie auch in Mozambique sind jetzt Mindestlöhne festgesetzt worden. Bei einer Umfrage in Agrarbetrieben hat kein Unternehmer ausgesagt, daß er mehr als den Mindestlohn zahlt. Also nehmen wir an, was auch wirtschaftlich verständlich ist, sie zahlen nicht mehr als das, was das Gesetz verlangt. Ein Arbeiter in Angola verdient 25 bis 30 Escudos pro Tag, in Mozambique 15 bis 20 Escudos. Davon werden in einigen Gebieten 50 % für Kleidung, Nahrung, Unterkunft usw. abgezogen, so daß er manchmal pro Tag nur 1 DM verdient. Im Vergleich dazu kostet eine Zeitung zweieinhalb Escudos, das ist ungefähr ein Drittel seines Tageseinkommens. In Deutschland entspräche das einem Preis von 15 DM für eine Zeitung – bei einem Tageseinkommen von 40 DM.

Zur Erziehung in den Kolonien

Ich gehe jetzt noch auf die Frage der Erziehung ein. Zur Zeit laufen zwei Untersuchungen über die Erziehung in den Kolonien, eine von offizieller Seite in Angola und eine von der UNESCO. Tatsächlich gab es, wie Portugal immer gesagt hat, eine beträchtliche Erweiterung in bezug auf Schulen, Schüler und Lehrer; es ist aber unmöglich, an dieser Stelle die Qualität einer solchen Erweiterung zu klären. Stichproben zeigen, daß in ländlichen Gebieten, in denen die Mehrheit der Bevölkerung lebt, die Mehrheit der Lehrer "Monitores" sind, also Leute, die nicht einmal das vierte Volksschuljahr haben. Das Ergebnis der offiziellen Umfrage im ganzen ländlichen Angola, außer in den durch Befreiungsbewegungen beherrschten oder gefährdeten Gebieten, die einen großen Teil von Angola ausmachen, zeigt folgende Analphabetenquoten: bei der Agrarbevölkerung 70 %, beim Hirtenvolk, also in Süd- und Südwestangola, 90 %. Sogar in der Umgebung von Luanda sind 44 % der Bevölkerung Analphabeten. Stärker konnten die Quoten nicht gesenkt werden. Gesamtergebnis dieser Untersuchung: zwei Drittel der Bevölkerung sind noch immer Analphabeten. Der Grad der Beherrschung der portugiesischen Sprache als Merkmal für die Gemeinschaft von Portugal und Kolonien ist aufschlußreich: 53 % der Angolaner haben überhaupt keine Portugiesisch-Kenntnisse, das ist die Land- und Hirtenbevölkerung. Die Städte sind hier ausgenommen. Richtig beherrscht wird das Portugiesisch von 1 % der Bevölkerung und 4 % sprechen es einigermaßen. So sieht das Ergebnis der portugiesischen Erziehungspolitik aus.
Die Kontrolle seitens der portugiesischen Regierung über die Völker erstreckt sich vom Erziehungswesen bis zum militärischen Bereich. Die Zensurkommission (z. B. in Guinea) setzt sich zusammen aus dem Gouverneur der Provinz (z. Zt. einem General), dem Oberkommandierenden der bewaffneten Streitkräfte, dem Marinekommandanten, dem Heereskommandanten, dem Luftwaffenkommandanten, dem Kommandanten der Sicherheitspolizei, dem Chef des Sub-Kommissariats der Geheimpolizei und dem Chef der Verwaltungspolizei. Über den Krieg brauche ich nicht viel zu sagen, bis zu 48 % des Budgets werden für Militärausgaben verwandt.

Revolutionärer Kampf gegen den Kolonialismus

Aufgrund dieser Situation haben die Befreiungsbewegungen, bevor sie sich

schließlich zur Aufnahme des bewaffneten Kampfes entschlossen, in Portugal Petitionen eingereicht und Reformen verlangt. Die Antwort war Repression: jeder, der etwas gegen die Regierungspolitik sagt, wird als Kommunist oder Anti-Portugiese bezeichnet. Die Regierung kann nicht verstehen, daß diese Afrikaner nicht gegen die Portugiesen sind, sondern lediglich meinen, daß etwas geändert werden muß. In Angola, Mozambique und Guinea-Bissau war die Reaktion der Bevölkerung so, daß es zum Krieg kam.
Den Befreiungsbewegungen stellt Portugal heute eine rund 180 000 Mann starke Armee entgegen, für die es täglich nahezu 1 Mio Dollar ausgibt. Damit belaufen sich die Militärausgaben auf bis zu 48 % des Gesamtbudgets. Angesichts der Finanzschwäche Portugals ist der Kolonialkrieg an den drei Fronten für Portugal nur durchführbar, solange es von seinen Alliierten, den Industrieländern der westlichen Welt, wirtschaftliche, militärische oder politische Unterstützung erhält.
Die portugiesischen Truppen konnten trotzdem nicht verhindern, daß die Befreiungsbewegungen heute bereits über ausgedehnte befreite Gebiete verfügen. Mário de Andrade sagt dazu: "Die befreiten Gebiete bilden... den Rahmen für Veränderungen, die durch die Praxis dieser Volkskriege geschaffen werden. In den entlegenen Gebieten, in denen die Bevölkerung der Willkür der kolonialen Verwaltung ausgesetzt war und weder Schule noch Krankenhaus kannte, ist eine Revolution im Gange... Auf dem Wege der schöpferischen Zerstörung macht vor allem die Landbevölkerung, unter der Führung der politischen Organe ihrer Organisation, die Erfahrung der Unabhängigkeit." Auf allen Sektoren werden die Kolonialstrukturen aufgehoben oder zerstört, und die Entfremdung wird abgebaut.
Der bewaffnete Kampf für die Befreiung in den portugiesischen Kolonien bringt etwas Neues für Schwarzafrika. Hier wird nicht nur gegen Kolonialisten gekämpft, sondern gegen jegliche Unterdrückung, gegen jegliche Ausbeutung des Menschen durch den Menschen. Somit ist die Gefahr gebannt, daß die Kolonialisten durch eine einheimische Bourgeoisie ersetzt werden und die Unterdrückung weiterbesteht, wie dies bisher allgemein in den Ländern der Fall war, in denen die Metropolen die politische Macht gekauften einheimischen Bourgeoisien übertrugen und dann die Ausbeutung auf neokolonialistischem Weg fortsetzten. Anders ausgedrückt: der Kampf gegen den portugiesischen Kolonialismus ist revolutionärer Natur. Die Fronten für den bewaffneten Kampf in Angola, Guinea und Mozambique haben im gegenwärtigen Stadium den Charakter von Volkskriegen, die bereits weite Teile der Landbevölkerung von der Kolonialmacht befreit haben. In diesen befreiten Gebieten üben die revolutionären Organisationen eine de-facto-Souveränität aus.

III. Staat und Kirche in Portugal und seinen afrikanischen Überseegebieten

Die Beziehungen zwischen Kirche und Staat in Portugal und seinen Territorien in Afrika

Luc Hertsens

Bei meiner Reise nach Angola habe ich die Stadt Benguela besucht. Das ist eine reizende, kleine Stadt, deren Zentrum von Portugiesen, Mestizen – mesticos – und einigen lusitanisierten Schwarzen bewohnt wird. Neben dem Stadtzentrum liegt das Schwarzenviertel: ein Hügel, der von einer riesigen Basilika im portugiesischen Kolonialstil beherrscht wird, und darumherum liegen lauter bescheidene Häuschen aus Stroh und gestampfter Erde – ganz im Schatten dieser riesigen Kirche. Das, glaube ich, ist ein recht typisches Bild des portugiesischen Paternalismus: die Schwarzen müssen im portugiesischen Kielwasser schwimmen, das sie bis zur vollen Integration in die katholische Nation – Portugal – führen wird.

Obgleich sich im Bewußtsein der portugiesischen Behörden Portugal über vier Kontinente erstreckt, nämlich Europa, Afrika, Asien und Ozeanien, so gehen doch vom portugiesischen Mutterland, also dem europäischen Portugal, alle Leitlinien und Einflußnahmen aus, die die anderen portugiesischen Territorien führen. Im Portugal Europas hat sich bis jetzt das Vorbild dessen herausgebildet, was die anderen Territorien zu sein haben.

Nach einem kurzen Abriß der Beziehungen zwischen Kirche und Staat im portugiesischen Mutterland werden wir ein wenig länger bei den Beziehungen in den portugiesischen Territorien in Afrika verweilen.

Im Mutterland Portugal

Seit dem 7. Mai 1940 werden die Beziehungen zwischen Kirche und Staat in Portugal von einem Konkordat bestimmt.
Letzteres setzte der Zeit der Unruhen, die von der Revolution von 1910 eingeführt worden waren, ein Ende.
Diese Revolution hatte die Monarchie gestürzt und die Republik eingeführt. Die Gesetze gegen die Orden und religiösen Gemeinschaften waren am 8. Oktober 1910 reaktualisiert worden: die Jesuiten wurden ausgewiesen, die religiösen Kongregationen und Orden aufgelöst und ihre Mitglieder erhielten

das Verbot, in religiöser Gemeinschaft zu leben. Die Güter dieser Gemeinschaften wurden entweder dem Staat übergeben oder beschlagnahmt. Am 1. April 1911 verkündete ein Gesetz die Trennung von Kirche und Staat, und die katholische Religion hörte auf, die Staatsreligion Portugals zu sein. Die fatalen Folgen dieser Gesetze und Dekrete für die portugiesische Präsenz in den Kolonien zwangen die portugiesische Regierung zurück. Nach dem Anerkennen und der Erlaubnis der Kongregation der Väter vom Heiligen Geist bildeten sich auch andere Kongregationen wieder, jedenfalls de facto, wenn nicht de jure.

Beim Beginn des Estado Novo im Jahre 1928 unter der Leitung von Salazar nahmen verschiedene Dekrete die antireligiösen Gesetze zurück, und die neue Verfassung von 1935 regularisierte die Situation. Schließlich normalisierte das Konkordat 1940 die Beziehungen zwischen Kirche und Staat.

Die Beziehungen zwischen Kirche und Staat in Portugal während der letzten Jahre sind das Ergebnis einer sehr intimen Zusammenarbeit zwischen zwei Männern: dem Premierminister Salazar und dem Kardinal-Patriarchen Cerejeira. Beide studierten an der Universität Coimbra, beide waren dort Professor. Der eine wurde der diktatorische Führer des Landes, der andere der autoritäre Führer der Kirche in Portugal. Beide aber blieben sehr verbunden. Das Ergebnis war das sehr enge Einverständnis zwischen Kirche und Staat. Das Konkordat ist vor allem das Werk dieser beiden Männer; in 1940 wurde es weitgehend akzeptiert. Es schien wirklich die Freiheit der Kirche und die Rechte des Staates zu gewährleisten. Es befand sich auf der historischen Linie der portugiesischen Nation, wie der Präsident Salazar einige Tage nach seiner Unterzeichnung erklärte.

Die Trennung von Kirche und Staat, die von der Republik von 1910 proklamiert worden war, besteht nach dem neuen Konkordat fort, wie Kardinal Cerejeira es in seiner vom Radio verbreiteten Ansprache drei Tage nach der Unterzeichnung des Konkordats sagte (am 10. Mai 1940) und wie es übrigens auch von der Verfassung bestätigt wird (Art. 45). Die Kirche wird nicht zur Staatskirche und der Katholizismus nicht zur Staatsreligion.

Die Kirche wird als moralisch-juristische Person anerkannt (Art. 1), und ihre Amtsdiener werden gleichermaßen geschützt wie die öffentlichen Behörden (Art. 11). Die Kirche kann sich frei organisieren und Vereine und Organisationen bilden. Der Staat erkennt diese als moralische Person an auf Grund ihrer kanonischen Aufstellung und der Mitteilung dieser Errichtung an die zuständige Behörde (Art. 3). Das richtete sich direkt gegen die Gesetze der Republik von 1910 und gewisser vorhergehender Regierungen, im besonderen der des Marquis de Pombal.

Diese Vereinigungen haben auch das Recht, Güter zu erwerben und frei darüber zu verfügen, da sie dem portugiesischen Recht nur in den Akten unterstehen, die zu anderen als religiösen Zwecken getätigt werden (Art. 4).

Das Konkordat hebt die Verpflichtung zum königlichen Placet auf, welches darin bestand, daß keinerlei Akt des Heiligen Stuhles in Portugal veröffentlicht oder ausgeführt werden konnte, wenn nicht die Erlaubnis des Königs oder später der Regierung vorlag. Dieses Placet wurde bereits zur Zeit Peters I. (1357–1367) als konstanter Brauch bezeichnet. Seine Notwendigkeit war von der Republik von 1910 neu bestätigt worden.

Das Konkordat sieht weder Lohn noch Unterstützung für die Kirchendiener oder die Ausübung des Kultes vor, nimmt aber die Kirchen und Seminarien und die Geistlichen in der Ausübung ihres geistlichen Amtes von jeder Steuer oder Abgabe aus (Art. 8).

Die Kirche und die Organisationen der Kirche haben die Freiheit, besondere Schulen parallel zu denen des Staates, jedoch staatlicher Kontrolle unterworfen, zu errichten und aufrechtzuerhalten, die vom Staat unterstützt werden können (Art. 20). Die Liste der Bücher, die nicht in die Disziplinen der Philosophie oder Theologie fallen und als Schulbücher in den Seminaren benutzt werden, muß dem Staat zugehen (Art. 20).

Andererseits verpflichtet sich der Staat dazu, daß der Unterricht, der in seinen Schulen erteilt wird, sich an den Prinzipien der christlichen Moral und Doktrin inspiriert, die im Lande traditionsgemäß sind (Art. 21).

Erzbischöfe, Bischöfe und Obere von Instituten oder Vereinigungen, die juristische Personen sind und die Jurisdiktion über eine oder mehrere Provinzen des Landes ausüben, müssen Portugiesen sein (Art. 9).

Bevor vom Heiligen Stuhl ein Erzbischof, residierender Bischof oder Koadjutor mit Nachfolgerecht ernannt wird, wird der Name des Kandidaten der portugiesischen Regierung übermittelt, um zu erfahren, ob jene gegen ihn Einwände allgemeiner politischer Art hat. Die Verhandlungen über diese Angelegenheit bleiben geheim (Art. 10).

Der portugiesische Staat anerkennt die zivile Gültigkeit der Ehen, die entsprechend den kanonischen Gesetzen dadurch geschlossen werden, daß die Eheschließung in das standesamtliche Verzeichnis eingetragen wird (Art. 22). Indem sie die kanonische Form der Eheschließung akzeptieren, begeben die Vertragschließenden sich des bürgerlichen Rechts auf Scheidung, die ihnen dann nicht von den zivilen Behörden gewährt werden kann.

Nach Kardinal Cerejeira ist "das Konkordat das grundlegende Statut für religiöse Freiheit und religiösen Frieden in Portugal" (Rede vom 29. Nov. 1956). Gegenwärtig ist das Konkordat bei etlichen stark in Verruf. Es ist verschrien wie jedes Konkordat. In der Tat spiegelt ein Konkordat eine Konzeption von der Kirche, die seit dem II. Vatikanum theologisch überholt ist: es handelt sich (ja) hier um den Akt zweier Mächte, die einander gegenüberstehen. Dieses Konkordat ist aber auch noch verschrien, weil es offiziell die Kirche an einen Staat bindet, der sich wenig zu sorgen scheint um wichtige evangelische Werte: Gleichheit der Rechte jedes Menschen, das Recht auf Freiheit

und das Recht auf Brüderlichkeit in voller Gerechtigkeit.
Mehrere sind gegen dieses Konkordat, da es der Kirche Privilegien gibt und sie unter Lasten stellt, die gegenüber den anderen Konfessionen diskriminatorisch erscheinen, z. B.:
Das Ausgenommensein von der Zensur über die offiziellen Publikationen, das Ausgenommensein von vielen Abgaben und Steuern (Art. 8), in gewissen Fällen die Gleichstellung von kirchlichen und zivilen Beamten, unter anderem im Hinblick auf den gewährten Schutz (Art. 11), die Verpflichtung der portugiesischen Staatsangehörigkeit für die namhaften Beamten der Kirche. Schließlich begrenzt nach der Meinung etlicher das Konkordat die Freiheit der Kirche in der Wahl ihrer internen Diener, indem es dem Staat die Macht gibt, aus Gründen der allgemeinen Politik gegen die Ernennung dieser oder jener Person als Bischof sich auszusprechen. Es erlaubt eine von der machthabenden Partei ausgeübte Kontrolle des inneren Lebens der Kirche, es zerstört die moralische Autorität und die Selbstlosigkeit der Hirten, die Gefahr laufen, "stumme Hunde" zu werden vor den Mächtigen, die ihre Ernennung erlaubt haben, und es fordert, daß der Kandidat für das Bischofsamt die Meinungen der machthabenden Partei hat oder wenigstens keine entgegengesetzten.
Wir könnten sagen, daß die "Konkordats-Mentalität" sehr auf die Kirche in Portugal abgefärbt hat. Übrigens müssen hier zwei Kirchen unterschieden werden: a) die erste ist die Kirche der Hierarchie: sie umfaßt alles, was offiziell ist, die Honoratioren, offizielle Erklärungen, die Strukturen, die Institutionen. Sie ist gekennzeichnet durch die "Kontinuität des Einverständnisses zwischen Kirche und Staat", durch das Schweigen im Angesicht des Staates oder das offizielle Bekenntnis der Treue zum Regime. Sie umfaßt auch die Masse der Portugiesen, die sich zu 93 % als katholisch erklären. Es handelt sich um eine typisch soziologische Christenheit. Das Bekenntnis des Katholizismus, Taufen, Heiraten in der Kirche, religiöse Bestattung, die Beobachtung einer gewissen Anzahl von Praktiken sind Teil des "portugiesischen Wesens" ("katholisch ist man, weil man Portugiese ist").
Obgleich sie getrennt sind, gingen diese Kirche und der Staat bis heute Hand in Hand, allzu glücklich über die Unterstützung, die der eine vom anderen bekam. Und der Christ vereint in *einer* Liebe Vaterland und Kirche. Allerdings erlauben sich die Bischöfe in diesem letzten Jahr – ohne zwar alle grundlegenden politischen Orientierungen des Staates in Frage zu stellen (Autokratie, Staatskapitalismus, Korporatismus, afrikanische Kriege) – eine gewisse mutige Kritik, das muß man sagen. Unter der Inspiration von "Pacem in terris", die von der Regierung dermaßen abgelehnt wird, tadeln sie in ihrem Hirtenbrief der Bischofskonferenz Portugals vom 4. Mai 1973 gewisse Mißbräuche. In Portugal bestehen eine große Anzahl Mängel; sie heben hervor, daß die wirtschaftliche Expansion einige übermäßig begünstigt,

daß die Möglichkeit auf Zugang zu Erziehung und Kultur nicht für alle Portugiesen gegeben sind, daß die Landwirtschaft ein benachteiligter Zweig ist, daß die Menschen sich hilflos fühlen angesichts von Krankheit und Alter, daß Menschenrechte nicht voll anerkannt und respektiert werden und vor allem daß die Mitbestimmung, besonders im politischen Bereich, ein Recht aller ist. Im Anschluß an eine Pressekampagne, die um das Massaker von Wiriyamu (Mozambique) lanciert worden war, hat dieselbe Bischofskonferenz ihre Stimme mit der der Bischofskonferenz von Mozambique vereint, um jede Tat der Gewalt, woher auch immer sie kommen mag, zu verurteilen. Vorher war es nur der Bischof von Porto, Mgr. Ferreira Gomez, der es wagte, Irrtümer oder Mißbräuche des Regimes offen aufzuzeigen. Das brachte ihm ein Exil von elf Jahren und Verfemung von seiten der anderen portugiesischen Bischöfe ein. Diese beweihräucherten oft das Regime und besonders dessen Führer. Es scheint also (jetzt) beim Episkopat eine schärfere Bewußtwerdung der Probleme, die sich dem Land stellen, zu geben. Der Einfluß des neuen Patriarchen, Mgr. Ribeira, wie auch der von Mgr. Francisco Gomes von Porto scheint hier eine Rolle zu spielen. Sind wir an einem Wendepunkt? Ich weiß es nicht, aber etwas hat sich geändert bei den Bischöfen: Sie können Mängel und Mißbräuche nicht mehr mit Unwissenheit entschuldigen. Wir erwarten ihr Handeln.

Der Staat zeigt sich kleinlich gegenüber der Haltung der Kirche. Er toleriert nichts von ihrer Seite, was auch nur den Anschein haben könnte, die allgemeine Politik zu kritisieren. Wie es im Bulletin P. M. V. Nr. 43 berichtet ist, hatte im Jahre 1965 die Regierung mehrere der Konzilstexte "Pacem in Terris" und "Mater et Magistra" bekämpft, indem Studien über den Sinn dieser Dokumente untersagt wurden und Religionslehrer an Gymnasien, die es gewagt hatten, hierin ein Arbeitsprogramm für die Katholische Aktion zu sehen, entlassen wurden. Der Außenminister hatte die Reise Pauls VI. nach Bombay bei Gelegenheit des Eucharistischen Kongresses als "doppelt ungerecht und unnötige Beleidigung gegenüber Portugal" bezeichnet, und gleichzeitig gab die Zensur Anweisung an die ganze Presse, auch nicht den geringsten Bezug auf dieses Ereignis zu nehmen. Im Gegensatz dazu ist die Reise Pauls VI. nach Fatima von Portugal als offizielle Segnung seiner "so christlichen" Politik empfunden worden. Jedoch ist der Empfang der Führer der Befreiungsbewegungen der portugiesischen Territorien Afrikas durch den Papst im Juli 1970 mit kaum verhohlenem Zorn aufgenommen worden, der übrigens auf die Leute aus der Umgebung des Papstes sowohl von der Regierung wie auch von der Presse, selbst von der religiösen Presse, ausgeschüttet wurde.

b) Neben dieser Kirche gibt es eine andere Kirche. Ihre aktiven Mitglieder sind nicht sehr zahlreich. Sie sind zutiefst Christen, einige haben eine wirklich sehr große religiöse Bildung. Eine große Anzahl von ihnen sind Intellek-

tuelle oder Angehörige freier Berufe, Rechtsanwälte, Architekten, Mediziner. Sie sind beseelt von einem völlig selbstlosen und höchst realistischen Ideal und bereit, ihr Engagement im Dienst des Evangeliums mit Einkerkerung und den schlimmsten Foltern zu bezahlen. Sie werden unterstützt von einer gewissen Anzahl von Priestern und gruppieren sich in "Zirkeln", in "Gemeinschaften", "Cooperativen", Studiengruppen usw., die vor allem in Lissabon und Porto ihren Sitz haben. Die Hoffnung ist hier oft schwer, wegen der Einschüchterungen, Hausdurchsuchungen, Eingreifen der Staatspolizei und wegen des Unverständnisses und der Gegnerschaft der meisten Bischöfe und der großen Mehrheit der Priester sowie auch wegen der Indifferenz der christlichen Massen. Parteilichkeit und Aggressivität sind nicht immer gänzlich ausgeschlossen aus diesen Gruppen. Unter ihnen zitieren wir die Kooperative PRAGMA, die gegründet wurde, um den Geist von "Pacem in Terris" zu verbreiten. Sie wurde von der PIDE, der Staatspolizei, unterdrückt, sobald die geringste Ausstrahlung sichtbar wurde. Es gab die Gruppe GEDOC, die gegründet worden war, um "der kritischen Reflexion der Leser einen Teil des riesigen Materials, das die Bildung eines erwachsenen christlichen Bewußtseines betrifft, zusammenzufassen und darzustellen". Im Jahr danach wurden das Heft Nr. 4 von der Polizei beschlagnahmt und drei Leiter verhaftet. Jeder 1. Januar wird jetzt von einigen Christen als Welttag des Friedens gefeiert, wie der Papst es vorgeschlagen hat. Sie versammeln sich in einer Kirche oder Kapelle, einige fasten. Alle diskutieren Probleme des Friedens in Afrika, besonders den Aspekt der eigenen Verantwortung für die Weiterführung der Kriege in Afrika. So war es auch in der Nacht vom 31. Dezember zum 1. Januar 1973 in der Kapelle von Rato. Die Polizei kam gegen morgen und verhaftete mehrere Personen.
Mehrere der Priester dieser Gruppen werden oft von den Behörden der ersten Kirche verworfen und auch von vielen ihrer Mitbrüder. Sie werden oft bis zu Extremlösungen getrieben. In Portugal ist der Prozentsatz der Rückversetzungen in den Laienstand verhältnismäßig der höchste von Europa.

In den afrikanischen Territorien

Um die Beziehungen zwischen Kirche und Staat in den portugiesischen überseeischen Territorien zu verstehen, muß man zurückgehen auf das "Padroado do Iriente", kurz: Padroado, wie es vom Römischen Pontifex zwischen 1443 und 1577 errichtet wurde. Wir befinden uns da kurz vor dem Ende des Mittelalters. Der Begriff der Christenheit ist noch lebendig. Das ganze Leben wird vom Christentum geformt, das in den Ländern Europas Staatsreligion ist und dessen Dogmen von der großen Mehrheit der Könige und ihrer Untertanen angenommen sind. Das bürgerliche Leben und das christliche Leben

sind nur zwei untrennbare Gesichter der einen Realität, die wir nun die westliche mittelalterliche Zivilisation nennen. Diese ist in den Augen aller Menschen dieser Zeit die einzige Art, wirklich und würdig Mensch zu sein.
Kraft der Vorherrschaft in ihren Augen des christlichen, geistlichen Lebens gegenüber dem nur zeitlichen Leben haben die Päpste die Neigung, die Oberhoheit über alle Königreiche zu beanspruchen. Die Könige widersetzen sich dem — zuweilen wild, zuweilen profitieren sie aber auch davon.
In dieser Zeit haben sich zunächst Portugal und dann Spanien in der spektakulären Entdeckung der neuen Welt engagiert. Die Soldaten, von Missionaren begleitet, zwingen den Volksgruppen, denen sie begegnen, die westliche Zivilisation in ihren beiden untrennbaren Aspekten auf. Denn sie haben ohne Anfechtung ein Bewußtsein von deren quasi-absolutem Wert. In ihren Augen erweitern sie so die Grenzen der Christenheit.
Um die Dienste, die diese Länder in der Verbreitung des Glaubens erworben haben, und besonders um diesen zu festigen, gewähren die römischen Pontifices (zwischen 1443 und 1577) diesen beiden Nationen eine ganze Reihe von Privilegien, die unter dem Namen Padroado zusammengefaßt werden. Dieses "Patronat" erstreckt sich auf alle entdeckten oder von ihnen zu entdeckenden Länder. Und um Rivalitäten zwischen Spanien und Portugal zu vermeiden, zeichnete Papst Alexander VI. die berühmte Demarkationslinie, die für Spanien die entdeckten oder zu entdeckenden Länder westlich von ihr und für Portugal die im Osten vorsah.
Das portugiesische Padroado, das die Päpste zuerkannten, ist ein Recht auf Länder. Dieses Recht scheint in den Augen der Päpste tatsächlich ein Recht wirklichen Besitzes gewesen zu sein. Dieses Recht erstreckte sich auf Brasilien und alle entdeckten oder zu entdeckenden Länder im Osten der Teilungslinie, also Afrika und Asien. Dieses Recht wurde von den Päpsten gewährt mit der Auflage für Portugal — wie andererseits auch für Spanien —, wirksam über die Bekehrung und Evangelisierung dieser Länder zu wachen, was die Päpste selbst sowohl finanziell wie auch politisch gesehen außerstande waren zu tun. Zu diesem Zweck gewährten die Päpste den Königen Portugals in kirchlicher materia folgende Rechte:
a) Alle Rechte über die Güter der Diözese und die finanzielle Verwaltung der Summen, die diesen von der Krone zuerkannt würden;
b) das Recht darauf, dem Heiligen Stuhl die Prälaten für jeden kirchlichen Amtsbereich zu "präsentieren";
c) das Recht, dem Bischof seine Chorherren, die Prioren und Benefiziare aller Art zu "präsentieren".
Die Pflichten dieser Könige umgriffen die Notwendigkeit der Unterhaltung und Aufrechterhaltung der diversen Diözesen und ihres Personals und die Verpflichtung über die Ausbreitung des Glaubens zu wachen.
Es scheint recht wohl, daß dieses Padroado auch eine gewisse Jurisdiktion

des "Patrons" gegenüber den Territorien beinhaltete, die ihm anvertraut sind, dies durch die gewollte Liaison zwischen Padroado und Milizia Christi, die Nachfolger des Templerordens war und von diesem alle geistliche Gewalt geerbt hatte.

Dieses Padroado galt, den Portugiesen nach, auf Dauer. Es konnte nie weder gewandelt noch aufgehoben werden, zu keiner Zeit und unter keinem Vorwand, ohne Zustimmung Portugals, nicht einmal durch das römische Konsistorium. Der portugiesischen Regierung nach erstreckte das Padroado sich im Jahr 1851 auf alle zwischen den beiden Küstenstreifen liegenden Regionen, selbst auf jene, die nie von Portugal besetzt waren. Diese letztere Anmaßung wird nicht mehr offen von den Behörden unterstützt.

Dieses Padroado ist allerdings noch immer in Kraft. Das Konkordat zwischen dem Heiligen Stuhl und Portugal vom Jahr 1940 erklärt in seinem Vorwort: ". . . eine feierliche Vereinbarung, welche die Freiheit der Kirche anerkennt und garantiert und die legitimen Interessen der portugiesischen Nation aufrechterhält, einschließlich allem, was die katholischen Missionen und das Padroado des Orients betrifft".

Die Kirche in den portugiesischen Territorien Afrikas lebt im Geist des Padroado. Eine solche Mentalität bringt besondere Haltungen und Verhalten mit sich: der Bischof ist der "Schützling" der Regierung, er verdankt ihr zum Teil seine Ernennung. Der Klerus "verdankt" seinen Unterhalt der Regierung. Wenn die Jurisdiktion für den Klerus auch die römische Jurisdiktion ist, so steht sie doch in gewisser Beziehung mit der Regierungsgewalt. Diese trägt übrigens die Verantwortung für die Verbreitung des Glaubens und die Aufrechterhaltung der kirchlichen Bezirke. Dieser Klerus fühlt sich so sehr "gebunden" an die Regierung. Diese Mentalität erklärt gut die regierungsfreundliche Haltung der großen Mehrheit des portugiesischen Klerus — Gemeindepriester wie auch Ordensleute — in den portugiesischen überseeischen Privinzen.

Jahrhundertelang hat die portugiesische Regierung nicht wirklich ihre Verpflichtung der Glaubensverbreitung erfüllt, auch nicht des Aussendens und Unterhalts des notwendigen missionarischen Personals. Die Republik von 1910 hat sogar deutlich auf die Hauptprivilegien des Padroado verzichtet. Der Estado Novo aber hat von neuem mit großer Energie das Padroado bestätigt, und wenn er großzügig für den Unterhalt der "Werke" und des missionarischen Personals sorgt, sorgt er doch auch mit nicht weniger Energie dafür, daß sein Einfluß in der Tätigkeit der Kirche in Übersee zur Geltung kommt und seine allgemeinen politischen Konzepte vorherrschend sichtbar werden.

Die Tätigkeit der Kirche in den überseeischen Territorien ist durch das Missionsabkommen geregelt, das gleichzeitig mit dem Konkordat signiert wurde (7. Mai 1940) und vom Missionsstatut spezifiziert ist, das allein von der portugiesischen Regierung am 5. April 1941 in Kraft gesetzt wurde. Die großen Leitlinien, die dieses Missionsabkommen zu beherrschen scheinen, sind folgende:

a) Eine vernünftige kirchliche Besetzung des gesamten Territoriums zu gewährleisten. Die Bischöfe können ihr Territorium zwischen Weltpriestern und Ordensleuten aufteilen.

b) Eine hinreichende Anzahl von Priestern zu gewährleisten. Wenn keine portugiesischen Priester oder Missionare vorhanden sind, können die Ordinarien ausländische Missionare herbeirufen, sofern diese erklären, daß sie sich den portugiesischen Gesetzen und Gerichten unterstellen.

c) Den portugiesischen Charakter der kirchlichen Tätigkeit zu gewährleisten: Die Bischöfe, Vikare und Apostolischen Präfekten müssen, wie auch die regionalen Oberen der Missionskongregationen, portugiesischer Nationalität oder nationalisiert sein.

Die regligiösen Kongregationen müssen die Anerkennung der portugiesischen Regierung erhalten, und das Herbeirufen ausländischer Missionare erfordert das vorherige Einverständnis des Heiligen Stuhles und der portugiesischen Regierung.

Der Unterricht und der Gebrauch der portugiesischen Sprache ist in den Eingeborenen-Missionsschulen wie auch außerhalb ihrer verpflichtend. Nur beim Unterricht der katholischen Religion ist der Gebrauch der Eingeborenensprache freigestellt.

d) Die materielle Basis für die kirchliche Tätigkeit zu gewährleisten. Die verschiedenen Missionarsgruppen erhalten Unterstützung entsprechend der Zahl der Studierenden in den Ausbildungshäusern und der Missionare in Übersee, aber auch entsprechend den Werken, die diese jeweilige Missionarsgruppe betreut. Die kirchlichen oder ordensmäßigen Distrikte sind wie auch jeder Akt inter vivos oder mortis causa von jeglicher Steuer oder Abgabe frei. Das Missionspersonal genießt Reisegeldfreiheit wie auch kostenlose medizinische Hilfe. Die residierenden Bischöfe wie auch die Oberen der Missionen der verschiedenen Diözesen und die Vikare und Apostolischen Präfekte erhalten angemessene Bezüge und haben ein Recht auf Alterspension.

e) Die notwendige Freiheit für die Kirche zu gewährleisten. Die kirchlichen Distrikte und die anderen Einheiten wie auch die religiösen Institutionen der Kolonien sind bürgerliche Personen, jedoch nicht Organe des Staates. Die Notwendigkeit des "königlichen Placet" für die Verbreitung der Dokumente des Heiligen Stuhles auf portugiesischem Territorium wird widerrufen, und die Beziehungen zwischen den kirchlichen Autoritäten, dem Klerus und den Gläubigen sind völlig frei. Die Missionen können alle Formen der Tätigkeiten ausführen, die ihnen eigen sind. In der Ausübung ihres Dienstes genießen die Missionare denselben Schutz von seiten des Staates wie die öffentlichen Behörden. Sie sind nicht Staatsbeamte, sind also nicht den Regelungen unterworfen, die jene betreffen.

Dieses Missionsabkommen, das bei seiner Unterzeichnung mit großer Zufriedenheit akzeptiert worden ist, ist jetzt Gegenstand lebhafter Kritik einiger Christen. Über die zum Konkordat vorgebrachte Kritik hinaus werfen diese Christen dem Missionsabkommen vor, diskriminatorisch zu sein, da es die Vorteile und Auflagen lediglich für die katholischen Missionen vorsieht, so daß die missionarische Tätigkeit als Instrument des Kolonialismus oder der "Portugalisierung" erscheint, was sie auf die gleiche Stufe stellt mit der Aktion der "conquistadores" — und die Freiheit der Kirche in ihrem missionarischen Dienst zu behindern.

Das Missionsstatut, das am 5. April 1941 von der portugiesischen Regierung allein erlassen wurde, um die Verwirklichung der Regelungen zu ermöglichen, die im Missionsabkommen von 1940 enthalten sind, akzentuiert klar den portugiesischen Charakter der Missionstätigkeit.

In Artikel 2 heißt es: "Die katholischen portugiesischen Missionen sind . . . von der Regierung anerkannte kirchliche Organisationen. Sie werden als Einrichtungen zum Nutzen des Imperiums mit außerordentlicher zivilisatorischer Bedeutung angesehen." In Artikel 16 wird gefordert, daß sich die ausländischen Missionare den portugiesischen Gesetzen und Gerichten unterwerfen, in Artikel 17, daß sie die portugiesische Sprache in Wort und Schrift beherrschen.

Die Annahme ausländischer Lehrer in den Ausbildungshäusern der Missionare in Portugal erfordert die Erlaubnis des Übersee-Ministers (Art. 46). Der Unterricht für die Eingeborenen soll im vollen Maße dem Missionspersonal in die Hände gelegt werden, was inzwischen geändert wurde. Dieser Unterricht wird gegeben entsprechend der lehrmäßigen Orientierung, die von der politischen Konstitution vorgesehen wird. Deren Pläne und Programme zielen auf die volle Nationalisierung der Eingeborenen ab, also auf eine volle Integration in die portugiesische Kultur. Der Unterricht wird also im wesentlichen nationalistisch sein (Art. 66—68). Der Unterricht der portugiesischen Sprache und sein Gebrauch ist in den Schulen obligatorisch. Selbst außerhalb der Schulen bedienen sich die Missionare gleichermaßen des Portugiesischen (Art. 69). Das Personal in den Ausbildungshäusern für einheimische Lehrer muß portugiesischer Staatsangehörigkeit sein (Art. 70). Das Missionsstatut und seine späteren Modifikationen legen die Verteilung von Unterstützung im günstigen Sinne für portugiesische Missionare fest.

Wie in Portugal müssen wir auch in den portugiesischen Territorien Afrikas zwei Kirchen unterscheiden.

Zunächst die offizielle Kirche. Diese ist grundlegend portugiesisch. Alle Bischöfe sind verpflichtenderweise portugiesisch, und tatsächlich stammen 17 der 19 Bischöfe von Angola und Mozambique aus dem portugiesischen Mutterland. Die beiden nicht aus Portugal stammenden Ordinarien sind der

schwarze Bischof von Malanje und der Bischof von Benguela, ein Weißer aus
Angola, der jedoch Ende 1973 bei einem Unfall ums Leben kam. Alle jetzigen Ordinarien sind nach dem Konkordat gewählt worden, also ohne "allgemeinpolitische Einwände" von seiten der portugiesischen Regierung, und
alle haben ihre Ausbildung in Portugal erhalten.
Unterstützt der Episkopat in seiner Gesamtheit die Regierungspolitik? Es
gibt keinerlei klaren und direkten Beweis dafür. Der Episkopat erklärt sich
sogar "unabhängig gegenüber der Parteipolitik". Aber es scheint, daß einerseits gewisse, zumindest mehrdeutige Aussagen, die von Mitgliedern der
Hierarchie gemacht wurden, wie auch Spiegelungen des grundlegenden Denkens, die sich in ihren Worten und Taten zeigen, und daß andererseits die
quasi absolute Enthaltung jeder Stellungnahme im Gegensatz zur Regierungspolitik wohl anzeigen, daß es eine wenigstens prinzipielle Übereinkunft gibt.
Man könnte hier einen Einwand machen, indem man von der letzten Stellungnahme der Bischofskonferenz von Mozambique anläßlich der Massaker
von Wiriyamu spricht. Hierauf muß aber geantwortet werden, daß dies der
erste öffentliche Protest war, daß die Bischöfe schon eine ganze Zeitlang
Kenntnis von den Ereignissen hatten, bevor sie öffentlich redeten und daß
sie redeten, nachdem die internationale Presse sich der Vorkommnisse angenommen hatte. Die Regierungszensur hat allerdings jede Verbreitung des
besagten Kommuniqués untersagt. Die Unterstützung von seiten der Bischofskonferenz des portugiesischen Mutterlandes war so sybillinisch, daß die
Zensur es nicht einmal nötig hatte, einzuschreiten. Man kann sich des Eindrucks nicht erwehren, daß sich die Bischöfe mit diesen Kommuniqués ein
"gutes Gewissen" erwerben wollten und sich reinwaschen wollten vor der
internationalen (öffentlichen) Meinung.
In den Augen des portugiesischen Episkopats in Afrika hat Portugal eine besondere Mission zu erfüllen: in Afrika seine eigene Zivilisation zu verbreiten,
die wesentlich eine christliche Zivilisation ist, und gleichsam ein unerschütterlicher Damm zu sein, gegen den vergeblich der Ansturm des anti-christlichen Kommunismus anrennt. Die Kirche soll die Seele dieser Zivilisation bewahren, sie soll deren essentielle Werte weitergeben. Es kann Irrtümer in der
"Marschroute" geben — dann werden die Bischöfe vielleicht protestieren —
aber grundsätzlich scheinen sie mit der grundlegenden Richtung der Regierung einverstanden zu sein: damit die Eingeborenen von Angola, Mozambique und Guinea-Bissau wahre Menschen seien, die der Welt und dem Vaterland nützlich sind, müssen echte Portugiesen aus ihnen gemacht werden, die
in portugiesischer Art denken und handeln.
Hand in Hand mit der Regierung erfüllt also die Kirche ihre Mission, und "im
Schoße der portugiesischen Nation müssen wir den materiellen, kulturellen
und moralischen Fortschritt anstreben, indem wir loyal zusammenarbeiten
mit den portugiesischen Autoritäten und deren Anweisungen gehorchen"

(Erklärung des Erzbischofs von Lourenço Marques). Im Jahr 1970 erklärte der leitende Geistliche der Marine in Sao Tomé: "Portugal fährt fort, die westliche Zivilisation, also die Botschaft des Evangeliums zu bewahren und zu verteidigen."
Es gibt allerdings den einen oder anderen Bischof, der anders denkt oder spricht. Ein solcher war Bischof Soares de Resende von der Diözese Beira, im Moment ist es der Bischof von Nampula und der Bischof von Sà da Bandeira in Angola, der von Vila Cabral in Mozambique hierher versetzt wurde.
Ich habe den Eindruck, daß langsam, zu langsam, aber doch wirklich sich etwas beim Episkopat dieses Landes ändert, vielleicht unter dem Einfluß der Ereignisse und der zweiten Kirche.
Denn es gibt eine zweite Kirche. Diese besteht aus einigen Priestern und Laien, die freiwillig und oft in tragischer Weise "das System" in Frage stellen. In Angola gibt es eine dynamische Gruppe von 22 Spiritanern unter der Leitung des ehemaligen Regionalobern P. Veiga Torres. Es gab auch in Mozambique die prophetische Geste der Weißen Väter. Sowohl in Angola wie auch in Mozambique gibt es Proteste einiger Laien, die an ihre Bischöfe appellieren. Hierzu wird der folgende Referent vollständigere Auskünfte geben. Welche Zukunftsperspektiven gibt es?

Zukunftsperspektiven in Portugal

Wie ich bereits vorher bemerkte, scheint beim Episkopat eine schärfere Bewußtwerdung der Probleme stattzufinden, die sich dem Land stellen. Über die Wirkung des Einflusses des neuen Patriarchen hinaus und den des Bischofs von Porto, hat die Aktion der katholischen Reflexionsgruppen und haben selbst die Argumente der politischen Opposition im allgemeinen, die sich mehr und mehr in der Bevölkerung verbreiten, hier ihre Rolle gespielt. Man darf auch den Einfluß der Weltkirche nicht vergessen.
Trotzdem bleibt die Kirche in Portugal sehr mißtrauisch gegenüber mehr prophetischen Gruppen von Christen, was übrigens für eine ganze Reihe von Ländern der Fall ist. Die Bischöfe fürchten, daß sie den Einfluß auf solche Gruppen verlieren.
Übrigens bringt das Infragestellen der Struktur, der Haltungen und des Verhaltens in der jetzigen Kirche die Gefahr mit sich, die ein bißchen bequeme Ruhe zu stören, in der die Kirche gegenwärtig lebt. Und vor allem bringt sie die Gefahr mit sich, etliche grundlegende politische Optionen des Staates in Frage zu stellen. Deswegen scheint es so, als ob mehr noch als die Kirche selbst, der Staat einer Erneuerung der Kirche mißtrauisch gegenübersteht. Die DGS, die gegenwärtige Staatspolizei, bleibt sehr mißtrauisch und bringt

leicht den oder jenen Christen zum Schweigen, der als Leiter dieser prophetischen Gruppe tätig ist. Ich kenne persönlich einen bekannten Architekten, der regelmäßig im Gefängnis sitzt, weil er sich in solch einer Gruppe der geistlichen Erneuerung betätigt. Denn diese Gruppen nehmen das Evangelium ernst und seine Forderungen nach Gerechtigkeit, Freiheit und Brüderlichkeit. So werden sie de facto zu Anklägern verschiedener Verhaltensweisen des Staates, besonders was die afrikanischen Kriege angeht, so daß die Staatspolizei sich verpflichtet fühlt einzugreifen.

Man darf nicht vergessen, daß die Kirche — besonders die Hierarchie — zwei große Verfolgungen mitgemacht hat: die eine unter dem Absolutismus des Marquis de Pombal, die andere unter der Republik von 1910. Sie bleibt ernst traumatisiert durch diese Erfahrung. Die Hierarchie möchte nicht, daß ähnliches wieder geschieht. Sie bleibt stark an das gegenwärtige Regime angeschlossen, wo sie — nach einem Wort von Salazar — "von zuvorkommendem Zartgefühl von seiten des Staates" umgeben ist.

In den afrikanischen Territorien

In den afrikanischen Territorien scheint die offizielle Kirche noch mehr an den Staat gebunden als im Mutterland. Praktisch ist die ganze Hierarchie weiß, und die Kirche kann ohne die großzügige Unterstützung des Staates nicht leben. Diese Kirche wird mit dem Staat stehen und fallen, es sei denn, sie desolidarisiert sich offen, wie es ja so dringlich und spektakulär von den Weißen Vätern in Mozambique und einer Gruppe portugiesischer Spiritaner in Angola erbeten wurde.

Oder es sei denn, der Staat ändere seine Politik in Afrika. Denn es handelt sich um mehr als um einige Proteste gegen die Massaker unschuldiger Zivilpersonen: es handelt sich um die Rettung grundlegender Rechte der Persönlichkeit der afrikanischen Individuen und Gemeinwesen; Portugal ist dabei, diese zu zerstören und sie durch eine portugiesische Persönlichkeit zu ersetzen, die in keiner Weise auf das Maß dieser Gruppen zugeschnitten ist. Manche Portugiesen reden von "der Ehrfurcht vor dem afrikanischen Wesen", von einer "Persönlichkeitsbildung im Kontext der portugiesischen Nation". Diese Worte könnten bedeuten, daß der afrikanischen Kultur Rechte zuerkannt würden, wie es General Spinola in Guinea-Bissau versucht. Oft aber bedeuten sie nichts anderes als einen gewissen Exotismus, einen afrikanischen Anstrich. Denn das Schulsystem und jede staatliche Organisation zielen darauf ab, das Bewußtsein der Schüler und der Bevölkerungsgruppen nach dem kulturellen portugiesischen Modell zu formen.

Kündigen sich solche Perspektiven des Wandels an? Von seiten der staatlichen Obrigkeit erscheint ein solcher Wandel kaum möglich. Wenn in Guinea-Bissau eine Änderung des Status wahrscheinlich ist, so sind in Mozambique und Angola zuviele ökonomische Interessen von seiten der weißen Führungskräfte im Spiel, und andererseits gibt es zu wenig Einheit und zu wenig Mittel auf seiten der Nationalisten, um einen radikalen Wandel zu erlauben.

Von seiten der Kirche werden sich einige Bischöfe der wirklichen Probleme bewußt. Sie werden jedoch in ihrer Aktion gebremst von ihren Kollegen und durch die allgegenwärtige Wachsamkeit der Staatspolizei. Die Kirche kann sich zu Gehör bringen in vielen Predigten und religiösen Veröffentlichungen, die nicht zensiert sind. Will sie es? Heute? Wird sie es morgen wollen?

Ich weiß nicht, was ich darauf antworten soll.

(Übersetzt von Wiltrud Weber)

Zur Situation der katholischen Missionen in Mozambique

Wilhelm Großkortenhaus

Ich möchte auch mit meinen Darlegungen zur Versachlichung der Diskussion beitragen, wie es in der kürzlich veröffentlichten Erklärung der "Gemeinsamen Konferenz der Kirchen für Entwicklungsfragen" zur Situation in den portugiesischen Afrikagebieten vorgeschlagen wird.[1] Die Konferenz, so heißt es weiter, sei sich dabei bewußt, "daß kurzfristig keine Minderung der Gegensätze zu erreichen ist. Sie betont jedoch die Verantwortung der Kirchen, zu einem Abbau der Spannungen und zu einer gerechten Lösung beizutragen". Ich möchte meine Ausführungen im gleichen Sinne verstanden wissen.

Die Entscheidung des Generalates der Weißen Väter, die Missionare aus Mozambique zurückzuziehen, und die Begründung dafür

Im vorigen Referat wurde bereits dargelegt, daß der Vatikan im Jahr 1940 mit Portugal ein Konkordat und das Missionsabkommen schloß. 1941 erließ Portugal dazu gesetzliche Einzelbestimmungen für die Missionstätigkeit im Missionsstatut.

Diese Vorgänge bedeuteten der Vergangenheit gegenüber eine nicht zu unterschätzende Verbesserung der Missionsarbeit. Papst Pius XII. verherrlichte in seiner Enzyklika: "Saeculo exeunte octavo" vom 13. Juni 1940[2] den Missionswillen Portugals. Mit großen finanziellen und personellen Opfern hat Portugal seinen ehrlichen Willen für die Erfüllung der übernommenen Pflichten unter Beweis gestellt. Ein spürbarer Auftrieb der Missionsarbeit und das Wachsen der Kirche zeugten vom Ernst der portugiesischen Bemühungen. Zugleich betrachtete Portugal diese Aufgabe als ein nationales Anliegen, das auch der Sicherung der Kolonien dienen sollte.

Wer konnte damals ahnen, daß schon 10 bis 15 Jahre später die Völker Afrikas in einer machtvollen Freiheitsbewegung aufbrechen würden und unüberhörbar Selbstbestimmung und Freiheit fordern würden? Genau jene Rechte, die auch Papst Paul VI. in Kampala (31. 7.–2. 8. 1969) als unveräußerliche Rechte anerkannte, wenn er sagte: "Wir verstehen unter diesem mehrdeutigen Begriff 'Freiheit' die staatliche Unabhängigkeit, die politische Selbstbestimmung und die Befreiung von der Herrschaft ausländischer Mächte." Mit diesen Worten drückt der Papst Gedanken aus, die in den letzten Jahren durch die "Theologie der Befreiung" noch weiterentwickelt

wurden und hervorheben, daß unsere Verkündigung nicht nur eschatologisch ausgerichtet ist, sondern auch die natürlichen Menschenrechte lehren und verteidigen muß.
Die Kolonialmächte waren unterschiedlich auf diese Freiheitsbewegungen vorbereitet und reagierten auch unterschiedlich auf diese Forderungen, wodurch manche Tragödien ausgelöst wurden. In dieser Situation hat Portugal geglaubt, die bestehende Ordnung, also den Zustand der Abhängigkeit erhalten zu müssen — wofür allerdings eine andere Terminologie gebraucht wurde — und die Portugalisierung seiner afrikanischen Gebiete als sein Modell anbieten zu können. Diese Haltung mußte zu Konflikten führen.
In dieser Situation wurden die Schwächen des Konkordates und des Missionsabkommens sichtbar. Sie verbinden Staat und Kirche so eng miteinander, daß die Hierarchie der Kirche in Portugal und in den afrikanischen Gebieten tatsächlich auf seiten des Staates steht, auch in dieser zum mindesten sehr fraglichen neuen Situation und Politik. Damit entstehen für viele, die in der Kirche arbeiten, Gewissenskonflikte, die um so bedrückender wurden, je weniger sich die Kirche im Laufe der letzten Jahre von der staatlichen Unterdrückungspolitik distanzierte.

Aus diesem Grunde übergab der Generalobere der Weißen Väter dem Staatssekretariat im Vatikan im Dezember 1968 eine Note, die die Lage der Missionare und der afrikanischen Priester darlegte. Weitere Gespräche des Generaloberen mit dem Nuntius in Lissabon und mit der portugiesischen Regierung folgten (1. bis 3. März 1971), ebenso Gespräche mit den Missionaren, mit dem zuständigen Bischof von Beira (Mozambique), mit den anderen Generaloberen in Rom, deren Missionare in Mozambique arbeiten, und gleicherweise gab es ständige Informationen und Kontakte mit dem Vatikan. Alles das änderte die Situation ebensowenig wie die Bemühungen von innen her, von den Priestern in Mozambique, die dortige Hierarchie zu klaren Stellungnahmen im Sinne der Menschenrechte und der sozialen Gerechtigkeit zu veranlassen. Nach all diesen Versuchen konnte nur noch ein deutlich sichtbares Zeichen zum Signal werden (signum Salutis), und das wurde nach ernsten Überlegungen und nach zahlreichen Gesprächen gesetzt durch den Beschluß, die Weißen Väter aus Mozambique zurückzuziehen (30. 4. 1971)[3] Die Hauptgründe dafür waren folgende:
a) Die *Zweideutigkeit* der Haltung der kirchlichen Hierarchie in dieser Situation der Unterdrückung und polizeilichen Brutalität. Das konnten unsere Missionare nicht mehr mitmachen und noch weniger unterstützen. Die Mission darf sich nicht mißbrauchen lassen als Instrument einer solchen Politik. Das wird zu einem Gegenzeugnis des Evangeliums.
b) Die *Aufrichtigkeit* zum christlichen Missionsauftrag: es geht nicht, in den freien Ländern Afrikas die Afrikanisierung zu betonen und zu fördern und

daneben aus Opportunismus in den nicht freien Ländern wie Mozambique die Portugalisierung zu unterstützen. Eine solche Haltung wäre unaufrichtig gegenüber den Afrikanern und gegenüber unserem Auftrag, eine einheimische Ortskirche mit einheimischer Hierarchie und einheimischer Prägung christlichen Lebens aufzubauen. Ein Abweichen von diesem Auftrag wäre für uns in Afrika besonders schwerwiegend, weil die Weißen Väter in 16 verschiedenen freien Staaten Afrikas tätig sind.

Das Ziel, das mit dieser Entscheidung erreicht werden sollte, war folgendes: die Kirche und vor allem die Hierarchie vom Mozambique mit aller Eindringlichkeit 1. hinzuweisen auf die bestehenden Probleme wie: Abhängigkeit vom Staat, Unaufrichtigkeit der Kirche gegenüber dem Zeugnis und der Verkündung des Evangeliums und gegenüber den ungerecht behandelten Menschen, 2. das Schweigen der Bischöfe zu brechen und sie zu klaren Stellungnahmen zu bewegen, und 3. die Gemeinsamkeit der Kirche mit der Politik des Staates zu beenden.
In diesem Zusammenhang stellten sich vor allem zwei Fragen: Waren die Weißen Väter zu einseitig in der Beurteilung der Situation? Ließen sie sich von Motiven leiten, die nicht mit der Mission zu tun haben? Waren sie isoliert in ihrer Beurteilung der Lage? Wir müssen zugeben, daß in Zeiten des Konfliktes immer die Gefahr besteht, sein eigenes Urteil zu polarisieren. Außerdem hat auch die Bischofskonferenz von Mozambique am 1. 6. 1971 die Entscheidung des Generalrates der Weißen Väter negativ beurteilt und den Weißen Vätern Mangel an missionarischer und kirchlicher Gesinnung vorgeworfen.
Zur Beantwortung der gestellten Frage möchte ich einige Tatsachen anführen, die zeigen, wie weit unsere Beurteilung der Situation auch von anderen Missionaren und Kreisen geteilt wurde:
a) Schon am 10. November 1970 haben 43 Priester der Diözese Beira beim Staatssekretariat in Rom protestiert gegen die Haltung des Bischofs von Beira.
b) Am Pfingstsonntag 1971, unmittelbar nach der Ausweisung der Weißen Väter, erklärten sich viele Priester in der Diözese Beira mit ihnen solidarisch und verlasen eine entsprechende Erklärung in den Kirchen.
c) Auch die meisten Generaloberen der anderen Missionsinstitute, die in Mozambique arbeiten, erklärten sich mit uns solidarisch (1. Juni 1971). Sie forderten ihre Missionare auf, offen Stellung zu nehmen zur Verteidigung der Menschenrechte, auch unter Gefahr der Ausweisung aus dem Missionsgebiet.
d) 36 Missionare in Tete reagierten am 24. Juni 1971 scharf auf das Schreiben der Bischofskonferenz und auf die darin erhobenen Anklagen gegen die Weißen Väter. Sie forderten den öffentlichen Widerruf der haupt-

sächlichen Anschuldigungen.
e) Der Priesterrat von Beira hat am 13. August 1971 eine Erklärung verabschiedet (allerdings nicht oder vielleicht erst viel später in Mozambique veröffentlicht), in der die Priester deutlich aussagen, daß die Kirche in Mozambique ernstlich nachdenken muß über die Gründe, die die Weißen Väter bewogen haben zum Abzug. Sie bestätigen darin die Tatsache der Zweideutigkeit der Kirche und ihre Abhängigkeit vom Staat.[4]
f) Mozambique-Missionare der Herz-Jesu-Priester und Kapuziner, auf Heimaturlaub in Italien, studierten gemeinsam die Lage (7. November 1971) und unterstrichen den Gewissenskonflikt der Missionare, der sich aus der Haltung der Hierarchie in Mozambique ergibt. In einem Schreiben an ihre Generalobern erklären sie sich solidarisch mit der Erklärung des Priesterrates von Beira vom August 1971. Das Missionsabkommen zwischen dem Heiligen Stuhl und Portugal ist heute nach ihrer Überzeugung eine Fessel geworden, welche die Kirche an den Staat bindet.
g) 40 Missionare (Priester, Brüder und Schwestern aus Tete) schickten am 14. Februar 1972 eine Botschaft an den Nuntius in Lissabon, in der sie den Nuntius auf die Grundprobleme hinweisen: Zweideutigkeit der Kirche, Abhängigkeit vom Staat, Portugalisierung der Kirche in Afrika.
h) Zum Schluß dieser Zeugen, die beweisen, wie wenig wir vereinzelt dastanden mit unserer Beurteilung der Lage, möchte ich noch auf eine Erklärung der Päpstlichen Kommission Justitia et Pax vom 29. September 1972 hinweisen, die mit ausdrücklicher Nennung der portugiesischen Übersee-Gebiete die auch von den Weißen Vätern angeführten Gründe unterstreicht und hervorhebt. Es heißt dort: "In der Überzeugung, daß die Rechte der Selbstbestimmung der Völker wesentliche und notwendige Vorbedingungen sind für deren echte Entwicklung, und in Anbetracht der Lage der Ungerechtigkeit und des Terrors in den portugiesischen Gebieten Afrikas, — wünscht diese Kommission, daß die Aufmerksamkeit des Gottesvolkes auf diese Zustände hingewiesen wird. Darüber hinaus verlangt sie, daß der Heilige Stuhl alles denkbar Mögliche tue, um auf zuständiger Ebene die portugiesische Regierung und die Freiheitsbewegungen zusammenzubringen auf der Basis der Anerkennung der Unabhängigkeit. Dieser Schritt scheint auch notwendig, um den Eindruck zu vermeiden, daß Portugal in der Verteidigung seiner bleibenden Präsenz sich als Verteidiger christlicher Zivilisation ausgeben kann und dabei von der Existenz eines bilateralen Vertrages mit dem Heiligen Stuhl profitiert."

Die zweite Frage, die sich stellt, lautet:
Wenn die Gründe für die Weißen Väter wirklich wahr und gewichtig waren und auch von vielen anderen Missionaren geteilt wurden, warum haben dann die anderen Missionare nicht auch das Land verlassen? Diese Frage

haben sich die Generaloberen der anderen Orden und die Missionare in den portugiesischen Gebieten auch gestellt. Unser Weggang und das Bleiben der anderen waren Teile eines gemeinsamen Vorgehens. Bleiben und Gehen sollten sich gegenseitig ergänzen. Die Weißen Väter waren am besten in der Lage, ein öffentliches Zeichen zu setzen, das auf die schmerzvolle Situation der Ortskirche aufmerksam machen sollte: Sie haben keine Niederlassung in Portugal, und sie stellen eine verhältnismäßig kleine Gruppe der Missionare in Mozambique dar (etwa 2 %), so daß ihr Weggehen am wenigsten die pastorale Weiterarbeit störte. Die anderen Missionare sollten bleiben, um die Reaktionen auf dieses Zeichen abzuwarten und die etwa entstehende neue Situation auszunutzen und auszuwerten für eine bessere pastorale Arbeit — oder wenn nötig — immer wieder von innen her Reaktionen anzuregen.

Somit besteht kein Widerspruch zwischen beiden Entscheidungen, sondern vielmehr eine gegenseitige Ergänzung.

Zur aktuellen Situation

— *Die Kirche* arbeitet weiter, wenn auch behindert in der Freiheit der Verkündung und bespitzelt von der Polizei, sie erweckt den Eindruck, wacher geworden zu sein und klarere Stellung zu beziehen als vorher. Dies geschieht allerdings mehr an der Basis (durch Priester, Brüder, Schwestern, Laien) als an der höheren Stufe der Hierarchie.

— Der Bischof von Beira, Manuel Ferreira Cabral, ist inzwischen zurückgetreten. Sein Nachfolger starb allerdings schon ein Jahr nach seiner Ernennung (Altino Ribeiro de Santana, geboren in Goa, vorher Bischof in Angola).

— Der Bischof von Nampula/Mozambique, Manuel Vieira Pinto, beweist sich als mutiger Vorkämpfer eindeutiger Haltungen.

— Angola hat seit einigen Monaten einen afrikanischen Bischof Eduardo Andre Muaca/Bischof von Malenje. Hierin zeigt sich das Bemühen des Vatikans, die einheimische Hierarchie endlich zu fördern.

— *Missionare* werden weiterhin vereinzelt ausgewiesen oder wegen sogenannter subversiver Tätigkeit ins Gefängnis gesetzt.

— Neue Missionare warten schon seit längerer Zeit auf Zulassung und Einreisegenehmigung.

— Die evangelische Kirche ist weiterhin als rein private Organisation in ihrer Tätigkeit beschränkt.

— Die Tatsache der Massaker wird erhärtet durch den Protest der Bischöfe in Mozambique vom 30. August 1973[5] und durch die Ansprache des Heiligen Vaters am 16. September 1973, in der er von "uns allen bekannten traurigen Ereignissen in Mozambique und anderen ähnlichen Ländern, die

nach Unabhängigkeit und nationaler Identität verlangen", sprach.
In diesem Zusammenhang darf ich noch auf einige erhellende Dokumentationen hinweisen:

1. Eine Gewissenserforschung der Kirche in Mozambique
Im November 1972 trafen sich 6 Bischöfe von Mozambique mit Priestern und Religiosen beiderlei Geschlechtes und Laien, die als Vertreter verschiedener Diözesen gewählt worden waren (etwa 100 Anwesende). Ziel dieses Treffens: Erneuerung der pastoralen Aktivität. Die aktuelle Situation sollte studiert und konkrete Vorschläge sollten für die nächste Bischofskonferenz gemacht werden. Im Gespräch wurden die anstehenden Probleme direkt angegangen von den einzelnen Diözesangruppen.
Dabei wurde *gefordert*:
a) Freiheit der Kirche von der Abhängigkeit vom Staat, für die Verkündigung des ganzen Evangeliums und der Lehren der Kirche, für eine klare Stellungnahme gegen Ungerechtigkeit und willkürliche Verhaftungen (p. 26), gegen unbegründete Verurteilungen, gegen Nichtgewährung des Verteidigungsrechtes für viele Gefangene, gegen außergewöhnlich geringen Lohn vieler Arbeiter;
b) genügend Informationsmöglichkeit: gegen Zensur und Veröffentlichkeitsverbote ("Diario" gilt nicht mehr als katholische Publikation, auch wenn viele noch dieser Ansicht sind);
c) Einpflanzung einer einheimischen Kirche: die heutige Kirche ist zu sehr europäisch und portugiesisch, einheimische Kultur (15) und einheimischer Klerus finden zu wenig Beachtung und Förderung (18).
d) Anerkennung und Verteidigung der Menschenrechte (13). Manches ist nur theoretisch anerkannt. Das Bemühen um eine Besserung darf nicht als subversive Tätigkeit verurteilt werden. Den Gläubigen muß mehr soziale Aufklärung gegeben werden.
e) Neuüberarbeitung des Missionsstatutes (21s).
Verurteilt wurde die Zweideutigkeit der Kirche in ihrer Stellung zur aktuellen Situation. Sie ist zu abhängig und verstrickt in die Probleme des Staates. Das schafft Verwirrung. Die Kirche ist nicht nur zweideutig, wenn sie schweigt, sondern auch, wenn sie spricht (23). Sie ist zu einem politischen Werkzeug geworden, das dem Staate dient (23).

2. Eine Stellungnahme der Bischofskonferenz in Mozambique zu den Ereignissen von Wiriyamu
Am 30. August 1973 veröffentlichte Bischof Francisco Nunes Teixeira von Quelimane (Mozambique) und gleichzeitig Präsident der Bischofskonferenz in Mozambique ein Dokument, das nach dem Osservatore Romano vom 16. September 1973 bis dahin noch nicht in Portugal veröffentlicht war.

Der Text des Dokumentes wurde in der gleichen Nummer des Osservatore Romano abgedruckt.[6] Im Namen der Bischofskonferenz behandelt er einige Punkte:
a) Bezüglich der Ereignisse in Wiriyamu (Gandali) hält er es für seine Pflicht, Auszüge eines Briefes zu veröffentlichen, den die Bischofskonferenz am 3. März 1973 an den Generalgouverneur geschickt hat. In diesem Brief wird bestätigt, daß im Dezember 1972 Ereignisse stattfanden in Gandali, bei denen Hunderte von Menschen teils gänzlich unschuldig ihr Leben lassen mußten. Dies geschah durch eine Aktion des Heeres. Die Bischofskonferenz protestiert gegen jede derartige Maßnahme, ganz gleich, ob sie vom Heer oder von der Fremilo begangen wird.
b) Am 3. April 1973 antwortete der Generalgouverneur, daß strenge Befehle gegeben sind, solche Aktionen soweit wie möglich zu unterlassen. Alles läßt sich nicht vermeiden, aber Untersuchungen werden eingeleitet.
c) Eine offizielle Note der Abteilung "Nationale Verteidigung" hat am 19. August 1974 zugegeben, daß isolierte Truppen in einem anderen Sektor wenigstens einmal solche Aktionen vornahmen.
d) Noch einmal drückt der Bischof im eigenen Namen und im Namen der Bischofskonferenz seinen Protest gegen solche Taten aus.
Die Bischöfe von Portugal drückten ihre Solidarität mit diesem Schreiben aus. Neben der Bestätigung geschehener Greueltaten ist in diesem Dokument beachtenswert, daß die Bischöfe jetzt Stellung genommen haben gegen Ungerechtigkeiten. Allerdings bleibt zu wünschen, daß solche Aktionen der Bischöfe nicht geheim geschehen, wie der Brief der Bischofskonferenz vom 3. März 1973, sondern daß solche Proteste in aller Öffentlichkeit geschehen. Anderenfalls bekommen die in Mozambique lebenden und arbeitenden Missionare und Christen den Eindruck, daß die Hierarchie wiederum schweigt oder gar zustimmt, – nach dem bekannten Grundsatz: "qui tacet consentire videtur" – wer schweigt, erweckt den Eindruck der Zustimmung.

3. Im Sommer 1973 kamen in Rom die Generaloberen zusammen
deren Missionare in den portugiesischen Gebieten tätig sind, um über die Lage in Mozambique zu beraten. Anwesend war auch vom Staatssekretariat Msgr. Casaroli (P. General van Asten war nicht anwesend, weil die Weißen Väter keine Missionare mehr in Mozambique haben). Eine schriftliche Zusammenfassung der behandelten Fragen wurde Msgr. Casaroli mit dem Datum 3. August 1973 zugesandt. In diesem Dokument behandeln die Generaloberen:
a) Die Situation in Mozambique, besonders die Abhängigkeit der Kirche vom Staat. Dadurch entsteht eine zweideutige Situation der Kirche, erhebt sich die Anklage, daß die Kirche sich an der Regierungspolitik beteiligt,

und wird das Wachsen einer einheimischen Kirche in Mozambique unterbunden.
b) Eine Intervention der Kirche (Rom) scheint dringend nötig, um der Hierarchie in Mozambique zu helfen, die Sachlage richtig zu sehen und zu beurteilen und sich frei zu machen von der Abhängigkeit vom Staat.
c) Die Situation der Missionare: Erfreut stellen die Generaloberen das Grußwort des Papstes (22. Juli 1973) an die Missionare an den Anfang und fahren dann fort: Einzelaktionen der Missionare enden oft mit deren Ausweisung. Dagegen kann die portugiesische Regierung Gesamtaktionen der Kirche nicht ausweichen. Unter Umständen würde das eine Revision des Missionsstatutes zur Folge haben, was nur zu einer größeren Klärung führen würde.
Die Tatsache, daß die Generaloberen wiederum mit einem hohen Vertreter des Staatssekretariates zu einer Besprechung zusammengekommen sind, macht deutlich, daß es um ernste Probleme in den portugiesischen Überseegebieten geht, die noch lange nicht gelöst sind.

4. Ein Bericht aus Mozambique an den Heiligen Vater über die Situation in Mozambique

Aus Kontakten mit Mozambique und vor allem aus einem Gespräch des Generaloberen der Weißen Väter, Pater van Asten mit dem Bischof von Nampula, Manuel Vieira Pinto, in Rom wissen wir, daß Bischof Manuel im August 1973 einen detaillierten Bericht über die Lage in Mozambique an den Heiligen Vater geschickt hat. Die "Informations catholiques internationales" (ICI) vom 1. November 1973 erwähnen diesen Bericht und bringen einige Einzelheiten daraus, die zusammen mit dem Gespräch des Generaloberen der Weißen Väter mit Bischof Pinto einen deutlichen Einblick geben in das, was im Bericht ausgesagt ist.[7]
Der Bischof selbst versteht seinen Bericht als einen Aufruf und einen Protest gegen das Schweigen und gegen die Zweideutigkeit der Kirche in Mozambique, Missionare und Laien sind darüber sehr beunruhigt und entmutigt. Der Bischof will nicht verneinen, daß manches schon geschehen ist, er will auch nicht die Einheit der Bischofskonferenz gefährden. Aber er weiß auch, daß das Wohl der Kirche und des Volkes eine eindeutige Stellungnahme verlangen.
ICI erwähnen dann weiter: Der Bischof habe den Papst informiert, daß die Bischofskonferenz von Mozambique ihre Pflicht dem Volke Gottes gegenüber nicht erfüllt habe. Sie hat über den Krieg geschwiegen, hat den Terrorismus verurteilt, aber nicht den portugiesischen Antiterrorismus, der der wahre Terrorismus ist. Sie hat die Missionare getadelt, die den Mut hatten, die Massaker zu denunzieren. Sie hat Propaganda für den portugiesischen Kolonialismus gemacht und hat es versäumt, das Volk Gottes für

den Frieden zu erziehen, der nicht ein Ergebnis des Schweigens und der Waffen ist, sondern der Gerechtigkeit.
Mitte September 1973 wurden drei Bischöfe von Mozambique vom Papst zu einem Gespräch über Mozambique nach Rom eingeladen: Der Präsident der Bischofskonferenz, Bischof Teixeira von Quelimane; der Bischof von Tete, de Silva, in dessen Gebiet die Massaker stattgefunden haben; der Bischof von Nampula, Pinto.
Am darauffolgenden Sonntag, 16. September 1973 sprach der Papst in seiner 12-Uhr-Ansprache von den bekannten traurigen Ereignissen in Mozambique. "Wir haben die uns allen bekannten traurigen Ereignisse in Mozambique und in anderen ähnlichen Ländern, die nach Unabhängigkeit und nationaler Identität verlangen."
Schon vorher hatte der Papst eine öffentliche Ansprache benützt, um für die Wahrheit einzutreten. Am 2.. Juli 1943, in einer Zeit, als Missionare von Mozambique in aller Öffentlichkeit gebrandmarkt wurden als "ausländische Störenfriede", "gescheiterte Missionare" und "Vorläufer der Revolution", hat Papst Paul VI. ein besonderes Grußwort an alle Missionare geschickt. Dieser Gruß fiel nicht zufällig in diese Zeit, und er hatte auch nicht zufällig einen ganz bestimmten Inhalt und Wortlaut. Er sagte:
"Allen möchten wir auch unser tröstendes Wort aussprechen, insbesondere dort, wo ihr Wirken zurückgewiesen, feindselig aufgenommen oder verdächtigt wird. Seien wir gerecht! Niemand kann den Missionaren oder der Kirche, die hinter ihnen steht, vorwerfen, Blut zu vergießen und die Unterdrückung der Menschen zu begünstigen, an die sie sich mit der Botschaft des Evangeliums wenden. Niemand kann die Missionare anklagen, sich der öffentlichen oder privaten Vormachtstellung anderer zu bedienen, um die eigenen religiösen Positionen zu verteidigen. Niemand kann sie beschuldigen, die Übeltaten nicht beklagt zu haben, die gegen wehrlose Menschen begangen werden. Sie teilen vielmehr deren Prüfungen und Leiden. Wahrheit und Gerechtigkeit erfordern, die Ehre unserer Missionare zu achten, nicht zuletzt, weil gerade ihr Wirken unablässig auf die Entfaltung des geistigen und bürgerlichen Lebens der Einheimischen ausgerichtet ist und mit großer Hingabe und Klugheit auf deren Erziehung zu gesellschaftlicher Reife in Fortschritt, Freiheit und Frieden abzielt."
Es war sicher keine Falschinterpretation, wenn die Generaloberen in ihrem Schreiben vom 3. August an Msgr. Casaroli über die Situation in Mozambique ihre Freude zum Ausdruck bringen über diese Worte des Papstes und diese somit in Verbindung bringen mit den in Mozambique arbeitenden Missionaren.
Alle diese Dokumente dürfen sicher gewertet werden als ein Beitrag zu einer gerechten und objektiven Information über die augenblickliche Lage der Kirche in Mozambique.

Was kann getan werden vor allem von den Kirchen?

Die Grundhaltung aller Beschäftigung mit diesem Problem muß das Bemühen des Helfens sein, in aller Objektivität und Gerechtigkeit. Konkrete Vorschläge wurden in manchen der schon genannten Dokumente gemacht und ebenso in anderen Publikationen.

1. *Auf politischer Ebene* müßten alle Beteiligten und Interessierten darauf hinarbeiten, nicht die Fronten zu versteifen, sondern die Parteien zu einem Gespräch zusammenzuführen und dann gemeinsam Lösungen zu erarbeiten. Das bedarf einer langen, geduldigen Vorarbeit.
Als Möglichkeiten einer Lösung schlägt die Päpstliche Kommission Justitia et Pax (29. September 1972) Gespräche auf der Basis der Unabhängigkeit vor, während Oskar Simmel im "Rheinischen Merkur" (16. November 1973) anregt, man solle sich Gedanken machen über die Schaffung eines portugiesischen Commonwealth. Andere schlagen den sogenannten "Dritten Weg" vor, den wohl Portugal selbst vor allem im Auge hat, die rassische Integration auf der Basis der Partnerschaft und Gemeinsamkeit, etwa wie in Brasilien. Alle diese Wege können aber nur Erfolg versprechen, wenn sie im Einvernehmen mit allen Beteiligten gegangen werden. Nichts kann mit Gewalt und Polizeisystem erzwungen werden, auch nicht mit einer zwar theoretischen Gleichheit von Rechten und Pflichten, die aber in der Praxis zu einer derart spürbaren Ungleichheit wird, daß sie von vielen glaubwürdigen Zeugen beklagt wird, von Zeugen, die dort jahrelang leben und nicht nur einen Kurzbesuch machen. Ich verweise hier auf das Dokument der "Gewissenserforschung der Kirche von Mozambique" und das Dokument, das Bischof Pinto als Bericht über die Lage in Mozambique dem Papst übergeben ließ. Basis jeden Gespräches muß sein die Respektierung der natürlichen Menschenrechte, aber auch die Anerkennung vollbrachter Leistungen durch Portugal; weiterhin die Berücksichtigung der Schwierigkeiten, die für beide Seiten mit einer Verständigung verbunden sind.
Es wäre dringend zu wünschen, daß es zu solchem Bemühen nicht schon zu spät ist. Bei einem bleibenden Erfolg würde man Portugal selbst wohl einen großen Dienst erweisen, da es heute in Gefahr ist, durch seine intensiven Anstrengungen in Afrika den Ausschluß an Europa zu verlieren.

2. *Auf kirchlicher Ebene* wurde in vielen Dokumenten aus Mozambique verlangt:
— eine größere Unabhängigkeit vom Staate;
— die Freiheit des Wortes und der Publikationen;
— Eindeutigkeit und Klarheit der Kirche in Stellungnahmen zu anstehenden Problemen und Ereignissen (Korrektivaufgabe der Kirche!);

— wirkliches Bemühen um eine einheimische Kirche, in der nicht nur Bischöfe, sondern auch die anderen Glieder des Gottesvolkes einschließlich der Laien an der Verantwortung teilnehmen.
Nur auf diese Weise kann eine Basis des Vertrauens wiedergefunden werden, das heute weitgehend verloren ist.

3. *In Deutschland* müßten sich die Kirchen bemühen um
— eine objektive Information und Bewußtseinsbildung in der Öffentlichkeit. Dazu wäre größte Sorgfalt geboten in der Auswahl und Beurteilung der Informationsquellen und in der Weitergabe von Informationen an die Öffentlichkeit. Es geht zum Beispiel nicht an, die letzten Berichte der Missionare über Greueltaten einfach als erlogen abzutun. Das ist mindestens zu einseitig, das hilft keinem und steht zudem im Widerspruch zum Protest der Bischöfe in Mozambique und zu anderen Dokumenten. Ich möchte diesen Anruf zur Sorgfalt nicht aussprechen als Anklage gegen Geschehenes, sondern vielmehr als eine dringende Bitte an die Zukunft.
— Hilfsmöglichkeiten könnten gesucht und angeboten werden für eine bessere und unparteiliche Ausbildung einer einheimischen Führungsschicht für den politischen wie den kirchlichen Raum. Das müßte bald und in großem Umfang geschehen, allerdings mit sorgfältiger Auswahl sowohl der Kandidaten als auch der Ausbildungsstätten. Anderenfalls bleibt diese zukunftswichtige Aufgabe allein in den Händen der sich bekämpfenden Parteien und damit im Geiste der Kontestation und des gegenseitigen Hasses.
Die Kirchen in Mozambique, in der ganzen Welt und in Deutschland müßten sich bewußter werden, daß sie nichts anderes sein dürfen und sein müssen als Friedensstifter im Sinne des Evangeliums Christi.

Anmerkungen
[1] Gemeinsame Konferenz der Kirchen in der Bundesrepublik Deutschland für Entwicklungsfragen: "Verlautbarung zur Situation in den portugiesischen Afrikagebieten" vom 13. September 1973. Abgedruckt in Franz Ansprenger u. a., Wiriyamu. Eine Dokumentation zum Krieg in Mozambique (Entwicklung und Frieden, Materialien 2), München/Mainz 1974, Dokument Nr. 58.
[2] Saecula exeunte octavo, in: AAS 32 (1940) 249/60.
[3] Brief des Generalrates der Weißen Väter zur Entscheidung, Mozambique zu verlassen, 15. Mai 1971. Abgedruckt im Anhang.
[4] Herder-Korrespondenz, Januar 1972, Seite 49.
[5] Osservatore Romano v. 16. September 1973.
[6] Erklärung des Vorsitzenden der Bischofskonferenz von Mozambique vom 30. August 1973. Abgedruckt als Dokument Nr. 47 in "Wiriyamu". Siehe Anmerkung 1.
[7] Als Dokument Nr. 50 veröffentlicht in "Wiriyamu". Siehe Anmerkung 1.

Missionen, Kirchen und Sekten in Mozambique

Horst R. Flachsmeier

Mozambique ist nach dem World Christian Handbook 1968 das Land in Afrika, das mit 895 000 katholischen Christen die stärkste Bevölkerung dieser Konfession aufweist. Das ist nicht verwunderlich, wenn wir bedenken, daß Portugal sich noch heute als *die* katholische Nation empfindet und daß am Anfang der portugiesischen Entdeckungen und Eroberungen das Motiv stand, Gewürze einzuhandeln und Christentum auszubreiten. Zwar nimmt Mozambique zahlenmäßig den ersten Platz damit in Afrika ein, fällt jedoch stark ab, wenn diese Zahl auf die Gesamtbevölkerung bezogen wird. Zudem gilt auch hier die Regel, portugiesischen statistischen Aussagen mit einer gewissen Skepsis zu begegnen.

Alle portugiesischen Missionare, die nach Indien gingen, wie Franz Xavier, machten in Mozambique Station, denn Mozambique besaß ein gutes Hospital. 1559 zeigte sich der Sohn des Königs von Inhambane geneigt, das Christentum anzunehmen. 1560 gelangten die Jesuiten nach Mozambique, um ihre Missionsarbeit zu beginnen, und konnten bald am königlichen Hof des Monomotapa Taufen vornehmen. 1577 kamen die Dominikaner ins Land, die 1586 eine Mission bei Sofala begründeten. Danach bemühten sich die Jesuiten, deren Start schlecht verlaufen war, 1619 ein Kollegium zu bauen, das 1624 bereits 6 Priester zählte. Da Jesuiten und Dominikaner jedoch nicht zusammenzuarbeiten vermochten – 1759 mußten die Jesuiten ihre Arbeit aufgeben und das Land verlassen – sollte auf Portugals Vorschlag Mozambique in zwei Zonen eingeteilt werden; doch widersetzten sich dem beide Partner.

Am Ende des 17. Jahrhunderts kam es zu einem Niedergang der Mission in Mozambique. 1835 gab es dort nur noch zehn Missionare, 1855 keinen einzigen mehr. 1910, also in dem Jahr, da Portugal als Republik ausgerufen wurde, gab es in Mozambique jedoch wiederum 71 katholische Missionare der verschiedenen Orden. In dem gleichen Jahr versuchten die Jesuiten, ihre Missionen vor den Beschlüssen der Konferenzen von Berlin und Brüssel zu bewahren und abzusichern. Die Regierung selbst machte endlich, wenn auch widerstrebend, Zugeständnisse. Seit 1940 besitzt Mozambique gemäß dem Acordo Missionário vom 7. Mai 1940 als Konkordat zwischen dem Heiligen Stuhl und Portugal drei Diözesen mit Lourenço Marques als Erzdiözese. Inzwischen hat sich die Zahl auf acht erhöht. Rund 500 Patres – unter ihnen viele Schwarze – versorgen die katholischen Christen in Mozambique.

Es ist nicht ganz so leicht, den protestantischen Anteil an der Missionierung

Mozambiques in eine chronologische Ordnung zu bringen. Am Anfang evangelischer Missionsgeschichte in Mozambique steht ein Kommen und Gehen verschiedener Missionare, aber auch die Rückkehr von Bewohnern Mozambiques, die zum Beispiel in Johannesburg in Südafrika weilten und dort durch die Arbeit evangelischer Missionare zu Christen wurden. Nach Mozambique zurückgekehrt, begannen sie auf ihre Weise zu evangelisieren und den christlichen Glauben zu verbreiten. Daraus bildeten sich in Mozambique protestantische Kerngruppen, aus denen später zum Teil christliche Sekten entstanden.

1842 wird die Anwesenheit eines Pastors der Nederduitse Gereformeerde Kerk in Lourenço Marques angezeigt. Bereits 1830 hatte die Methodist Missionary Society (Wesleyans) versucht, an der Bucht von Lourenço Marques mit einer Mission zu beginnen, doch blieb sie erfolglos. 1879 beschloß der American Board of Commissioners for Foreign Missions in Boston, eine Mission in Südafrika in Angriff zu nehmen. 1881 erhielt ein Missionar des American Board vom zuständigen Ngoni-Häuptling die Erlaubnis zu arbeiten, wo immer er wolle. Er begann seine Arbeit bei Inhambane und schloß sich 1889 der Episcopal Methodist Church an, die 1883 nach Mozambique gelangt war. Nach Gonçalves war die Episcopal Methodist Church die erste evangelische Kirche, die sich endgültig in Mozambique festsetzte. Ihre offizielle Anerkennung erfolgte erst 1909. 1885 begann auch die Free Methodist Church ihre Missionsarbeit in Mozambique. Die Mission Suisse Romande weitete, 1887 von Südafrika kommend, ihre Arbeit auf Mozambique aus. Sehr viel später kamen kamen 1930 die Igreja do Nazareno, 1931 die International Holiness Mission und 1935 die Adventisten. 1937 wurden die Baptisten anerkannt.

Damit haben wir Missionen und Kirchen aufgeführt, die in Mozambique legalisiert sind. Da Kirchen und Missionen in Mozambique genehmigt sein müssen, haben es Sekten schwer, sich zu bilden und zu existieren. Das bedeutet jedoch nicht, daß es sie gar nicht gibt, auch wenn sie offiziell unter Strafverfolgung stehen.

Gegenüber der katholischen Mission, die in Mozambique auf eine mehr als 400jährige Geschichte zurückblicken kann, ist die Arbeit der protestantischen Missionen also noch nicht einmal hundert Jahre alt, wobei die Gründungszeiten der protestantischen Missionen um 1885 oder danach liegen, nachdem die Resolutionen der Konferenz von Berlin auch Mozambique als Missionsgebiet öffneten. Portugal hat sich als kleine militärische Macht durch die Beschlüsse von Berlin einfach vergewaltigt gefühlt und wußte dem Ansturm der protestantischen Missionen nichts entgegenzusetzen.

Wie fast überall konzentriert sich auch in Mozambique die Arbeit der protestantischen Missionen auf die drei Aufgaben der Seelsorge, Krankenpflege und des Schulunterrichts. Die Bewegungsfreiheit und Aktionsmöglichkeit der einzelnen protestantischen Missionen und Missionare ist seit 1964 erheblich eingeschränkt und unterliegt ständiger Kontrolle. Der Einfluß der pro-

testantischen Missionen und Kirchen ist jedoch verhältnismäßig groß, vor allem in sozialer Hinsicht. Dabei muß es zu divergierenden Meinungen kommen, verglichen mit denen der Regierung. Das Verhältnis zwischen Regierung und protestantischen Missionen wird dadurch nicht verbessert, daß die finanziellen Mittel der Missionen aus dem Ausland kommen und die Majorität der Missionare Ausländer ist, von denen viele verdächtigt werden, mit den Rebellen zu sympathisieren. Dieser Verdacht ist nicht unbegründet, und mit Argwohn hat die Regierung zur Kenntnis genommen, daß die meisten Führer der Freiheitsbewegungen in Mozambique protestantischen Glaubens sind und evangelische Missionsschulen und Ausbildung durchlaufen haben, wie etwa Eduardo Mondlane, Sohn eines Häuptlings, Begründer der FRELIMO, ermordet 1969 in Daressalam. Auf diese Tatsache des protestantischen Führungskerns innerhalb der Freiheitsbewegungen hat mich 1974 bei meinem Aufenthalt in Mozambique der katholische Bischof von Tete erneut hingewiesen.
Sehen viele Schwarze in der katholischen etablierten Kirche zugleich auch ein Instrument der Kolonialherrschaft, so erscheint vielen Afrikanern die evangelische Missionsstation wie ein Hort der Geborgenheit. Aus jahrelanger Erfahrung als Direktor eines evangelischen Missionshospitals in Mozambique und theologischer Dozent weiß ich, in welche Konflikte solche erwartungsvolle Haltung führen kann. Wie verhält sich der Missionsarzt, wenn das Gesetz verlangt, sämtliche Schußverletzungen den Regierungsstellen zu melden, wenn jedoch zu ihm nachts FRELIMO-Kämpfer mit solchen Verletzungen kommen, um sich von ihm behandeln zu lassen? Meldet er sie, dann werden sie ein Opfer der gefürchteten PIDE, die es bezeugterweise gerade gegenüber Protestanten nicht an Grausamkeit fehlen läßt, selbst wenn sie Geistliche sind, um Geständnisse zu erzwingen. Meldet er sie nicht, dann kann er seines Aufenthaltsvisums verlustig werden, indem es heißt, er habe das Vertrauen der portugiesischen Regierung mißbraucht, denn von PIDE unter seinem Personal eingeschleuste Spitzel sorgen dafür, daß nichts von dem, was auf einer protestantischen Missionsstation geschieht, verborgen bleibt. Daran ändert auch die Tatsache nichts, daß der erste protestantische Bischof in Mozambique ein Afrikaner ist, nämlich Escrivão Zunguze.
Aber nicht nur der weiße protestantische Missionar steht im Verdacht, mit den Freiheitsbewegungen zu sympathisieren, sondern auch die Mitglieder protestantischer Kirchen, etwa der Presbyterianischen Kirche. Deren Gefangene sind in dem berüchtigten PIDE-Gefängnis Machava so lange gefoltert worden, bis sie "gestanden", daß die Kirche mit der FRELIMO zusammenarbeite. Einige von ihnen überlebten die Strapazen dieser Folterungen nicht, sondern starben, wobei die PIDE in einem Fall von Selbstmord sprach, obwohl es Zeugenaussagen gibt, die einen Freitod widerlegen.
Wie ich mich bei meinem letzten Aufenthalt 1974 in Mozambique über-

zeugte, waren und sind es besonders die Schwarzen in protestantischen Kirchen und auf protestantischen Missionsstationen, bei denen FRELIMO in hohem Ansehen steht. Dazu einige Streiflichter. Kaum hatten wir in Panga eine neue evangelische Kirche geweiht und die Menge strömte ins Freie, da waren auch schon zwei FRELIMO-LKWs zur Stelle und forderten die Gottesdienstbesucher auf, weiter in den Busch vorzudringen; dort würden sie von der FRELIMO mit Getränken versorgt. Daß diese freie Getränke-Ausgabe mit einer kräftigen Propaganda-Rede gewürzt war, ist selbstverständlich. An anderer Stelle wurde ich mit dem Landrover auf einer Missionsstation abgeholt. Es war dunkel geworden. Ich wollte einsteigen und glaubte, einen uniformierten portugiesischen Soldaten als Chauffeur zu erkennen. Doch der schwarze Fahrer beruhigte mich: "Ich bin Soldat der FRELIMO!" "Dann grüßen Sie die FRELIMO schön!" rief ich ihm erleichtert zu. Als ich in einer übervollen evangelischen Kirche in Lourenço Marques vor einer, von wenigen Missionaren abgesehen, völlig schwarzen Zuhörerschaft predigte und darauf einging, daß auch FRELIMO Unrecht auf sich geladen habe, da verließen aus Protest drei oder vier junge Männer die Kirche, obwohl mir die Gemeinde zuvor eine Stunde lang aufmerksam in der Predigt gefolgt war. "Für sie sind FRELIMO die Heiligen Kühe, die niemand anrühren darf", sagte mir anschließend ein Kirchenführer auf meine Frage, was diese jungen Leute zu ihrem Protest bewogen hätte. An anderer Stelle, als ich zu einer Konferenz von protestantischen Geistlichen und Theologiestudenten von der Gefahr sprach, daß sich die FRELIMO-Führer mit den chinesischen Kommunisten verbündeten und daß ich als Christ dies für bedenklich hielt, erwiderte mir einer der kommenden Männer jenes Landes, mit dem ich schon von früheren Jahren her eng vertraut war: "Vielleicht ist der chinesische Kommunismus für die FRELIMO die Geißel, die Jesus in die Hand nahm, um damit den Tempel zu reinigen."

Das ist mit ein Verdienst der protestantischen Kirchen und Missionen in Mozambique, durch ihre unabhängigen Missionare den Boden für eine geistige Auseinandersetzung geschaffen zu haben, die dem Schwarzen "von der Freiheit eines Christenmenschen" her eine neue gleichwertige Stellung neben dem weißen portugiesischen Kolonialherren einräumt und ihn sich auch gleichberechtigt vor Gott sehen läßt. Jemanden aber, der nicht mehr unter mir, sondern neben mir steht, kann ich nicht mehr bekämpfen. Ich erinnere mich der großen Notlage jenes jungen portugiesischen Soldaten, dem ich im Norden Mozambiques begegnete und in ihm den Sohn eines mir befreundeten weißen portugiesischen Missionars wiedererkannte. "Wie soll ich nun auf die FRELIMO-Leute schießen, nachdem ich begriffen habe, daß sie meine schwarzen Brüder sind und nur für ihre eigenen Interessen eintreten?" fragte er mich angsterfüllt. Hier ist die Saat evangelischer Predigt und Ethik aufgegangen und führte in das Dilemma, aus dem es keinen leichten Ausweg gibt.

Doch solche Freiheit kann auch mißverstanden werden. "Wenn die FRELIMO kommt", hörte ich einen alten schwarzen Christen sagen, "dann brauchen wir nie wieder zu arbeiten. Wir zahlen keine Steuern mehr, haben genug zu essen, und die Behandlung im Krankenhaus erhalten wir umsonst." Das war das Glaubensbekenntnis eines Mannes, der gelernt hatte, auf das Wort zu hören und vom Wort das Heil zu erwarten. FRELIMO-Propaganda hatte ganze Arbeit geleistet.

IV. Die Kirchen und die portugiesische Präsenz in Afrika

Die Haltung des Episkopats der portugiesischen Überseegebiete und des Heiligen Stuhls

Jean Villot

Der Vorbereitungsausschuß und die beiden Veranstalter der Bensberger Studienkonferenz, die evangelische "Arbeitsgemeinschaft Kirchlicher Entwicklungsdienst" und der "Katholische Arbeitskreis Entwicklung und Frieden" (Kommission Justitia et Pax in der Bundesrepublik Deutschland) waren bemüht, zu diesem Gespräch Spitzenvertreter beider Kirchen einzuladen. Bischof Tenhumberg hatte als Vorsitzender des Katholischen Arbeitskreises Entwicklung und Frieden aufgrund dieser Meinungsbildung ein Schreiben an Kardinalstaatssekretär Villot gerichtet. Sein nachstehend abgedrucktes Antwortschreiben und das Exposé werden im anschließenden Beitrag von Bischof Tenhumberg interpretiert.

Consilium pro Publicis Ecclesiae Negotiis
Aus dem Vatikan, den 22. November 1973
No. 6776/73

Euere Exzellenz!
Sie hatten am 24. Oktober die Güte mir mitzuteilen, daß die Kommission "Iustitia et Pax" der Bundesrepublik Deutschland, deren Präsident Sie sind, im Begriff steht, eine Studienkonferenz zur Situation in den afrikanischen Überseegebieten Portugals abzuhalten und daß Sie hierfür um die Entsendung eines Vertreters des Heiligen Stuhls bitten, der autorisiert ist, die Ansichten desselben zu diesem Fragenkomplex darzulegen.
Ich danke Euerer Exzellenz für Ihr freundliches Schreiben und gebe dem Wunsche und der Hoffnung Ausdruck, daß das geplante Treffen in der Lage sein möge, eine adäquate Kenntnis dieser nicht einfachen Fragen, in welche sich die Kirche häufig mit hineingestellt sieht, zu vermitteln.
Leider muß ich Ihnen aber mitteilen, daß die Entsendung eines Beauftragten des Heiligen Stuhls zu der Studienkonferenz hier nicht als tunlich erscheint. Sie würde unter anderem allzuleicht einen Präzedenzfall abgeben, der nachher von anderen Organisationen angerufen werden könnte: Der Heilige Stuhl wäre unmöglich in der Lage, alle Einladungen dieser Art anzunehmen. Andererseits ist die Einstellung des Heiligen Stuhls zu dem von der Kommis-

sion gewählten Thema bereits bekannt und der Rat für Öffentliche Angelegenheiten der Kirche hat erst im September in einer an die Generalversammlung der Päpstlichen Kommission "Iustitia et Pax" gerichteten Mitteilung auf sie Bezug genommen.
Es scheint mir in diesem Zusammenhang nützlich, Euerer Exzellenz beiliegend ein Exposé zu übersenden, in dem die Haltung des Episkopats der portugiesischen Überseegebiete und des Heiligen Stuhls kurz umrissen ist. Sie können sich desselben bedienen, wenn immer Sie es für gut erachten.
Der Heilige Stuhl ist sich bewußt, daß die Lage der Kirche in den portugiesischen Überseegebieten äußerst kompliziert ist. Dies verlangt von allen ein hohes Maß von Verantwortungsgefühl.
Ich verbleibe, mit dem Ausdruck meiner Hochschätzung und in mitbrüderlicher Verbundenheit,

                         Euerer Exzellenz im Herrn ergebener
                                  gez. J. Card. Villot

An Seine Exzellenz
Monsignore HEINRICH TENHUMBERG
Präsident der Kommission
"Justitia et Pax"
der Bundesrepublik Deutschland

Exposé

1. Die Bischöfe Angolas und von Mozambique weisen bei den verantwortlichen Behörden seit langem darauf hin. daß es erforderlich ist, die einheimische Bevölkerung sozial in jeder Weise zu fördern und daß man die Pflicht hat, sie an der öffentlichen Verwaltung zu beteiligen. In gemeinsamen im Laufe der vergangenen Jahre erlassenen Hirtenbriefen haben sie die Haltung der Kirche in den Fragen der Gerechtigkeit und des Friedens klar zum Ausdruck gebracht und sich dabei auf die konkreten Probleme des einzelnen, der Familie und der Gesellschaft in diesen Territorien bezogen.
Darüber hinaus haben die Bischöfe, wenn in dem Guerilakrieg, von dem jene Gebiete seit langem heimgesucht werden, von der einen oder der anderen Seite brutale Gewalt oder Willkür angewandt worden sind, eindeutig dagegen protestiert, auch wenn sie es in Anbetracht der besonderen Umstände für geeigneter und erfolgversprechender erachteten, ihre Schritte ohne äußeres Aufsehen zu unternehmen.
Angesichts der jüngsten weitverbreiteten Nachricht von Ausschreitungen in der Diözese Tete in Mozambique, hat der Vorsitzende der Bischofskonferenz es für angebracht angesehen, die dem Generalgouverneur sofort gemachte

Anzeige auch zu veröffentlichen. In ihr werden Gewaltakte, von welcher Seite sie auch begangen werden, verurteilt (cfr. "Osservatore Romano" vom 16. September 1973).

Was die Frage der Selbstregierung und der politischen Unabhängigkeit betrifft, so haben die Ordinarien der portugiesischen Überseegebiete unterstrichen, daß es ihnen nicht zustehe, konkrete Lösungsvorschläge zu machen, sondern daß dies Sache der verantwortlichen Behörden und der Bevölkerung sei.

2. Was die Haltung des Heiligen Stuhls angeht, so kann man feststellen, daß auch er — im Einklang mit den Schritten und Verlautbarungen der Bischöfe — es nicht unterlassen hat, sich für die Verteidigung der Menschenrechte, einschließlich des Rechtes der Selbstbestimmung, einzusetzen. Bekannte, auch in jüngster Zeit veröffentlichte päpstliche Verlautbarungen beweisen es.

Der Heilige Stuhl hat im übrigen gleichfalls darauf hingewiesen, daß es an sich nicht Aufgabe der Kirche ist, zu den konkreten Lösungen Stellung zu nehmen: über diese zu entscheiden obliegt vielmehr den Verantwortlichen des öffentlichen Lebens und, wie schon gesagt, der Bevölkerung, die dabei sowohl den geeigneten Zeitpunkt als auch die Verfahrensweise zu bedenken haben.

Der Heilige Stuhl hat darüber hinaus — besonders gelegentlich bestimmter Vorkommnisse, wie zum Beispiel derer, die jüngst die Öffentlichkeit in Erregung versetzt haben — wiederholt Schritte unternommen (zumeist in der Form von direkten Kontakten, weil dies als angebrachter und erfolgversprechender erschien) um zu verlangen, daß etwaige Fälle von Willkür oder Gewaltanwendung untersucht, die Schuldigen bestraft und traurige Vorfälle dieser Art in Zukunft durch wirksame Maßnahmen verhindert werden. Man darf in diesem Zusammenhang auch auf die mittägigen Ansprachen des Heiligen Vaters am 15. und 22. Juli und am 16. September hinweisen.

3. Häufig wird in den Anschuldigungen, die man gegen den Heiligen Stuhl richtet, auf seine mit Portugal geschlossenen Verträge angespielt. Diesbezüglich ist zu sagen, daß diese auf das Jahr 1940 zurückgehenden vertraglichen Bindungen, wie jedwede Bindungen dieser Art mit anderen Staaten, nicht bedeuten, daß der Heilige Stuhl die betreffende Regierung oder deren Politik unterstützt oder gutheißt: sie sind vielmehr ein Übereinkommen mit dem Zwecke, die Rechte der Gläubigen und der Kirche zu garantieren.

Möglichkeiten und Chancen eines kirchlichen Beitrags zur Konfliktlösung

Heinrich Tenhumberg

Das vorstehende Exposé, das mir Kardinalstaatssekretär Villot mit Schreiben vom 22. November 1973 übersandte, ist offensichtlich eigens für die Studienkonferenz in Bensberg entworfen und gutgeheißen worden. Daher kommt dem Text eine besondere Bedeutung zu, und es dürfte sich lohnen, ihn genau zu studieren. Ich bin nicht legitimiert, jetzt meinerseits eine offizielle Interpretation dieses Textes zu geben. Ich will nur freimütig jene Punkte nennen, die mir beim Studium dieses Textes in den letzten zwei Tagen aufgegangen sind.

Ich will die Einzelheiten nicht wiederholen, die mehr oder weniger selbstverständlich sind, das heißt, die Sorge um die einheimische Bevölkerung, ihre soziale Entwicklung, Beteiligung an öffentlicher Verwaltung, Einsatz für Gerechtigkeit und Frieden allgemein, diese Punkte darf ich bezüglich der Grundlinien des Heiligen Stuhls als bekannt voraussetzen.

Was mir wichtig zu sein scheint, sind die folgenden Punkte:

1. Was die Frage der Selbstregierung und der politischen Unabhängigkeit betrifft, so haben die Ordinarien der portugiesischen Überseegebiete unterstrichen, daß es ihnen nicht zustehe, konkrete Lösungsvorschläge zu machen, sondern daß dies Sache der verantwortlichen Behörden und der Bevölkerung sei. Der erste Satz ist selbstverständlich. Die Kirche, keine Kirche ist in der Lage, kraft ihrer eigenen Kompetenz für politische Vorgänge konkrete Lösungsvorschläge zu machen. Sie würde ihre Kompetenz überschreiten, wenn sie mit dem Anspruch, Recht zu haben, solche Vorschläge vorlegen würde. Sie würde ihre moralische Autorität mißbrauchen. Aber der Nachsatz, wer denn nun verantwortlich sei, sollte genau gelesen werden. Es heißt dort: "sondern daß dies Sache der verantwortlichen Behörden und der Bevölkerung sei". Hier liegt ein ausdrücklicher Hinweis auf die Mitverantwortung der Bevölkerung. Das kann hier nur heißen: sowohl der Bevölkerung der portugiesischen Überseegebiete wie auch selbstverständlich, soweit es Portugal, das Mutterland, betrifft, der portugiesischen Bevölkerung.

2. Es wird noch augenfälliger, daß dies kein zufälliger Satz ist, wenn man unter Ziffer 2 die Formulierung nachliest, die dort der Heilige Stuhl für seine eigene Positionsbeschreibung wählt. Es heißt im zweiten Abschnitt: "Der Heilige Stuhl hat im übrigen gleichfalls darauf hingewiesen, daß es an sich nicht Aufgabe der Kirche ist, zu den konkreten Lösungen Stellung zu neh-

men· über diese zu entscheiden obliegt vielmehr den Verantwortlichen des öffentlichen Lebens und, wie schon gesagt, der Bevölkerung, die dabei sowohl den geeigneten Zeitpunkt als auch die Verfahrensweise zu bedenken hat." Da ist noch einmal, und wie mir scheint, mit noch größerer Deutlichkeit, indem man Zeitpunkt und Verfahrensweise auch den Verantwortlichen des öffentlichen Lebens und der Bevölkerung anheim gibt, die Bedeutung dieser gewählten Formulierung unterstrichen.
3. Das steht in Zusammenhang mit dem ersten Abschnitt dieser zweiten Ziffer, nämlich daß die Grundhaltung des Heiligen Stuhles nicht allgemein mit der Verteidigung der Menschenrechte beschrieben, sondern darauf hingewiesen wird, daß das die Verteidigung des Rechtes auf Selbstbestimmung einschließt: "einschließlich des Rechtes der Selbstbestimmung einzusetzen", heißt es dort. Und es wird der Hinweis auf veröffentlichte päpstliche Velautbarungen gegeben, womit sowohl "Octogesima Adveniens", die Verlautbarung zum 80. Jahrestag der Sozialenzyklika "Rerum Novarum" gemeint sein dürfte als auch die übrigen sozialen Äußerungen des Papstes, insbesondere auch in "Populorum Progressio".
4. Schließlich ist auch die Formulierung zu bedenken, die das Staatssekretariat bezüglich der Verträge wählt. Es heißt dort, daß diese Verträge nicht bedeuten, daß der Heilige Stuhl die betreffende Regierung oder deren Politik unterstützt oder gutheißt. Sie sind vielmehr ein Übereinkommen mit dem Zwecke, die Rechte der Gläubigen und der Kirche zu garantieren. Sie sind also Zweckmäßigkeitsabkommen und keine Vereinbarung über eine weitergehende Solidarität, als sie vom Text, also von diesem Zweck her geboten ist.
In dem Zusammenhang erlaube ich mir noch einige Bemerkungen über die Zielvorstellung dieser Studienkonferenz und die Zielvorstellung der Träger für diese Studienkonferenz und versuche damit ein klein wenig über das Heute hinauszudenken; denn auch ein Studium will ja einen Sinn haben für ein späteres Handeln. Die beiden Träger sind kirchliche Einrichtungen.
Ihr erstes Ziel war es, hier eine Plattform der Information zu bieten und eine Breite der Information zu ermöglichen, wie sie offensichtlich in Deutschland bisher weitgehend vermißt wurde. Ob das in ausreichendem Maße gelungen ist, das ist sehr wohl zu fragen. Wir sind uns selber des Versuchscharakters einer solchen Studientagung bewußt und würden für eine Fortsetzung gewiß einiges aus der heutigen Tagung zu lernen haben. Anderseits aber glaube ich, daß hier doch eine Gelegenheit bestand, die Problemlage aus ganz verschiedener Sicht kennenzulernen und durch Rückfragen eine immer bessere und präzisere Information zu erreichen.
Diese unsere Absicht war zweitens sodann aber ergänzt von dem Wunsch im Hinhören auf die Berichte zur Lage zugleich mitzuhören, wie sich denn verantwortliche Personen aus diesen Bereichen eine mögliche Konfliktrege-

lung oder gar eine Zukunftslösung vorstellen. Dieser Aspekt mußte naturgemäß etwas zurücktreten gegenüber dem der bloßen Information, weil wir sonst die verantwortlichen Spitzen eigentlich an den Tisch hätten bitten müssen; das aber wäre zumindest auf einer ersten Veranstaltung illusorisch gewesen. So mußten wir uns darauf beschränken, aus den hier gebotenen Informationen und den hier vorhandenen Informationsträgern etwas herauszuhören, was möglicherweise auf Konfliktlösungen hinweisen könnte. Unsererseits hoffen wir, durch Information und eine damit verbundene Bewußtseinsbildung dazu beitragen zu können, daß eines Tages Vertreter Portugals und Vertreter der Befreiungsbewegungen an den Verhandlungstisch kommen. Unsere beiden kirchlichen Gruppen verstehen sich als Mittler zum Frieden und möchten darum gerade durch solche spannungsgeladene Veranstaltungen jenen Prozeß der Bewußtseinsbildung einleiten, der eben Voraussetzung dafür ist, daß die sich auseinandersetzenden Parteien, die sich bekämpfenden Gruppierungen, einsehen, daß der Friede eben nur durch gemeinsame Bemühungen, also auch durch gemeinsame Verhandlungen erreichbar ist.

Drittens schließlich: beide Kirchen sehen ihre Verantwortung auch darin, daß sie über den eigenen nationalen Bereich hinaus an der Bewußtseinsbildung bei den Verantwortlichen der Kirchen in den anderen Ländern mitarbeiten und umgekehrt durch Informationen etwa aus den Bischofskonferenzen und Kirchenleitungen anderer Länder ihrerseits die eigene Bewußtseinsbildung und möglicherweise notwendige Entscheidung ergänzen zu lassen. Bisher waren die Kontakte etwa der Deutschen Bischofskonferenz zu den Episkopaten anderer europäischer Länder und erst recht zum afrikanischen Episkopat relativ unorganisiert, relativ gering. Gerade die heutige Tagung hat mir deutlich gemacht, daß wir an der Verständigung unter den Völkern zur Vermittlung von Informationen zur Konfliktregelung nur dann beitragen können, wenn solche Kontakte mit anderen Episkopaten verstärkt werden. Und ich möchte sehr hoffen, daß alle Beteiligten, in diesem Falle meine ich hier die beteiligten Episkopate, aber vor allen Dingen auch die beteiligten politischen Mächte, sowohl die portugiesische Regierung als auch die Freiheitsbewegungen, es der Selbstlosigkeit und recht verstandenen Verpflichtung der Kirchen zur Neutralität im Dienste aller Menschen zubilligen, daß sie in Freiheit diese Kontakte wahrnehmen und — ohne der Einseitigkeit verdächtigt zu werden — auch Modelle zur Konfliktregelung und Lösungsvorschläge wie Informationen frei austauschen können.

In diesem Zusammenhang möchte ich Sie hinweisen auf die gemeinsamen Bemühungen unserer beiden kirchlichen Gremien und nicht zuletzt auch auf die Projekte des Katholischen Arbeitskreises Entwicklung und Frieden und ihrer Wissenschaftlichen Kommission, die sich seit Jahren im Auftrag der Bischofskonferenz speziell mit dem Schwarz-Weiß-Konflikt in Afrika und infolgedessen auch mit den hier gestern und heute behandelten Problemen zu befassen hat. Ich verspreche mir von der Vorlage solcher qualifizierter Dokumente einen bedeutsamen Fortschritt in der Bewußtseinsbildung aller Verantwortlichen, nicht zuletzt auch der Kirchen in Afrika und in Europa.

Gewiß ist dieser Weg etwas langwieriger, als ihn vielleicht manche sich wünschen möchten. Wir glauben andererseits aber, daß nach einer so unglücklichen Vergangenheit im Verhältnis Europa und Afrika nun eine Zeit zwar energischer, aber doch auch geduldiger Besinnung einsetzen muß, um neue Formen der Zusammenarbeit und der gegenseitigen Ergänzung zu suchen. Denn in aller Bescheidenheit sei es gesagt: Ich habe den Eindruck, daß wir, auch wir Deutschen hier, über dem besonderen Problem Portugal, Mozambique, Angola und Guinea-Bissau ein wenig übersehen haben, daß dieses Teilproblem im Zusammenhang mit einem viel größeren historischen und politischen Problem steht, nämlich dem Verhältnis Europas zu Afrika überhaupt. Und so lange wir nicht den Mut haben, das ehrlich mit ins Spiel zu bringen, sind wir in Gefahr, so oder so einseitig zu urteilen. Und wenn wir die Hoffnung hegen, daß wir gerade auch von Deutschland aus ein klein wenig zur Lösung der Probleme beitragen können, dann bitte ich Sie alle, beim Weiterbedenken über die Ergebnisse und Erfahrungen dieser Tagung doch diesen Gesamtaspekt Europa/Afrika nicht zu übersehen.

Frage (Herr Prömpers):
Herr Bischof. Wie würden Sie unter dem Licht dieses Briefes aus Rom jetzt die Aktivitäten beurteilen, die von der Katholischen und Evangelischen Jugend und ihrem gemeinsamen Entwicklungspolitischen Arbeitskreis bereits in diesem Jahr ausgegangen sind hinsichtlich des Angola-Sonntags am 23. September, der ja zunächst von der Deutschen Bischofskonferenz sehr abwartend, um nicht zu sagen ablehnend beurteilt worden ist? Wie würden Sie also jetzt diese Initiativen, die da bisher stattgefunden haben, beurteilen?

Bischof Tenhumberg:
Der Angola-Sonntag oder die Planung des Angola-Sonntags litt meines Erachtens daran, daß in beiden Kirchen zu wenig mit den infrage kommenden Leitungsstellen abgesprochen worden war. Die Festlegung solch eines Sonntags ist selbstverständlich jeder Organisation freigestellt. Wenn aber dafür die amtlichen Stellen der Kirchen nicht nur im Sinne einer Genehmigung, sondern einer Mitdurchführung in den Gottesdiensten in Anspruch genommen werden sollen, dann gehört es dazu, daß es vorher in den Leitungsgremien der Kirchen auch entsprechend vorgeplant und überdacht werden kann. Und schließlich wissen Sie ja selbst, daß das Material dafür auch einige Kritik wegen beanstandeter Einseitigkeit erfahren hat.

Herr Prömpers:
Das ist richtig mit der Einseitigkeit des Materials. Aber ich würde das nicht so stark bewerten, wie es bewertet worden ist. Ein weiteres Problem scheint mir zu sein, auf das wir bereits bei unseren Aktionen gestoßen sind, daß sehr viele Pfarrer am Ort, vor allem im katholischen Bereich, starke Einwände gegen diesen Angola-Sonntag hatten; und das sicherlich nicht nur wegen der Einseitigkeit des Materials, sondern aus der prinzipiellen Erwägung, daß man einen Sonntag wie diesen nicht unter ein solches Problem stellen kann. Ich möchte beispielsweise Kardinal Höffner zitieren, der dazu sagte, man könne so lange keinen Sonntag über Angola veranstalten, so lange nicht faktisch und juristisch festgestellt sei, wo in diesem Fall die Schuld liegt.

Bischof Tenhumberg:
Es ist tatsächlich — ich darf das für den katholischen Bereich sagen, weiß es aber auch aus Gesprächen mit der evangelischen Kirchenleitung, daß da die Situation im Prinzip genau so liegt — für die Kirchenleitung sehr schwer, eine Aktion, die eine gewisse Einseitigkeit mit sich bringt, wie sie geplant war, verbindlich als quasi gottesdienstliche Veranstaltung oder mit gottesdienstlicher Veranstaltung verbundene kirchliche Aktion einzuleiten oder zu genehmigen, wenn es nicht gar unmöglich ist vom Selbstverständnis der Kirchen und vom rechten Verständnis des Gottesdienstes her. Was in den Gottesdienst hineingehört, darf tatsächlich nicht in irgend einer Form als parteilich mißverstanden werden. Daß es Parteilichkeit in gewissem Grade geben muß, wenn es etwa um Menschenrechte geht, ist klar. Aber hier kam ja noch dazu, daß zum mindesten die Richtigkeit der Informationen, die da angeboten wurden, auch bestritten war. Und schließlich ist es eine Frage, ob wir das Kirchenjahr auf die Dauer eben einteilen sollen in meinetwegen einen Sonntag Menschenrechte in Rußland, einen zweiten Sonntag Angola-Frage, einen dritten Sonntag Gastarbeiter, einen vierten Sonntag ich weiß nicht was. Es muß das also auch mit einem rechten pastoralen Sachverstand wohl bedacht werden, was sowohl den Gemeinden zumutbar ist und was auch dem Selbstverständnis der Kirche mit ihrem Gottesdienst zugemutet werden kann. Es wäre zu überlegen, ob nicht solche Aktionen andere Formen der innerkirchlichen Meinungsbildung suchen sollten, als sofort auf das Zentrum, nämlich auf die Liturgie, den Gottesdienst zu gehen. Da gibt es eine breite Skala von Möglichkeiten, und man sollte nicht sofort den ganzen Bereich der Kirche von ihrem Zentrum her bis an alle Ränder in Anspruch nehmen wollen, wenn man erst einmal andere Möglichkeiten wahrnehmen müßte, um überhaupt die Voraussetzung für das Ankommen solcher Informationen sicherzustellen.

Dr. Abdoulaye-Guimbous:
Herr Bischof, im Hinblick auf den jetzigen Zustand in Afrika — und es
handelt sich um einen Krieg, und in diesem Krieg werden Menschen täglich
erschossen — kann man da ständig die Problemlösung abschieben oder ver-
schieben? Das widerspricht doch gerade der Offenbarung Christi und dem
Evangelium. Deshalb meine Fragestellung: Sehen Sie oder sehen die Veranstalter keine Möglichkeit, nicht nur mit rhetorischen Auseinandersetzungen die sofortige Beendigung des Krieges zwischen Afrikanern und Europäern durch praktische Schritte zu erreichen? Etwa dadurch, daß ein Aus-
schuß vielleicht zunächst als initiative Gruppe aus diesem Land, wo genau
die heutigen Verhältnisse durch Ergebnisse der Berliner Konferenz zustande
gekommen sind, daß also einige Verantwortliche die Parteien zu friedlichen
Verhandlungen an einen Tisch bringen könnten? Sehen Sie keine Möglichkeit diese Initiative praktisch, verantwortungsbewußt, nach der evangelischen Bekundung zu unternehmen? Zweitens, Herr Dr. Miranda hat wiederholt, daß Portugal bereit sei, mit afrikanischen Staaten zu reden. Besteht
keine Möglichkeit, dieses Angebot oder diese Bereitschaft sinngemäß und
verantwortungsbewußt zu verbreiten und vielleicht dadurch auch die Haupt-
akteure, die Vertreter der Befreiungsbewegung, in diese Vertretung von
afrikanischen Staaten einzubeziehen?

Bischof Tenhumberg:
Die Beantwortung dieser Frage, wenn sie Sinn haben soll, ist sehr schwer.
Ich könnte sofort zusichern, daß ich bereit wäre, eine Gelegenheit wahrzu-
nehmen, etwa den Heiligen Stuhl zu bitten, an die Vertreter der beiden
kämpfenden Parteien heranzutreten mit der Aufforderung, sich über eine
Friedensregelung zu unterhalten. Ich habe in den Vorbereitungen für diese
Informationstagung allerdings erfahren müssen, daß offensichtlich der
Graben zwischen diesen beiden Seiten so tief ist, daß mir zur Zeit eine solche
Hoffnung illusorisch zu sein scheint. Sodann wäre zu prüfen, ob die Kirche,
die katholische Kirche, dann der rechte Partner wäre, die beiden an einen
Tisch zu bringen. Es spräche dafür, daß sie möglicherweise bei beiden Seiten
Autorität hat. Aber es ist die Frage, ob die Kirche in der Lage ist, eine
solche Schiedsrichterrolle mit einiger Aussicht auf Erfolg durchzuhalten.
Frühere Versuche solcher Art sind in der Regel gescheitert. Denn zur Regelung der Konfliktsituationen genügt ja nicht allein der gute Wille und der
moralische Appell; den kann die Kirche leisten. Sondern es ist auch der nöti-
ge Sachverstand und der Interessenausgleich erforderlich zwischen den je
verschiedenen politischen, ökonomischen und sozialen Interessenlagen.
Es würde also die Lösung des Konfliktes, nach meiner Ansicht politisch nicht
möglich sein ohne Einbeziehung etwa der Aspekte der Ostblockstaaten,
besonders Rußlands und Chinas, und der Aspekte der NATO. Erst recht muß

das ins Spiel gebracht werden, wenn wir die Meldung über das Auffinden des Ölvorkommens in Angola ernst nehmen. Das ist dann ein Punkt, in dem wahrscheinlich selbst der gute Wille der Freiheitsbewegungen und Portugals allein nicht mehr genügen würde, um zu einem Übereinkommen zu gelangen. Da müßte wahrscheinlich die größere internationale Politik mit ins Spiel gebracht werden.

Was aber kann die Kirche tun? Ich habe das eben zu formulieren versucht. Sie kann durch die ihr möglichen Wege der Bewußtseinsbildung den Zeitpunkt herbeizuführen suchen, und zwar möglichst rasch herbeizuführen versuchen, an dem unter dem Druck der öffentlichen Meinung und unterrichtet über das beiderseitige Interesse und möglicherweise unterstützt von anderen großen Meinungsgruppen in der Welt und in der Weltpolitik, diese beiden genannten Partner der Freiheitsbewegungen und Portugals — vielleicht in jeweiliger Absprache mit den Vertretern der internationalen Politik — tatsächlich an den Verhandlungstisch kommen. Ich möchte die Konfliktsituation zwischen Angola, Mozambique und Guinea, den afrikanischen Besitzungen oder Territorien und Portugal vergleichen mit den Verwicklungen des Nah-Ost-Konfliktes, bei dem sich auch gezeigt hat, daß der gute Wille Israels und der Araber allein nicht genügt, sondern daß dieser Konflikt nur verstanden und gelöst werden kann im Gesamtzusammenhang des Ost-West-Konfliktes, bei dem wiederum politische und ökonomische Interessen eine große Rolle spielen.

Mir scheint darum, daß wir für die nächsten Jahre als Kirchen die Hauptaufgabe darin sehen sollten, sachliche Informationen zu leisten und den Prozeß der Meinungsbildung zu beschleunigen. Und dazu dienen eben die uns zugänglichen Instrumente, wie die Arbeiten der Wissenschaftlichen Kommission, unsere Kontakte mit den anderen Episkopaten und erst recht die zwischenkirchlichen Bemühungen und die gemeinsamen kirchlichen Bemühungen auch bei den internationalen Gremien. Da müssen wir vielleicht mehr tun. Vielleicht wird es ein Ergebnis dieser Tagung sein, daß sich unsere beiden kirchlichen Träger konkret mit der Frage befassen müssen, ob sie etwa einen Weg finden, einmal legitimierte Vertreter beider Seiten zu einem Informationsaustausch irgendwo zusammenbringen. Der Versuch sollte meines Erachtens geschehen. Aber ich bin nicht sehr optimistisch, daß er zumindest von uns aus im ersten Anlauf gelingen könnte.

Überlegungen zum Verhältnis der westeuropäischen Kirchen zur Situation in Portugal und seinen afrikanischen Überseegebieten

Gerhard Grohs

I.

Wenn ich versuche, einige Überlegungen zum Verhältnis der Kirchen zur Situation in Portugal und seinen afrikanischen Überseeterritorien vorzulegen, so will ich mich dabei vor allem auf die Kirchen in Westeuropa beschränken, da über die Haltung der portugiesischen Kirchen bereits in den vorhergehenden Referaten berichtet wurde und eine Erklärung des Vatikans dazu vorliegt. Der Begriff Kirchen ist natürlich mehrdeutig und bedarf der Erläuterung. Auf katholischer Seite sind damit die nationalen Kirchen in England, der Schweiz, Belgien, der Bundesrepublik, Frankreich und den Niederlanden gemeint, auf protestantischer Seite handelt es sich um die dem Weltkirchenrat gehörenden Kirchen in den westeuropäischen Ländern. Nicht alle diese Kirchen haben durch ihre Kirchenleitungen zu den Problemen in Portugal und seinen Überseeterritorien Stellung genommen und oft haben internationale christliche Organisationen wie Justitia et Pax diese Funktion übernommen. Allerdings hat auch Schweigen seinen politischen Stellenwert, wenn es auch durchaus nicht immer als "Zustimmung" ausgelegt, mitunter jedoch juristisch als konkludentes Handeln betrachtet werden kann. Bei der Beurteilung der verschiedenen Äußerungen ist als soziologisches Faktum zu beachten, daß die höchsten Entscheidungsebenen von sozialen Institutionen, ob es um Kirchenleitungen, Gewerkschaftsvorstände oder Parteiführungen geht, meistens sehr allgemeine statements und diese nach langwierigen Konsultationen abgeben, während die beweglicheren, auf wenige Gruppen oder Personen Rücksicht nehmenden Gremien wie die Studentengemeinden oder spezialisierte Gruppen wie Justitia et Pax sehr viel schneller und konkreter Stellung nehmen können oder wollen als die langsam, vorsichtig und schwerfällig arbeitenden kirchlichen Entscheidungsinstanzen.
Allerdings ist damit nicht ausgeschlossen, daß die beweglichen, spezialisierten Gruppen oft um Jahre die schließliche Stellungnahme der oberen Gremien vorwegnehmen, wie man zum Beispiel an der Entwicklung kirchlicher Stellungnahmen zum Vietnamkrieg und zum Rassismus-Problem ablesen kann.[1] Dabei kann man etwa drei Phasen unterscheiden: die erste Phase besteht darin, daß Minderheiten durch ihre nur sehr beschränkten Teile der Öffentlichkeit zugängliche Literatur-Proteste äußern. In der zweiten

Phase gelingt es ihnen teilweise auch die Massenmedien und mittlere Entscheidungsinstanzen zu erreichen und in der dritten Phase können sie einzelne oder alle offiziellen Institutionen auf ihre Seite bringen. Diese schließliche ganze oder teilweise Akzeptierung des Minderheiten-Standpunkts impliziert allerdings auch, daß zeitweise klar vorliegende Minderheiten ausgeschaltet werden, wie es etwa die Geschichte der Kirchen im nationalsozialistischen Deutschland und im faschistischen Italien gezeigt hat. Das wiederum hindert aber manchmal die offizielle Kirche nicht, nach einer gründlichen Veränderung der politischen Situation eben diese Minderheiten im Nachhinein zu Repräsentanten der "wahren Kirche" zu ernennen. Die Geschichte der Instrumentalisierung innerkirchlicher Minderheiten durch die offizielle Kirche ist noch nicht geschrieben, wäre aber sicherlich einer Untersuchung wert. Im Falle Portugals und seiner afrikanischen Politik befinden wir uns in jener zweiten Phase, in der kirchliche Minderheiten schon eine Reihe von Stellungnahmen publiziert und bereits sowohl auf den Kirchentagen als auch in der kirchlichen Publizistik einen Durchbruch erzielt haben. Offizielle Stellungnahmen oberer kirchlicher Organe sind auf evangelischer Seite vereinzelt festzustellen, aber eher in jener vagen Form, die schon beschrieben wurde, auf katholischer Seite sind sie ebenfalls zu beobachten, aber noch in widersprüchlicher Form, wenn man etwa die Stellungnahme von Kardinal Döpfner mit derjenigen des Bischofs von Lausanne oder des holländischen Kardinals Alfrink vergleicht. Der Vatikan hat bisher hartnäckig geschwiegen, während der Weltkirchenrat, dessen Kompetenz allerdings überhaupt nicht mit der des Vatikans zu vergleichen ist, da er keinerlei die Einzelkirchen bindende Beschlüsse fassen kann, sich wie auch in anderen Fällen der allgemeinen Politik der Vereinten Nationen anschloß, also für eine Unabhängigkeit der portugiesischen Überseeterritorien und gegen die portugiesische Afrika-Politik aussprach. Da die Beschlüsse des Weltkirchenrats von Uppsala 1968, Arnoldshain 1970 und Addis Abeba von 1971 bekannt sind, brauche ich auf sie nicht näher einzugehen.[2] Sie sehen humanitäre Hilfe für Befreiungsbewegungen vor, wobei vorrangige Bedeutung wie es in den Beschlüssen von Arnoldshain heißt "den Verhältnissen in Südafrika zukommt, wo der weiße Rassismus offen und brutal vorgeht und die wachsende Bewußtwerdung der Unterdrückten in ihrem Kampf um Befreiung zu verzeichnen ist". Auf die besondere Situation in Mozambique, Angola und Guinea Bissao wird nicht explizit eingegangen, sondern es wird nur gesagt, daß die Mittel für soziale und Gesundheitsprojekte der Frelimo, der MPLA und der PAIGC zur Verfügung gestellt werden. Daneben wird aber, was oft übersehen wird, auch an die europäischen Kirchen appelliert[3], "die militärischen politischen industriellen und finanziellen Strukturen ihrer Länder zu untersuchen und zu analysieren, um zu entdecken und beim Namen zu nennen, wo diese Strukturen an der Verfestigung des Rassismus und rassische

Diskriminierung im Rahmen der Innen- und Außenpolitik ihrer Länder beteiligt sind oder Rassismus unterstützen, und ihre Ergebnisse im Rahmen des Programms zur Bekämpfung des Rassismus zu koordinieren".

II.

Bevor ich die verschiedenen Möglichkeiten kirchlichen Handelns, die den europäischen Kirchen offenstehen und die die eine oder andere christliche Gruppe von ihnen erwartet, erörtere, möchte ich zunächst die *nichtbestrittenen Faktoren* erwähnen, die kirchliche Reaktionen auslösen können. Sodann werde ich versuchen, einige Prinzipien zu entwickeln, an denen kirchliches Handeln sich angesichts dieser Fakten orientieren könnte.
1. Das erste Faktum besteht darin, daß sich die großen europäischen Kolonialmächte England, Frankreich, Belgien, Deutschland und bis auf kleine Reste auch Spanien aus Afrika zurückgezogen haben und die Unabhängigkeit der von ihnen okkupierten Gebiete teilweise auch auf Druck von afrikanischen Gruppen und der Kirchen aktiv herbeigeführt oder zumindest akzeptiert haben. Das Prinzip der Selbstbestimmung der Völker wurde für Afrika von diesen Kolonialmächten offiziell anerkannt.
2. Portugal, das keine demokratische Verfassung wie die ehemaligen Kolonialmächte hat, hat sich dieser Haltung nicht angeschlossen und erklärte seine ehemals von ihm selbst als Kolonien bezeichnete Territorien zu integralen Bestandteilen des Mutterlandes.
3. Diese Haltung wird sowohl von den Vereinten Nationen als auch von dem Teil der Bevölkerung, der sich in den von der UNO und von den übrigen afrikanischen Staaten anerkannten Befreiungsbewegungen zusammengeschlossen hat, nicht anerkannt und bekämpft.
4. Seit 1961 besteht ein bewaffneter Konflikt zwischen den Befreiungsbewegungen und Portugal immerhin in einem solchen Ausmaß, daß Portugal ca. 150.000 Soldaten in seinen afrikanischen Überseeterritorien stationieren muß, eine für ein Land von ca. 9 Millionen Einwohnern vergleichsweise große Armee.
5. In diesem Konflikt stehen *auf beiden Seiten Christen*: auf portugiesischer Seite, da sich die portugiesische Regierung trotz Trennung von Kirche und Staat als christlich versteht und sowohl die Soldaten und Militärpfarrer als auch die katholische Hierarchie, die den Standpunkt der Regierung unterstützt, dieses als Christen tun. Aber auch auf der Seite der Befreiungsbewegungen gibt es viele Christen, von dem ermordeten Führer der FRELIMO Dr. Mondlane angefangen bis zu jenen Katecheten und einfachen Christen, die in der FRELIMO oder MPLA oder in der GRAE oder COREMO organisiert sind.

6. Hinzukommt, daß sich auch innerhalb der katholischen Kirche Konflikte angebahnt haben. Der *Bischof von Porto* hat verschiedentlich öffentlich seine Ablehnung des Kolonialkrieges in Afrika betont. 1965 veröffentlichte eine Gruppe von 54 portugiesischen Akademikern eine Studie unter dem Titel "Wenn Menschenrechte auf dem Spiele stehen", 1969 wurde auf einer abendlichen Veranstaltung nach einem Friedensgottesdienst die Kirche von Christen der Feigheit geziehen, weil sie den Krieg in Afrika nicht verurteilt. *Joquim Pinto de Andrade,* der Kanzler der Diözese Luanda, hatte sich offen gegen die Verurteilung und Behandlung kritischer Christen gewandt und wurde selbst am 30. Juni 1960 verhaftet und damit zum Symbol christlichen Widerstandes in Angola. 22 Missionare vom Heiligen Geist in Angola, alle Portugiesen, klagten 1970 die Kirche an: "Unsere Kirche in Angola versucht nicht ein einziges Mal herauszufinden, wie das afrikanische Volk sich selbst, seinen Selbstwert und den eigenen Ausdruck wiederentdecken könnte, so daß es in den brüderlichen Dialog mit jener europäischen Kultur eintreten könnte, die wir ihm einfach auferlegen."[4] *Der Brief der Weißen Väter* ist Ihnen bekannt und auch die Äußerungen von spanischen und italienischen Patres im Zusammenhang mit der Diskussion über die "Massaker" in Mozambique.[5]

Weniger bekannt dürfte sein, daß der *Bischof von Nampula,* Vieira Pinto, und der *Priesterrat von Beira* sich nicht derartig defensiv gegenüber der Ausweisung der Weißen Väter verhalten wie die Bischofskonferenz. Sie erklärten: "Wir können die verleumderischen Aussagen, die unbegründeten Verdächtigungen und die üblen Kritiken nicht hinnehmen, die gegen die "Priester und Ordensleute von Beira" oder gegen die Missionare geäußert werden, ... wir würden die Glaubhaftigkeit unserer gemeinsamen Brüderlichkeit und unserer Berufung als Kinder der Wahrheit leugnen, wenn wir schweigen würden zu der ungerechten Ausweisung von Mgr. Duarte de Almeida und wenn wir unsere Dankbarkeit gegenüber den Weißen Vätern für ihre hervorragende Arbeit auf dem Gebiet der Entwicklung und Glaubensverkündung in den Missionsstationen dieser Diozese nicht zum Ausdruck bringen würden, nachdem sie uns 25 Jahre ihre Großmut bewiesen haben."

Alle diese Zeugnisse beweisen, daß es außer der offiziellen, schweigsamen Kirche in Portugal, die teilweise sogar den Kolonialkrieg unterstützt, eine Kirche gibt, die dagegen protestiert und auf Beendigung des Krieges durch Verhandlungen drängt.

III.

Angesichts dieser Fakten, die ich kurz zusammenstellte und die durch weitere ergänzt werden können, stellt sich die Frage, welche Möglichkeiten den

westeuropäischen Kirchen offenstehen.
1. Die erste Möglichkeit wäre die, sich nicht in die Angelegenheiten der portugiesischen Kirche einzumischen, da diese souverän ist und allenfalls vom Vatikan beeinflußt werden kann.
2. Diese legalistische Position wird von denen kritisiert, die auf die christliche Gemeinschaft hinweisen, die nicht an nationalen Grenzen halt macht, insbesondere dann nicht, wenn die Regierung des eigenen Landes am Unrecht beteiligt ist, das in jenem Lande oder durch die Regierung jenes Landes begangen wird, dessen Kirche aus Angst, Zwang oder Blindheit nicht für die Rechte der Christen, für Frieden und Gerechtigkeit offen einzutreten vermag.
Die zunehmende internationale Verflechtung macht auch vor den Kirchen nicht halt. Daraus ziehen Kirchenführer wie Kardinal Alfrink oder anglikanische Bischöfe im Falle Südafrikas oder auch die Synode der Evangelischen Kirche in Deutschland, zum Beispiel in ihrer Stellungnahme zur Politik Südafrikas, die Konsequenz, daß im Namen Christi dazu öffentlich Bekenntnis für die Verfolgten und Unterdrückten abgelegt werden muß. Karl Barth hat immer den Standpunkt vertreten und praktiziert, daß die Tatsache, daß er in der Schweiz lebte, ihn nicht daran hindern durfte, klar und deutlich zu den Pflichten der Kirche und Christen in Deutschland Stellung zu nehmen, und er löste selbst durch einen Brief an die Evangelische Kirche Ungarns dort die Bildung einer Bekennenden Kirche aus, die sich gegen die Übergriffe des Horthy-Regimes zur Wehr setzte.
3. Die dritte Möglichkeit besteht darin, sich immerhin soweit von denen, die zum Handeln, zum Bekenntnis drängen, beeinflussen zu lassen, daß man sich äußert, allerdings in einer Weise, die weder der einen Seite noch der anderen Seite eines Konfliktes allzu weh tut. Beispiele für diese Haltung der Kirche gibt es in Hülle und Fülle. Es sei nur als jüngstes Beispiel die Erklärung der „Gemeinsamen Konferenz der Kirchen für Entwicklungsfragen" zur Situation in den portugiesischen Afrikagebieten genannt.

IV.

Alle drei Positionen finden wir im Verhältnis der europäischen Kirchen zu den kriegerischen Auseinandersetzungen im portugiesischen Afrika wieder.
1. Als Beispiel für die erste Haltung sei zunächst darauf verwiesen, daß die *Deutsche Bischofskonferenz* bis heute keine Stellungnahme zum Krieg in Angola und Mozambique abgegeben hat. Pastor Marc Lenders vom Ökumenischen Zentrum in Brüssel beantwortete meine Frage nach den *Stellungnahmen der französischen und belgischen Kirche* wie folgt: „Das Problem des südlichen Afrika und der portugiesischen Territorien sind

nach meiner Kenntnis nie Gegenstand einer offiziellen Erklärung der katholischen oder protestantischen Kirche in Frankreich oder Belgien gewesen."[6]
2. Die zweite Möglichkeit wurde von der *anglikanischen Kirche* gewählt, die den Bericht einer Arbeitsgruppe, die von der Abteilung für internationale Angelegenheiten des Britischen Kirchenrates und der Konferenz britischer Missionsgesellschaften eingesetzt wurde, unter dem Titel "Violence in Southern Africa. A Christian Assessment" 1970 in London veröffentlichte.[7] Daraus möchte ich nur folgende Sätze zitieren:
a. "Die Situation im Süden Afrikas geht die Christen in aller Welt an, aber sie geht uns direkt an; unser Handeln und unsere Waffen tragen dazu bei, daß die Situation so bleibt wie sie ist" (S. 98).
b. "Darum tun Christen sowohl innerhalb als auch außerhalb des südlichen Afrikas recht daran, für grundlegende politische und soziale Veränderungen einzutreten" (S. 99).
c. "Es ist an der Zeit, denen Solidarität zu bezeugen, die die radikale Veränderung anstreben und für die Freiheit im Süden Afrikas kämpfen. Zugleich sollten wir jene Christen im Süden Afrikas unterstützen und Verständnis für ihre Überzeugungen aufbringen, die sich der Gewaltlosigkeit verschrieben haben" (S. 101).
Dieser Bericht wurde mit Einverständnis des Britischen Kirchenrates im Namen der Arbeitsgruppe veröffentlicht. In den *Niederlanden* hat Kardinal Alfrink am 16. Juli 1973 im Namen der niederländischen Bischöfe an Kardinal Roy den Heiligen Stuhl gebeten, die Schritte der Missionare zugunsten der Unterdrückten zu unterstützen, wobei er sich auf die Diskussion über die Wiriyamu-Affäre bezog.[8] "Jeder in seinem Lande frage sich", schrieb Kardinal Alfrink, "ob derartige Grausamkeiten nicht hätten verhindert werden können. Obwohl die Bischöfe nicht verkennen, daß es sich um eine schwierige und delikate Angelegenheit handelte, glauben sie doch, daß die Priester und Bischöfe Mozambiques stärker geschützt und ermutigt sein werden, wenn sie sich deutlich durch die höchste Leitung der Kirche unterstützt wüßten."
Am 16. Dezember 1972 hatte Kardinal Alfrink als Vorsitzender der Internationalen Pax-Christi-Bewegung angesichts der Verhaftung protestantischer Kirchenführer in Mozambique und des Todes des Kirchenpräsidenten im Gefängnis folgendes Telegramm an den Vorsitzenden der Bischofskonferenz von Mozambique, Mgr. Nunes Teixeira geschickt "Mit Entsetzen Kenntnis genommen vom Tode des Präsidenten des synodalen Rates der presbyterianischen Kirche Mozambiques, Zedequias Manganhela, teile Besorgnis, über Schicksal anderer gefangener Presbyterianer. Ersuche Sie dringend, brüderliches Zeichen ökumenischer Solidarität dadurch zu geben, daß Sie mithelfen, juristische Hilfe und normale Rechtsprozeduren gemäß der Menschenrechtserklärung zu erreichen für diese Mitchristen und alle anderen politischen

Gefangenen und Anerkennung des Selbstbestimmungsrechtes des Volkes von Mozambique". Hiermit bezog, wie ich schon erwähnte, sich Kardinal Alfrink auf die Inhaftierung von etwa 30 führenden Mitgliedern der Presbyterianischen Kirche Mozambiques, von denen zwei im Gefängnis umkamen. Hinzu kommt ein offener Brief prominenter niederländischer Katholiken an Kardinal Roy, zu denen außer Alfrink sämtliche katholische Minister der niederländischen Regierung und katholische Parlamentarier und Politiker gehörten. Solche von offizieller Seite abgegebenen Stellungnahmen gibt es, wie ich anfangs betonte, in Deutschland, Frankreich, und Belgien nicht.

In der *Schweiz* haben anläßlich einer Wirtschaftsmesse in Lausanne sowohl der Rat der Föderation protestantischer Kirchen als auch der Bischof von Lausanne Mgr. Mamie im August 1973 dagegen protestiert, daß Portugal als Ehrengast zu dieser Messe eingeladen wurde. Der Kirchenrat wies auf den Krieg aber auch auf den "Polizeiterror in Portugal und seinen Kolonien" hin und drückte sein Befremden darüber aus, daß man eine "solche Diktatur und Kolonialmacht" als Ehrengast nach Lausanne eingeladen habe.[9] Mgr. Mamie erklärte, daß er keine Messe zur Eröffnung zelebrieren wolle, da das als ein Akt der Solidarität mit den von portugiesischen Truppen begangenen Grausamkeiten gegenüber der Bevölkerung und gegenüber den katholischen und protestantischen Missionaren interpretiert werden könne.

Zu diesen wenigen offiziellen Äußerungen, die eindeutig gegen die portugiesische Präsenz in Afrika Stellung nehmen, kommt eine Vielzahl von Resolutionen und Protesten, die von *kirchlichen Organisationen* und Gruppen stammen.

Ich wähle hier nur die Stellungnahmen aus, die mir repräsentativ für größere Gruppen von Christen zu sein scheinen.

a. Auf dem *Ökumenischen Kirchentag* in Augsburg 1971 wurden verschiedene Resolutionen gefaßt, die mittelbar oder unmittelbar Portugal betrafen. So wurde von der Arbeitsgruppe VI an die Deutsche Bischofskonferenz und den Rat der EKD die Bitte gerichtet, "in geeigneter Weise darauf hinzuwirken, daß Portugal den Überseeterritorien in Afrika die Unabhängigkeit gewährt", sich mit den Weißen Vätern zu solidarisieren und die "Konsequenzen, die sich aus den Überlegungen des Generalrats der Weißen Väter für die Arbeit anderer Missionsgesellschaften ergeben, zu diskutieren". Schließlich wurde darauf gedrängt, "die zuständigen Gremien des Vatikans zu veranlassen, die Teile des Konkordates mit Portugal, die rassendiskriminierend wirken, zu revidieren, zumal sie die Kirche in ihrem Zeugnis unglaubwürdig machen."[10]

b. Im Oktober 1972 trafen sich in Ostende die Vertreter der westeuropäischen nationalen Kommissionen von *"Justitia et Pax"*. Dort wurde eine Resolution zur Situation in den portugiesischen Territorien Afrikas gefaßt,

die von den Delegationen der Länder Frankreich, Schweiz, Niederlande, Spanien, Polen, Irland und Belgien unterschrieben wurde. Die Delegationen von Großbritannien, der Bundesrepublik und Maltas enthielten sich.[11]
Diese Resolutionen sind deshalb besonders interessant, weil sie konkrete Maßnahmen vorschlagen, die von den Kirchen ergriffen werden könnten.
c. Auch auf dem *15. Deutschen Evangelischen Kirchentag* in Düsseldorf 1973 wurden Resolutionen, die sich auf das südliche Afrika bezogen, verabschiedet. Es sei hier nur auf jene Resolutionen der Arbeitsgruppe 6 hingewiesen, in der es heißt: "Gemäß den Resolutionen und den Entschlüssen des Ökumenischen Rates der Kirchen (ist) die Rolle deutscher Institutionen im Süden Afrikas daraufhin zu untersuchen, wie weit sie dazu beitragen, die Menschenrechte der Afrikaner einzuschränken, um bei entsprechendem Ergebnis gemäß der Empfehlung des Zentralausschusses des Ökumenischen Rates der Kirchen vom August 1972 auf den Rückzug solcher Investitionen zu dringen . . ."[12]
Dazu gehört auch jene Resolution, die fordert, Kirchensteuergelder dem Anti-Rassismus-Programm zur Verfügung zu stellen.
d. *Die Studentengemeinden* beider Kirchen haben ebenfalls in verschiedenen Resolutionen, vor allem im Zusammenhang mit der Cabora-Bassa-Debatte kritisch gegen die portugiesische Afrika-Politik Stellung genommen.[13] Offensichtlich ist in den Niederlanden und in der Schweiz der Diskussionsprozeß über die portugiesische Afrika-Politik schon soweit in die von mir anfangs gekennzeichnete zweite Phase getreten, daß sie die Kirchenleitungen erfaßt hat. In Deutschland ist die Diskussion über die Republik Südafrika und Namibia auch schon so weit gekommen. Über Portugal jedoch schweigt die offizielle Kirche in Frankreich, Belgien, und Deutschland nochweitgehend, denn die eben zitierten Resolutionen des Ökumenischen Kirchentages, der Europäischen Konferenz von Justitia et Pax und des Evangelischen Kirchentages fanden bisher kein positives Echo. Allerdings kann man einen *Brief Kardinal Döpfners* vom 11. 5. 1973 zu diesem Problem wohl als negatives Echo bezeichnen. Darin heißt es: "Die Situation in Afrika ist gewiß nicht erfreulich, davon machen Angola und die übrigen portugiesischen Besitzungen keine Ausnahme. Nicht zu leugnen ist jedoch, daß in Portugal, dem man nie eine rassistische Kolonialpolitik vorwerfen konnte, eine Umbesinnung im Gange ist. Die Autonomiebewegung, von Präsident Caetano eingeleitet, wird sicher in nicht allzu ferner Zukunft zur Unabhängigkeit dieser Länder führen. Leider ist zu befürchten, daß der Terror, den auch die von amerikanischer, sowjetrussischer und chinesischer Seite unterstützten Befreiungsbewegungen ausüben, diese Entwicklung verzögert.
Sie dürfen versichert sein, daß die Bischofskonferenz eines Landes, dem ebenfalls die Selbstbestimmung verweigert ist, nämlich die Deutsche Bischofskonferenz alles tun wird, um in geeigneter Weise die Unabhängigkeit und

Selbstbestimmung der Bevölkerung Afrikas zu fördern."[14] Diese Stellungnahme kann allerdings nicht als offizielle Äußerung der Deutschen Bischofskonferenz gewertet werden und fand auch eine sehr kritische Aufnahme, auf die ich hier nicht näher eingehen möchte.
3. Lediglich die dritte Möglichkeit kirchlicher Stellungnahmen ist bisher aus offiziellen kirchlichen Kreisen Deutschlands zu verzeichnen: Die *Erklärung der "Gemeinsamen Konferenz der Kirchen für Entwicklungsfragen" (GKKE),* die Ihnen vorliegt.[15]
Vergleicht man sie mit den Resolutionen von Justitia et Pax auf der einen Seite und dem Brief Kardinal Döpfners auf der anderen Seite, so wird ihre Unentschiedenheit deutlich: Sie verurteilt jeden Terror, von welcher Seite er auch kommt, sagt aber nichts über den Terror und von woher er kommt.
Sie setzt sich für das Recht der afrikanischen Völker auf Selbstbestimmung und für eine nachhaltige Besserung ihrer sozialen Lage ein, sagt aber nicht, ob sie glaubt, daß das die Portugiesen fertigbringen sollen und können oder nur die Befreiungsbewegungen oder beide.
Sie will sich dafür einsetzen, daß eine "friedliche Veränderung der Verhältnisse zugunsten der schwarzen Bevölkerung auch von den Kirchen nachhaltiger als bisher gefördert wird", was als Stellungnahme für die portugiesische Regierungspolitik interpretiert werden könnte, da die Befreiungsbewegungen nicht daran glauben, daß eine *friedliche* Änderung möglich ist.
Andererseits will die GKKE davon ausgehen, "daß sich die Kirchen für die Wahrung und Verwirklichung der Menschenrechte sowie die Förderung sozialer Gerechtigkeit verwenden müssen", was darauf hindeuten würde, daß sie sich der Kritik der UNO anschließen will, die gegen die Verletzung der Menschenrechte durch die Portugiesen protestiert oder daß man aktive Maßnahmen unterstützt, wie sie Kardinal Alfrink und die Resolution von "Justitia et Pax" befürworten.
Jeder kann daraus herauslesen, was er will und das sollte wohl auch das Ziel der Resolution sein. Blicken wir also auf die magere Ausbeute der kirchlichen Stellungnahmen zu den Problemen des portugiesischen Afrika zurück, so wird deutlich, daß die Bewußtseinsbildung über die Verantwortung der europäischen Kirchen für die schwierige Situation in die die portugiesische Kirche und die Missions-Orden durch den Krieg im portugiesischen Afrika geraten sind, noch nicht sehr weit fortgeschritten ist und sich zudem in unterschiedlichen Phasen befindet: In den Niederlanden ist sie am weitesten fortgeschritten, in Frankreich, Belgien und der Bundesrepublik am wenigsten.

V. Versuch einer Stellungnahme

Angesichts der immer drängender werdenden Fragen der katholischen und evangelischen Missionare, die in den portugiesischen Überseeterritorien arbeiten; angesichts eines kriegerischen Konfliktes, der täglich seine Opfer fordert, vor allem Opfer unter der Zivilbevölkerung, können die Kirchen nicht länger schweigen. Denn es gilt auch für uns, was Pater Hertsens in seinem Referat sagte: "Es hat sich etwas geändert bei den Bischöfen: Sie können Mangel und Mißbräuche nicht mehr mit Unwissenheit entschuldigen. Wir erwarten ihr Handeln". Für die westeuropäischen Kirchen bieten sich folgende Möglichkeiten:

1. Gründliche Information über die Situation in den portugiesischen Territorrien. Diese Studientagung ist — trotz aller ihrer Unvollkommenheiten — die erste öffentliche, von den Kirchenleitungen unterstützte Konferenz, die es ermöglicht, sowohl den Standpunkt der portugiesischen Regierung als auch den ihrer Kritiker genauer kennenzulernen. Sie ist insofern unvollständig, als keine Vertreter der Befreiungsbewegungen zugegen waren und auch der Weltkirchenrat und der Vatikan nicht vertreten sind. Bisher haben die Kirchen die Information kleinen Gruppen innerhalb der Kirche überlassen. Diese Gruppen haben mit großen finanziellen Schwierigkeiten und mit Schwierigkeiten, an das Material heranzukommen zu kämpfen. Manche Einseitigkeiten sind auch daher zu erklären. Ich hoffe, daß nun die Informationsarbeit auf eine breitere Basis gestellt werden kann. Diese gründlichere Information will und kann natürlich nicht die Arbeit engagierter Gruppen ersetzen, sie sollte sie aber ergänzen. Ein erster, entscheidender Schritt sollte es sein, die Referate und Dokumente dieser Tagung in einem Berichtsband zu veröffentlichen.

2. Es kann aber nicht genügen, so wichtig es ist und so wenig es bisher von der Kirche geleistet wurde, möglichst objektiv zu informieren. Die Kirchen müssen auch ihr Predigt- und Wächteramt wahrnehmen.

Der Heidelberger Theologe Heinz Eduard Tödt formulierte dieses 1970 auf der 5. Vollversammlung des Lutherischen Weltbundes in Evian folgendermaßen: "Theologisch gesehen sind die Menschen in ihrer Würde unwiderruflich bestätigt worden, indem Christus sie als seine Brüder angenommen und für sie sein Leben gegeben hat. Niemand steht also in größerer Solidarität mit Christus als der leidende Mensch. Wir aber haben uns zu prüfen, welches Gewicht die gegenwärtigen Verletzungen von Würde und Recht unserer Mitmenschen, auch die Verletzungen, derer wir uns schuldig machen, für unseren Glauben, unser Gewissen haben. Theologisch müssen wir diese Handlungen doch wohl als eine Schändung des Menschen als des Ebenbildes Gottes begreifen. Was uns not tut, ist eine neue Sensibilisierung für das, was wir als Christenheit denen schuldig sind, die unter Diskriminierung leiden."[16]

Auch Kirchenleitungen sollten sich sensibilisieren lassen und sensibel machen.
Sie können es dadurch, daß sie immer und überall, vor allem aber dort, wo ihre eigenen Brüder an sie appellieren, für die *Selbstbestimmung* der Menschen und Völker und für die *Menschenrechte* eintreten, worauf auch das Schreiben des Vatikan hinweist.

a) In der Enzyklika Populorum Progressio heißt es:
"Wir müssen erreichen, daß eine immer wirksamer werdende Solidarität es allen Völkern erlaubt, ihr Geschick selbst in die Hand zu nehmen" (§ 65). Diese Solidarität sollte sich nicht nur auf das Volk von Portugal, sondern auch auf die Völker in Angola, Mozambique und Guinea Bissao erstrecken. Wir haben gehört, daß Herr Dr. Miranda den Begriff "Selbstbestimmung" anders versteht als etwa die Freiheitsbewegungen. Dann muß die Kirche es ermöglichen, mit beiden und mit ihren afrikanischen Gemeinden über diesen Begriff zu diskutieren, denn auch die Kirche hat manches zu diesem Begriff, der auch ein theologischer ist, zu sagen, wie das Schreiben des Vatikan beweist. Aber es geht nicht an, einfach den einen für alle zu nehmen.

b) Die Menschenrechte als Konzept sind gar nicht ohne ihre christliche Vorgeschichte zu verstehen, sie sind ebenso ein Ergebnis der Geschichte des Christentums, wie ein Produkt der Aufklärung. "Es geht darum", wie es in der Encyclika Populorum Progressio heißt, "eine Welt zu bauen, wo jeder Mensch, ohne Unterschied der Rasse, der Religion, der Abstammung, ein wirkliches menschliches Leben führen kann, frei von Versklavung von seiten der Menschen oder von Naturkräften, die noch nicht vollständig beherrscht werden" (§ 147).

Wenn also die Kommission Internationaler Juristen, die UNO-Berichte, die Berichte der Missionare davon sprechen, daß in den portugiesischen Überseeterritorien Missionare, Kirchenmitglieder und andere dafür leiden müssen, daß sie sich für Gerechtigkeit und Menschenrechte einsetzen, dann müssen die Kirchen ebenso wie es der Rat der EKD im Falle der Inhaftierung von Mitgliedern des Christian Institutes in Südafrika oder als Stellungnahme zu den Offenen Briefen der afrikanischen Kirchenführer der Ovambo-Kirche getan hat, sich dazu äußern. Pater Großkortenhaus hat einige Mittagsansprachen des Papstes notiert, die bei uns fast unbekannt sind. Solche Stellungnahmen sollten ihr Echo auch in der Deutschen Bischofskonferenz finden!

3. Solche Stellungnahmen bedürfen allerdings der Vorbereitung, und wir haben heute und gestern gesehen, daß die Kenntnisse und Informationen selbst in einem Kreis wie dem unseren noch sehr ungleich verteilt sind.
Es fängt mit der Sprache an: Die einen sprechen von "Terroristen", die anderen von "Befreiungsbewegungen". Wieder andere von den "sogenannten Freiheitsbewegungen".

Nun haben wir mit dem Begriff "Terroristen" unsere Erfahrungen. Die Franzosen haben die FLN in Algerien solange als Terroristen bezeichnet, bis sie mit ihnen den Vertrag von Evian schlossen. Seither sprechen die Geschichtsbücher in ihren Neuauflagen auch nicht mehr für die Periode von "Terroristen", in der die FLN noch um ihre Anerkennung kämpfte. Ebenso können die Wehrdörfer (aldeamentos) weder mit dem Begriff "Konzentrationslager" erfaßt, noch einfach als besser versorgtes, modernes Dorf angemessen beschrieben werden. Schließlich sollte auch der Begriff "Völkermord" aus dieser Diskussion verschwinden. Er entspricht nicht den Tatsachen.

Zur Bewußtseinsbildung gehört aber auch, daß wir nicht Entscheidungen für andere fällen. Die Frage der Aufhebung des Konkordats und der Änderung des Missionsstatus ist keine Frage, die die europäische Kirchen entscheiden können. Die Allafrikanische Kirchenkonferenz hat dazu eine Erklärung abgegeben, die Ihnen vorliegt und der Erzbischof von Lusaka, Milingo, hat dazu gesagt, was auch für manche Fragen gilt, die einige von uns in der Hitze des Gefechts zu ihren eigenen gemacht haben: Er sagte laut "Fides-Dokumentation" vom 6. November 1973: "Der Vatikan wäre der erste, der zugeben würde, daß die Bestimmungen des Konkordats nicht ideal sind. Aber Roms Entscheidungen werden nicht in Isolierung von den Sprechern der lokalen Kirchen gefällt. Rom wartet darauf, daß Afrika spricht und handelt. Afrika muß die Initiative ergreifen!"

Unsere Kirchen sollten allerdings hier bei uns die Initiative ergreifen. Sie sollten sich dem Protest der französisch-protestantischen Kirchen gegen Waffenlieferungen nach Südafrika anschließen. Sie sollten alles tun, was eine weitere Eskalation des Krieges durch mehr Hilfe verhindern kann und auf die Gefahren aufmerksam machen, um des Öls in Angola und Cabinda willen sich wieder eines Weltkonflikts schuldig zu machen. Wahrscheinlich werden solche Warnungen wenig nützen, aber die von Gottfried Benn geprägte Maxime gilt heute mehr denn je: "Sagen Sie Ihre Meinung auf das rücksichtsloseste. Was Sie nicht sagen, ist nicht da."

4. Schließlich aber sind die Kirchen nicht nur zur Wahrheitsfindung und zur Wahrung des Wächteramtes, sondern besonders zum Frieden gerufen.

Martin Luther schrieb 1530: "Darum, wenn man die Wahrheit sagen will, der zeitliche Friede, der das höchste Gut auf Erden ist, ist eigentlich eine rechte Frucht des Predigtamtes" (W. A. 30, 2, 538).

Hier können unsere Kirchen sehr viel von den Friedenskirchen lernen. Die Quäker, die jeden Kriegsdienst konsequent ablehnen und dafür Gefängnisstrafen und andere Leiden immer wieder haben auf sich nehmen müssen, haben von jeher gewußt, daß Dienst am Frieden nichts Negatives, Passives ist, sondern etwas Aktives, unmittelbar mit Diakonie und sozialem Handeln verbunden.

Sie haben im Spanischen Bürgerkrieg auf beiden Seiten Verwundete gepflegt, hungernde Kinder ernährt und Flüchtlinge befreit. Sie haben in Nord- und Südvietnam den Kranken, Leidenden und Kriegsopfern geholfen. Auch unsere Kirchen sollten durch ihre Werke MISEREOR und "Brot für die Welt" sowohl den Missionen in Angola und Mozambique bei ihren Projekten als auch den Flüchtlingen in Tanzania und in den Befreiten Gebieten humanitär helfen.

Die Quäker haben aber gerade aus diesen Erfahrungen heraus umfangreiche Studien unter Mitarbeit vieler Wissenschaftler unternommen, die versuchten, eine Lösung des Vietnam-Krieges und des Nahostkonfliktes anzubahnen, als nur wenige in unseren Kirchen daran dachten, systematisch nach den Friedensmöglichkeiten Ausschau zu halten.[17] Die deutschen Kirchen sollten sich daran beteiligen. Die wissenschaftliche Kommission Entwicklung und Frieden der katholischen Kirche hat eine solche Untersuchung in Angriff genommen, über die Prof. Ansprenger noch genauer berichten kann.

Solche Untersuchungen sollten aber ergänzt werden durch ernsthafte Versuche der Kirchen, mit den verschiedenen Beteiligten des Konfliktes nach einer Friedenslösung Ausschau zu halten.

Wenn hier Dr. Miranda sagte, daß die portugiesische Seite keine Verhandlungen mit den Befreiungsbewegungen wollte, so ist das kein Gesetz für die Kirche. Der Weltkirchenrat hat sich sehr aktiv an der Beseitigung des Sudan-Konfliktes beteiligt, warum sollte es nicht für die katholische Kirche möglich sein, sich an einer solchen Lösung kreativ und brüderlich im Falle der portugiesischen Überseeterritorien zu beteiligen? Allerdings kann sie das nicht als Schiedsrichter, sondern nur als Berater und ehrlicher Makler tun, der den Beteiligten zu einer Verständigung verhilft. Für alles aber, was ich gesagt oder angeregt habe, gilt, daß die europäischen Kirchen zwar die portugiesischen und ausländischen Bischöfe, Pfarrer und Missionare unterstützen müssen, die für Selbstbestimmung und Menschenrechte gegen Terror, Brutalität und Verachtung der Menschenwürde kämpfen, daß sie aber ihre Aktionen nicht ersetzen können. Solidarität der Christen kennt keine Dominierung des einen durch den anderen und Solidarität entsteht, wie Paul VI. 1969 sagte "mit dem äußerst starken Bewußtsein der Menschenwürde, daß die Menschen gleichermaßen als Individuen wie als Völkergemeinschaft erreicht hat".

Anmerkungen
[1] Vgl. Hans-Jürgen Benedikt, Schöne Worte jenseits der Fronten? Die Friedensvoten der Kirchen und die politische Realität, in: Hans-Eckehard Bahr (Hg.), Weltfrieden und Revolution, Reinbek 1968. Vgl. ferner Hans-Jürgen Benedikt, Von Hiroshima bis Vietnam, Darmstadt/Neuwied 1973.

[2] Vgl. Klaus-Martin Beckmann, Die Rassenfrage als Weltproblem, Gladbeck 1971.
[3] Klaus-Martin Beckmann, a. a. O. 108.
[4] Zitiert in: Politik und Kirche in den portugiesischen Verwaltungsbezirken Afrikas, Brüssel 1972, 32.
[5] Vgl. Franz Ansprenger u. a. (Hg.), Wiriyamu. Eine Dokumentation zum Krieg in Mozambique, München/Mainz 1974. Ferner: Adrian Hastings, Wiriyamu, Stein/Nürnberg und Freiburg 1974.
[6] Brief von Pastor Marc Lenders vom 16. November 1973.
[7] Dt. Ausgabe: H.W. Florin (Hg.), Gewalt im südlichen Afrika, Frankfurt 1971.
[8] Der Bericht über die Haltung der niederländischen Kirche stützt sich auf das Archiv van de Kerken, Oktober 1973, Spalte 988 ff.
[9] Vgl. Feuille d.Avis de Lausanne 24 Heures, 31. August 1973, und La Croix, 12. September 1973.
[10] Resolutionen des Pfingsttreffens in "Ökumenisches Pfingsttreffen Augsburg 1971", Berlin/Paderborn 1971, Nr. 106.
[11] Siehe Anhang.
[12] Resolutionen des 15. Deutschen Evangelischen Kirchentages, Fulda 1973, S. 35 f.
[13] Vgl. R. Müller, Westdeutsche Kritiker der weißen Minderheitsregime im südlichen Afrika, dargestellt an der Cabora-Bassa-Campagne in der BRD und Westberlin, Berlin 1973 (unveröffentlichtes Manuskript).
[14] Abgedruckt in: Blätter des IZ 3W,Nr. 25 (1973) 17.
[15] Abgedruckt in: Franz Ansprenger u.a. (Hg.), Wiriyamu, München/Mainz 1974, Dokument Nr. 58.
[16] Heinz-Eduard Tödt, Schöpferische Nachfolge in der Krise der gegenwärtigen Welt, in: Evian 1970. Offizieller Bericht der Fünften Vollversammlung des Lutherischen Weltbundes, Frankfurt 1970, 67.
[17] Vgl. Indochina 1972. Krieg ohne Ende. Beiheft 8/9 1972 der "Junge Kirche" und "Frieden in Nahost". Vorwort von C. F. von Weizsäcker, München 1972.

V. Zur Situation der Kirche in Portugal nach dem Umsturz vom 25. April 1974

Gerhard Grohs

> ". . . aber wir klagen uns an, daß wir nicht mutiger bekannt, nicht treuer gebetet, nicht fröhlicher geglaubt und nicht brennender geliebt haben."
> Stuttgarter Schuldbekenntnis der Evangelischen Kirche in Deutschland vom 19. Oktober 1945

Nur wenige Monate nach dem Abschluß der Konferenz in Bensberg veröffentlichte im März 1974 der ehemalige Gouverneur von Mozambique und hochdekorierte portugiesische General Antonio de Spinola sein Aufsehen erregendes Buch "Portugal e o Futuro"[1], in dem er den Standpunkt vertrat, daß es keine militärische Lösung für den Krieg gebe, den Portugal in Afrika führt, sondern nur eine politische Lösung Erfolg verspreche. Dieses Buch und die Diskussion, die es auslöste, waren nur Glied einer Kette von Ereignissen, die schließlich am 25. April 1974 zum Sturz des fast 48 Jahre dauernden "salazaristischen Regimes" Portugals durch das Militär führte.[2]
Eine Gruppe von jüngeren Offizieren, vor allem Hauptleuten, hatte diesen Putsch sorgfältig vorbereitet, so daß fast ohne Blutvergießen und ohne nennenswerten Widerstand der Machtwechsel erzwungen werden konnte. Das Programm der Streitkräfte sieht baldige Wahlen vor, die Abschaffung der Pressezensur und der Geheimpolizei und die Beendigung des Krieges in Afrika.[3] Inzwischen wurde unter Beteiligung der bisher verbotenen kommunistischen Partei eine Regierung eingesetzt, die bereits ihre erste Umbildung erfahren hat und die schon in den wenigen Monaten ihres Bestehens die Abschaffung der Pressezensur, die Zulassung der Parteien, ein neues Koalitionsrecht, die Regelung des Streikrechts und als bisher größten außenpolitischen Erfolg die Unabhängigkeit Guinea Bissau's (August 1974) durch Verhandlungen mit den Vertretern der PAIGC durchsetzen konnte.
Daß dieses alles ohne erheblichen Widerstand von seiten der konservativen Kräfte erreicht werden konnte, ist vor allem daraus zu erklären, daß fünf der Hauptstützen des Salazar-Regimes bereits während der Regierungszeit Marcello Caetanos in Auflösung begriffen waren: *Die Großgrundbesitzer* verloren durch die schnell wachsende Industrialisierung ihren Einfluß, die *multinationalen Konzerne* waren mehr an einer neokolonialen Situation interessiert als an einem endlos dauernden Kolonialkrieg, der *exportorientierten* portugiesischen *Wirtschaft* war eher an einer schnellen Integration in den Europäi-

schen Markt gelegen als an einer Fortführung des Krieges, der die Emigration beschleunigte (bereits über 1 Million Portugiesen von einer Bevölkerung von 8 1/2 Millionen arbeiteten im Ausland, vor allem in Frankreich und Deutschland) und einen wachsenden Teil des Staatshaushaltes in die Kriegskasse leitete; das *Militär* begann die Aussichtslosigkeit eines Krieges, in dem sich die Bevölkerung immer mehr der Gegenseite anschloß, zu erkennen, und die *Kirche* verlor ihre anfängliche Geschlossenheit durch die sich verschärfende Kritik an der Politik der Hierarchie, die aus den Reihen der in Afrika tätigen, oft ausländischen Missionsorden und des jüngeren portugiesischen Klerus kam. So blieben eigentlich nur die weißen Siedler in Angola und Mozambique, die Mehrheit der katholischen Bischöfe, die Geheimpolizei und jener Teil der Wirtschaft als Stützen des alten Regimes übrig, dessen Existenz von den vor dem Weltmarkt geschützten Märkten in Mozambique, Angola und Guinea-Bissau abhängt.[4]

Es ist kein Wunder, daß die portugiesische Kirche zunächst von den Ereignissen überrascht, ja gelähmt, nicht zu einer schnellen Reorientierung fähig war. Wenn man weiß, wie lange es in Deutschland dauerte, bis die offiziellen Kirchen das ganze Ausmaß ihrer Verknüpfung mit dem nationalsozialistischen Regime erkannten (wozu es auf katholischer Seite der energischen Vorstöße von Laien wie Walter Dirks und Prof. Böckenförde bedurfte), darf man nicht erwarten, daß die offizielle Kirche in Portugal bereits heute in der Lage ist, selbstkritisch die Folge der Verbindung mit einem fast 50 Jahre herrschenden Regime zu analysieren.

Die lange erwartete, im Juli 1974 veröffentlichte Carta Pastoral do Episcopado Portugues: "O contributo dos cristãos para a vida social e politica"[5] ist deshalb alles andere als ein historisches Dokument, das man mit dem Stuttgarter Schuldbekenntnis der Evangelischen Kirche Deutschlands aus dem Jahre 1945 vergleichen könnte. Es wird darin mehr über die aktuelle Situation und die Notwendigkeit für die Christen gesprochen, aktiv am politischen Leben teilzunehmen, wobei der antikommunistische Akzent sehr betont wird, als über die Sünden der Vergangenheit. Zu letzterem heißt es unter Ziffer 11 und 12:

11: "In der Periode der letzten Hälfte dieses Jahrhunderts folgten, wie man weiß, schwierige Zeiten für die Kirche in Portugal. Sie konnte sich nur über die Freiheit, Ordnung und Sicherheit freuen, die das neue Regime versprach. Verbindungen und Zusammentreffen verschiedener Art leiteten eine in mancher Hinsicht parallele Entwicklung in Kirche und Staat ein. Die Beziehungen zwischen beiden entwickelten sich fast in der ganzen Zeit in einem Klima des Verständnisses ohne den Vorbehalt einer klaren Trennung der verschiedenen Zuständigkeiten."

12: "Die Kirche konnte es nicht vermeiden, unter den Defekten des Regimes zu leiden; sie bemühte sich, diese zu verringern. Wenn sie auch nicht immer

öffentlich oder in der Form kritisierte, die einige gewünscht hätten, so tat sie es oft durch direkte Vermittlung, da sie es als angemessener und wirksamer ansah, innerhalb eines 'Konditionalismus', der in der Geschichte Europas nicht alleine steht.
Es muß jedoch zugegeben werden, daß auf der Ebene sowohl der Hierarchie als auch der Laien die Verantwortung für Irrtümer, die begangen wurden oder an denen man sich beteiligte, übernommen wurde. Man muß eingestehen, daß die Kirche, auch wenn der Heilige Geist sie führt und mit unfehlbarem Beistand inspiriert, aus Menschen besteht, die den Wechselfällen und Begrenzungen irdischer Verhältnisse unterworfen sind. Deshalb haben wir immer die evangelische Einladung zur Reue gegenwärtig, der wir uns öffnen und um die wir bitten müssen; das ist in dem doppelten Sinne der persönlichen Verwandlung ihrer Mitglieder zu einem vollkommeneren christlichen Leben und der Erneuerung der kirchlichen Strukturen und der pastoralen Handlungen zu verstehen, die, im Lichte des Konzils, für die richtige Wahrnehmung ihrer Mission notwendig ist."
Diese vagen und mageren Andeutungen zum Verhältnis von Kirche und Staat in den letzten 48 Jahren hinderte die Verfasser des Dokuments aber nicht daran, sehr explizit in Ziffer 15 über "Mißbrauch der Freiheit, Opportunismus, Demagogie, Racheakte und sogar Verfolgungen" unter der Militärjunta Klage zu führen. Solche klaren Worte sucht man in Ziffer 11 und 12 vergeblich. Es ist nicht verwunderlich, daß die portugiesische Presse heftige Kritik an dieser Erklärung der Kirche übte: In der Lissaboner Zeitung "Diario de Noticias" erschien am 17. August 1974 ein Artikel von Eduardo Lourengo mit dem Titel "O Waterloo da Igregia Portuguesa?", dem als Motto der Ausspruch von V. Soloviev vorangestellt wurde: "Gefühllos gegenüber der Lage der Unterdrückten könnte diese Kirche sich wenigstens über die Sünden der Unterdrücker empören." Ein Artikel von Artur Morão im "Jornal do Fundado" vom 11. August 1974 trug die bezeichnende Überschrift "Ambiguidade e compromisso". Die umfassendste Kritik veröffentlichte der Dominikaner Bento Domingues im Boletin des Instituto Superior de Estudos Teològicos, die in der Monatszeitung Seara Nova vom September 1974 abgedruckt wurde.[6] Darin weist der Autor vor allem auf das Schweigen der Kirche zu den Verbrechen des vergangenen Regimes und die Ignorierung der Ergebnisse des 2. Vatikanischen Konzils sowie die Distanz der Hierarchie zu den Leiden der portugiesischen Arbeiter und Bauern hin, Probleme, auf die der Hirtenbrief der Bischöfe mit keinem Wort eingeht.
Der Hirtenbrief der Bischofskonferenz von Mozambique (30. August 1974) geht hier sehr viel weiter und gehört zweifellos zu den bemerkenswertesten kirchlichen Dokumenten der Zeit nach dem 25. April 1974.[7] Er ist zu umfangreich, um hier analysiert werden zu können. Vermutlich wird jedoch auch diese Erklärung der Bischofskonferenz auf Widerspruch stoßen, da sie

zwar offen für die Unabhängigkeit Mozambiques und für die Rückkehr des vorher nur kritisierten und deshalb isolierten Bischofs von Nampula eintritt und den Rücktritt der Bischöfe zugunsten afrikanischer Bischöfe anbietet, aber trotzdem noch nicht zu einer selbstkritischen Analyse der jüngsten Vergangenheit vorzudringen vermag. Daß diese Erklärung ebensowenig wie die Stellungnahme der Bischofskonferenz in Angola vom 6. Juni 1974[8] kein Schlußwort sein kann, sondern lediglich der erste tastende Schritt auf einem langen und schmerzhaften Weg der Selbstprüfung und tätigen Reue, zeigt nicht nur die Tatsache, daß der Erzbischof von Lourenço Marques, D. Custodio Alvim Pereira, einer der hartnäckigsten Verteidiger des vergangenen Regimes, auf Drängen des eigens nach Mozambique gesandten Kardinals Mozzoni seinen Rücktritt einreichen mußte[9], sondern auch eine Dokumentation, die der Orden der Väter vom Heiligen Herzen im August 1974 vorlegte.[10] Diese Dokumentation macht erschütternd deutlich, wie seit spätestens 1971, als die Weißen Väter ihren Rückzug aus Mozambique beschlossen, der Priesterrat der Diözese Beira, der Bischof von Nampula, der zu einem portugiesischen Grafen Galen wurde, der Orden der Cambonianer, die Väter von Burgos und die Väter vom Heiligen Herzen sich immer wieder an die Bischofskonferenz und den Nuntius wandten, um sie dazu zu bewegen, zu den Verbrechen von Wiriyamu[11] und Inhaminga, die zwar die Redakteure der "Times" und mit ihrer Hilfe die Welt bewegten, aber anscheinend nicht die katholische Hierarchie, öffentlich Stellung zu nehmen und gleichzeitig ihr gesamtes Verhältnis zum portugiesischen Staat radikal zu überprüfen.[12]

Diese Problematik veranlaßte den zum Rundfunkpfarrer des neuen Fernsehens gewordenen Dominikaner Pater Luis de Franca dazu, in einem Artikel, der als "Offener Brief an die portugiesischen Bischöfe" in der Lissaboner Tageszeitung "Diario de Lisboa" vom 18. Mai 1974 veröffentlicht wurde, den Rücktritt aller portugiesischen Bischöfe "als Zeichen des Vertrauens zum portugiesischen Volk" zu fordern. Eine Reaktion der portugiesischen Bischöfe auf diesen Vorschlag ist bisher nicht bekannt geworden.

Es ist hier nicht möglich, das ganze Ausmaß der Verstrickung der Kirche mit dem vergangenen Regime durch das Missionsabkommen und das Missionsstatut darzustellen und zu analysieren. Einiges davon wurde bereits von Pater Hertsens in seinem Referat und der von Pro Mundi Vita herausgegebenen Schrift[13] skizziert. Aber jedem Leser dieser Dokumentation, der an den Diskussionen in Bensberg teilgenommen hat, werden manche Worte von Pater Bertoulli und Pater Großkortenhaus auf der einen Seite und auf der anderen Seite des Ministers Miranda und jenes Pressechefs der katholischen Kirche in Mozambique, der alles, was die Weißen Väter und die Väter von Burgos sagten, rundweg als unwahr ablehnte, in neuem Lichte erscheinen.

Die nur etwa 700 000 Mitglieder umfassende protestantische Minderheit in Portugal, durch die Dominanz der katholischen Kirche und wegen ihrer eige-

nen Zerrissenheit in ihrer Bewegungsfreiheit beschränkt, hat sich ebenfalls —
sieht man von der presbyterianischen Kirche in Mozambique ab, deren
Kirchenleitung von der portugiesischen Regierung ins Gefängnis geworfen
wurde — während des Salazar-Regimes sehr zurückgehalten. Auch sie war
wenig auf den Umsturz vom 25. April 1974 vorbereitet. Das Exekutiv-Komitee der "Igreja Evangélica Presbiteriana de Portugal" veröffentlichte im Mai
1974 eine Erklärung, in der die neugewonnene Freiheit begrüßt, in der aber
auch Selbstkritik geübt wurde.[14] "Es gibt einige, die sagen, daß der Prophetismus unserer Kirche recht schwach entwickelt war, und das ist tatsächlich wahr. Dessen sind wir uns sehr bewußt. Wir sind der ein halbes Jahrhundert dauernden Katastrophe, die über Portugal gekommen ist, nicht mit
reinen Händen entkommen." Im folgenden wird auf einige Beispiele des
Protestes und Widerstandes gegen das vergangene Regime hingewiesen, doch
wird auch das relativiert: "Trotz allem müssen wir zugeben, daß es sehr
wenig war. Unser Zeugnis war schwach und unsere Worte waren es nicht minder in der langen 'Nacht der Heimsuchung', die über uns gekommen war."
Die Restrukturierung des politischen und kirchlichen Lebens in Portugal wird
ungleich schwieriger sein als die in Deutschland nach 1945. Portugal hat keinen Weltkrieg verloren, es gibt keine Besatzungsmacht, die ein "Ent-Salazierungsgesetz" erlassen könnte, es gibt fast niemanden in den oberen und
mittleren Rängen der Wirtschaft, Verwaltung, Politik und Kultur, der sich
nicht irgendwann mitschuldig gemacht hätte.

Die wenigen Emigranten, die nun zurückkommen, reichen sicher nicht aus,
um die wichtigen Positionen des nationalen Lebens zu besetzen. Ihnen wird
obendrein der Vorwurf gemacht, gerade deshalb, weil sie im Ausland waren,
die ganzen Schwierigkeiten der portugiesischen Situation und des Lebens
unter dem vergangenen Regime nicht verstehen zu können.

Aus all diesen Gründen dürfen die europäischen Christen, Priester und Laien,
die durch ihre Interessenlosigkeit und ihr allzulanges Schweigen bisher keine
große Hilfe für die kritischen Gruppen der portugiesischen Kirche waren,
gerade jetzt Portugal und seine Kirche nicht allein lassen. Begegnungen mit
ihnen auf allen Ebenen dürften deshalb jetzt wichtig und hilfreich sein, weil
wir uns in beiden Teilen Deutschlands noch heute mit den Folgen der nationalsozialistischen Zeit auseinanderzusetzen haben und mit ihnen gemeinsam
die Probleme und Folgen solcher einschneidenden politischen Entwicklungen
für die Christen und ihre Kirchen bedenken könnten. Das "Stuttgarter
Schuldbekenntnis" der Evangelischen Kirche, aus dem ein Satz als Motto
über diesen Abschnitt gesetzt wurde, war ebenfalls nur möglich, weil eine Delegation des Weltkirchenrates, unter ihnen holländische, französische, englische, amerikanische und Schweizer Kirchenführer und der Generalsekretär
des Weltkirchenrates, Visser't Hooft, mit den Vertretern der Kirchen in
Deutschland intensiv und schonungslos über die Ereignisse in Deutschland

seit 1933 und die Lage des deutschen Volkes nach dem Zusammenbruch diskutiert hatten.

In solchen Situationen wird die christliche Botschaft des "Einer trage des anderen Last" aus einer freundlichen Formel zur ultima ratio, zur letzten und rückblickenden Einsicht auf eine Periode unserer Geschichte, deren Bewältigung unsere Aufgabe für die Meisterung der Zukunft bleibt.

Anmerkungen

1. Antonio de Spinola, Portugal e o Futuro, Lissabon 1974 (Arcadia).
2. Vgl. A revolução das flores do 25. Abril ao Governo provisorio. Dossier, Lissabon 1974 (Aster)
3. Eine erste kritische Analyse der Erklärung der Streitkräfte verfaßte L. Ferraz de Carvalho in: "Tempo Economico" vom 10. August 1974.
4. Vgl. G. Grohs, Der Umsturz in Portugal, in: M. Jänicke, Politische Systeme in der Krise. Studien zur Zeitgeschichte, Reinbek 1974.
5. Conferencia Episcopal da Metropole, Carta Pastoral do Episcopado Portugues: O contributo dos Christãos para a vida social e politica, Lissabon, Juli 1974. Deutsche Übersetzung siehe Anhang.
6. Frei Bento Domingues, Razões de um contraste, in: Seara Nova Nr. 1547 (Sept. 1974) S. 6–10. Auszug siehe Anhang.
7. Abgedruckt im "Expresso" vom 7. September 1974.
8. "Momento cristão de Angola", veröffentlicht in der portugiesischen Ausgabe des L'Osservatore Romano" vom 4. August 1974.
9. Vgl. Diario de Noticias (Lissabon) vom 27. August 1974.
10. De Kerk in Mocambique. Van portugese naar afrikaanse Kerk, Amersfoort (Holland) 1974 (Verlag de Horstink, Kon. Wilhelminalaan 17).
11. Vgl. A. Hastings, Wiriyamu, Stein/Nürnberg 1974, und F. Ansprenger u. a. (Hg.), Wiriyamu, München/Mainz 1974.
12. Vgl. dazu die Ansprachen des Bischofs von Nampula in: Igregia Livre, Mozambique Novo, Nampula 1974, und den im Anhang veröffentlichten Text "Ein Appell des Gewissens".
13. Politik und Kirche in den portugiesischen Verwaltungsbezirken Afrikas. Pro Mundi Vita. Brüssel 1972.
14. A Igreja Evangelico Presbiteriana de Portugal e o actual momento politico, in: Por Portugal Evangelico Nr. 632 (Mai 1974) S. 7. Vgl. auch die Stellungnahme der Synode der Presbiterianischen Kirche Portugals zur Beendigung des Kolonialkriegs: A Igreja Presbiteriana e a guerra no Ultramar, in: Por Portugal Evangelico, Nr. 634 (Juli 1974) S. 7.

VI. Anhang: Dokumente zur kirchlichen Situation

Brief des Generalrats der Weißen Väter betreffend Mozambique vom 15. Mai 1971

Liebe Mitbrüder,
der Generalrat möchte Sie über einen schwerwiegenden Entscheid unterrichten, den zu treffen er sich veranlaßt gesehen hat: Nach mehreren Monaten des Nachdenkens, des Betens und vielfältiger Kontakte mit den beteiligten Gruppen haben wir beschlossen, die Weißen Väter aus Mozambique zurückzuziehen. Wir halten es für unsere Pflicht, Ihnen klar die Gründe für einen solchen Entscheid zu nennen.
Zunächst versteht sich von selbst, daß die Maßnahme nichts mit der Frage des Personalmangels zu tun hat. Seit dem Kapitel haben wir jedes Jahr junge Väter für Mozambique bestimmt, und wir waren bereit, es auch dieses Jahr wieder zu tun. Sie ist auch nicht aus äußeren oder materiellen Gründen getroffen worden: die Sicherheit unserer Mitbrüder ist dort nicht bedroht. Die Lebensbedingungen sind dort nicht schlecht. Im übrigen wissen Sie, daß diese Art von Beweggründen uns nie eine Mission aufgeben ließe. Nirgendwo sonst haben sich die Missionare einer so privilegierten Stellung erfreut. Nirgendwo sonst haben sie eine so direkte und umfangreiche materielle Hilfe von seiten einer Regierung genossen. Und die Behörden in Lissabon haben nie zu verstehen gegeben, sie wünschten die Anwesenheit der Weißen Väter in Mozambique nicht mehr.
Weit schwererwiegende Gründe sind es, die am Ursprung dieser Entscheidung stehen: auf der einen Seite die fundamentale Zweideutigkeit einer Situation, in der unsere Präsenz am Ende zu einem Gegen-Zeugnis wird. Auf der anderen Seite die Aufrichtigkeit einer Mission, die sich weigert, in Afrika zwei Gesichter zu zeigen.
In der Tat ist die Situation der Weißen Väter in Mozambique mehr und mehr von einer folgenschweren Zweideutigkeit gekennzeichnet. Die Missionare, die ausgesandt sind, um Zeugen des Evangeliums zu sein und die Kirche als Zeichen und Mittel des Heils zu vergegenwärtigen, stellen fest, daß die Verquickung von Kirche und Staat, wie sie sowohl von den zivilen als auch von den religiösen Behörden ständig praktiziert wird, der Darstellung des evangelischen Auftrags und des wahren Gesichts der Kirche zutiefst schadet.
Leider ist es eine Tatsache, daß in vielen Bereichen die Kirche unterjocht ist. Theoretisch genießt sie zwar Handlungsfreiheit, in der Praxis jedoch wird die Verkündigung gewisser Aspekte des Evangeliums laufend beschnitten. Wir haben nicht die Absicht, hier eine Dokumentation vorzulegen oder über einzelne Punkte zu diskutieren; es mag der Hinweis genügen, daß allzuoft

gewisse Handlungen des apostolischen Dienstes, vor allem solche, die auf
eine wahre soziale Gerechtigkeit abzielen könnten, als subversive Tätigkeiten
angesehen werden und daß sie für einzelne politische Aktivisten, sofern
diese als Christen in engerem Kontakt mit der Mission stehen, Anlaß zu harten Schikanen, ja selbst zu Einkerkerungen oder Mißhandlungen bilden.
Eine eindeutige Stellungnahme seitens der Hierarchie zur Auflösung dieser
Zweideutigkeiten angesichts der Ungerechtigkeiten und Brutalitäten der
Polizei haben wir sehnlichst gewünscht, gefordert und während langer Zeit
erwartet.
Angesichts eines Schweigens, das uns unverständlich ist, glauben wir vor
unserem Gewissen kein Recht zu haben, als Komplizen einer offiziellen Unterstützung zu gelten, wie sie die Bischöfe einem Regime entgegenzubringen
scheinen, das sich geschickt der Kirche bedient, um in Afrika eine anachronistische, auf lange Sicht ausweglose Situation zu verfestigen und zu
verewigen. Da wir an Ort und Stelle der Mittel beraubt sind, die Dinge auf
den rechten Weg zu bringen, trägt unsere Anwesenheit nur dazu bei, eine
bedauerliche Verwirrung in den Köpfen der Bevölkerung zu erzeugen.
Unter einem Regime, das die Kirche offiziell verfolgt, kann eine Kirche des
Schweigens, eine geknebelte Kirche, ein wertvolles Zeichen sein. In einem
Land jedoch, das sich offen als katholisch und als Schutzherrin der Kirche
bezeichnet, letzten Endes aber die Kirche für Zwecke dienstbar macht, die
nichts mit dem Evangelium Jesu Christi zu tun haben, wird eine schweigende
Kirche zum Gegen-Zeugnis.
Wir meinen, es gibt Situationen, in denen wir wie der heilige Paulus "das
Schweigen der Scham von uns weisen müssen und weder mit Arglist auftreten, noch das Wort Gottes verfälschen dürfen" (2 Kor 4,2).
Einen weiteren Beweggrund für diese Entscheidung bildet die Frage der Aufrichtigkeit.
Als die Länder Afrikas unabhängig wurden, haben wir diesen Wechsel der
Verhältnisse nicht aus kirchlichem Opportunismus, sondern wahrlich infolge
einer tiefen Überzeugung aufrichtig ins Auge gefaßt. Entsprechend den
sehr klaren Anweisungen von Kardinal Lavigerie haben wir uns stets bemüht, nicht nur Zeugen des Evangeliums zu sein, sondern nach Möglichkeit
auch Ortskirchen aufzubauen in der Absicht, sie eines Tages ohne fremde
Hilfe auskommen zu sehen. Nach unserer Auffassung muß die Afrikanisierung das normale Klima jeder missionarischen Tätigkeit im heutigen Afrika
darstellen.
Aus diesem Grunde fiele es uns schwer, aufrichtig zu sein und dabei doch
zwei entgegengesetzte Arten zu haben, die Dinge zu betrachten: eine in
Mozambique, und eine andere im gesamten übrigen Afrika. Es erscheint uns
schwer miteinander vereinbar, Malier mit den Maliern, Kongolesen mit den
Kongolesen, Tansanier mit den Tansaniern . . . aber auf einmal Portugiesen

mit den Mozambiquanern zu sein. Dies ist eine Frage apostolischer Ehrlichkeit, die unsere Missionsgesellschaft insgesamt betrifft. Finden Sie, die Sie als Mitbrüder in den anderen Ländern Afrikas arbeiten, es nicht natürlich, daß eine solche Aufrichtigkeit uns verbietet, dort eine Maske zu tragen und uns durch eine Anwesenheit, die infolge des Zwangs zum Schweigen zur Komplizenschaft wird, für diese Unrechtsituation zu verbürgen, die heute mehr denn je in Afrika ein Gegen-Zeugnis ist?

Sie begreifen sicher, daß eine solche Entscheidung nicht leicht zu treffen war. Dennoch wurde sie getroffen – nach reiflicher Überlegung und nach Befragung aller Mitbrüder in Mozambique. Wenn die schwerwiegenden Gründe, die wir weiter oben angeführt haben, uns den Entschluß zur Ausreise der Weißen Väter fassen ließen, sind wir uns doch wohl bewußt, daß andere Gründe uns hätten zum Bleiben bewegen können: insbesondere hätte das augenblickliche seelsorgliche Wohl der Bevölkerung, der wir durch unsere Anwesenheit Beistand waren und durch unser priesterliches Amt dienten, ein solcher Grund sein können.

Wenn wir die feste Hoffnung haben, diese Bevölkerung werde nicht ohne Priester bleiben, und wenn wir überzeugt sind, unser Entschluß werde auf lange Sicht dem Volk Gottes in diesem Gebiet von Vorteil sein, so wollen wir damit klar zum Ausdruck bringen, daß diese Stellungnahme in keiner Weise als Vorwurf gegen jene Missionsgesellschaften verstanden werden kann, die dort ihre Aufgabe weiterführen, aus Gründen, die sie für legitim erachten dürfen. Im übrigen haben wir sie genau informiert, ehe wir unseren Entscheid getroffen haben.

Wir sind uns auch sehr wohl des schmerzlichen Opfers bewußt, das wir unseren Mitbrüdern in Mozambique abverlangen. Sie werden nicht ohne Trennungsschmerz diese Bevölkerung, die sie liebten, und dieses Land, dem sie ihr Bestes gaben, verlassen. Die meisten von ihnen werden einen Ruf für andere Länder Afrikas erhalten. Wir brauchen Ihnen nicht ans Herz zu legen, sie in brüderlicher Liebe aufzunehmen, denn wir sind sicher, daß Sie es tun und ihnen in den Diözesen, in denen sie mutig neu beginnen wollen, bei der Einarbeitung helfen werden.

Beten wir für alle Bewohner von Mozambique und hoffen wir, daß wir eines nicht allzu fernen Tages dort aufs neue einer Kirche dienen können, die für jeden Menschen wieder zu einem unumstößlichen Zeichen des Heils und der Gerechtigkeit geworden ist.

Brüderlich in Christus. Rom, 15. Mai 1971

Theo van Asten, Generaloberer Wilhelm Grosskortenhaus, Generalassistent
Robert Chaput, Generalassistent Joseph Perrier, Generalassistent
Waly Neven, Generalassistent

Hirtenbrief über die Gerechtigkeit

Bischofskonferenz von Angola und S. Tomé

Luanda, August 1972

An die Geistlichen, an die Ordensbrüder und -schwestern und an alle Mitglieder des Gottesvolkes unserer Diözese,
Friede in Christus.

1. Wie wir in der Hirtenpredigt vom 23. August des vergangenen Jahres betonten, beschäftigte sich die letzte Bischofssynode, die sich vom 30. September bis 6. November 1971 in Rom versammelt hatte, auch aufmerksam mit den ernsten Problemen der Gerechtigkeit in der Welt.
Zwei Wochen lang haben die Bischöfe, zusammengekommen aus verschiedenen Teilen der Welt, die soziale Situation der Regionen analysiert, die sie im Lichte des II. Vatikanischen Konzils, vor allem von "Gaudium et spes", und der Dokumente der letzten Päpste, hauptsächlich des Briefes "Octogesima Adveniens" von Paul VI. an Kardinal Roy, darlegten.
Als Resultat dieser Arbeit wurde vom Papst das Dokument über die GERECHTIGKEIT IN DER WELT bekanntgegeben.[1]
Dieses Dokument stellt das Problem der Gerechtigkeit allgemein in der gesamten Gesellschaft, im Lichte der Offenbarung und der Kirchendoktrin dar, wobei einige Wege aufgezeigt werden, um zu ihrer Verwirklichung zu kommen. Dazu müssen sich die Erziehung im allgemeinen und die staatlichen Organe einander annähern, wird die Zusammenarbeit der lokalen Kirchen mit den verschiedenen anderen Kirchen und selbst mit den internationalen Organisationen notwendig.
Das Dokument endet mit einem Wort der Hoffnung, indem es daran erinnert, daß, "wenn die Kirche das Evangelium des Herrn, des Erlösers und Retters, verkündet, sie zur selben Zeit alle Menschen, besonders aber die Armen, die Unterdrückten und in Not geratenen anruft, Mitarbeiter Gottes zu werden bei der Befreiung von der Sünde und der Errichtung der Welt, die nur an den Höhepunkt ihrer Schöpfung gelangen wird, wenn sie ein Werk des Menschen für den Menschen ist".[2]
2. Ähnlich wie wir anläßlich unserer Versammlung im letzten Februar vorgingen, auf der wir an unsere Kirchen den Hirtenbrief über das 'Sacerdocio Ministerial' richteten, wollten wir im August die Tage der Reflexion — im Lichte der Erklärung der Zweiten Allgemeinen Bischofssynode und auf dem Hintergrund der Gedanken unserer Hirtenbriefe der letzten Jahre — dem

Studium einiger sozialer Probleme widmen, die zu dieser Stunde und in der Umwelt, in der wir leben, am bedrückendsten sind.
"Es ist weder leicht noch bequem, diese Lehre zu predigen, noch vor allem, sie in die Praxis umzusetzen".[3]
Die Kirche jedoch wird, getreu dem Gebote ihres Gründers, weder schweigen, wenn ihr die Wahrheit und die Gerechtigkeit die Verpflichtung auferlegen zu sprechen, noch hat sie den Anspruch, über alle Situationen zu richten oder technische Lösungen zur Heilung aller Übel vorzuschlagen.
Sie verkündet die Lehre, versucht das Bewußtsein zu formen und die Menschen so vorzubereiten, daß sie die erwachsenen Christen eigene Verantwortung annehmen. Dies ist ihr Tätigkeitsfeld, und in diesem wollen wir ohne Zaudern arbeiten, aber auch ohne fremde Kompetenzen zu überschreiten.[4]

Kirche und Gerechtigkeit

3. Seit dem Alten Testament erscheint der Messias als Neubegründer der Gerechtigkeit, die durch die Erbsünde getrübt wurde. In seinen Tagen — so bestätigt der Psalmist — wird die Gerechtigkeit und die Fülle des Friedens blühen.[5] Isaias fügt hinzu, daß der Gürtel seiner Nieren die Gerechtigkeit sein wird und die Ehrlichkeit seine Lenden umgeben wird.[6]
Das gesamte öffentliche Leben Christus war ein Lehrstück der Gerechtigkeit. Nur so kann die Herausforderung an die Pharisäer verstanden werden: "Wer kann mich einer Sünde anklagen?"[7]
Ein anderes Verhalten war von jemandem, der kam, um die Kirche zu gründen — "Reich der Heiligkeit und der Gnade, Reich der Gerechtigkeit, der Liebe und des Friedens"[8] —, nicht zu erwarten.
Für Christus sind nicht nur jene glückselig, die sich von den Gütern der Erde abwenden, sondern auch jene, die Verfolgung erleiden, um die, die Hunger und Durst nach Gerechtigkeit haben, zu sättigen.[9]
Es ist sicher, daß "wir immer Arme haben werden"[10], aber wir können gegenüber dem Schauspiel vieler unserer Brüder nicht gleichgültig bleiben, die arm sind aufgrund ihrer vom menschlichen Willen abhängigen Situation.
Deshalb hat die Kirche, vor allem seit dem letzten Jahrzehnt des vergangenen Jahrhunderts, es niemals unterlassen — sobald sie die Daten zur Hand hatte, um sich ein sicheres Urteil über eine Situation bilden zu können —, die Stimme der Schwachen und Unterdrückten zu sein. Der größte Teil der noch vor der Soziallehre der Kirche gewaltsam herbeigeführten Lösungen hat den Menschen, weit davon entfernt, ihn zu befreien, immer mehr versklavt.
Die Kirche strebt nicht danach, daß der Frieden durch die Herrschaft der einen Klasse über die andere erreicht wird, sondern will einen Frieden, der auf Gerechtigkeit basiert, folglich eine gerechte Verteilung der Güter, der

ökonomischen, sozialen und politischen Aufgaben und Verantwortungen, ohne Ausschluß irgendeiner Gruppe.
Diese Lehre ist in der Theorie leicht zu verstehen, in der Praxis jedoch schwierig, da sie bei ihrer Durchführung auf außerordentlich viele Hindernisse stößt, die in der individualistischen Mentalität, in materiellen Interessen und in den seit unzähligen Generationen angesammelten Vorurteilen begründet sind.
Daher der häufige Rückgriff auf die Gewalt – und der Versuch, mittels dieser das zu erreichen, was mit Überzeugung und mit friedlichen Mitteln nicht gelang. Und da Gewalt im allgemeinen Gewalt sät, wohnen wir dem traurigen Schauspiel bei, daß man sich häufig der Fortschritte in Wissenschaft und Technik bedient, um Kriege zu entfesseln, und so das Unglück in jeder Hinsicht vergrößert, während im Plan des Schöpfers alles dem Glück der Menschen dienen sollte.

Einige soziale Probleme

Gerechter Fortschritt
4. Es gibt begründete Motive, uns für den ökonomischen und sozialen Fortschritt, den wir in den letzten Jahren in unseren Diözesen erlebten, zu beglückwünschen. Es muß gesagt werden, daß man sich Mühe gab, eine Gesetzgebung zu schaffen, die für eine soziale Förderung der Bevölkerung geeignet war, und daß mehrere Initiativen ergriffen wurden, um diese Förderung wirksam durchzuführen.
Wir glauben auch, daß wir ein Dankeswort an die Verantwortlichen des öffentlichen Lebens richten müssen für die Hilfe, die den missionarischen Werken als echten Hebeln sozialer Förderung gewährt wurde, indem sie ihnen halfen, ihren wahren Zielen – ohne Einmischung und ohne Verletzung des Rechts – wirksamer zu entsprechen.
Es bleibt indes zu wünschen, daß diese Zusammenarbeit zum Wohle des Volkes auf allen Sektoren wirkungsvoller wird, indem Partikularismen und Exklusivitäten, die das Gemeinwohl immer verletzen, vermieden werden.
Als Basis aller Lösungen müssen wir jene nehmen, die die Synode aufgezeigt hat: "Wenn, in der Tat, die christliche Botschaft über die Liebe und die Gerechtigkeit ihre Wirksamkeit nicht in ihrer Tätigkeit für die Gerechtigkeit in der Welt zeigt, wird es für die Menschen unserer Zeit sehr schwierig sein, sie anzunehmen."
Wir wenden uns an eine Bevölkerung, die wir in der Mehrzahl für Christen halten. Aber die Tatsache, Christ zu sein, verpflichtet dazu, im praktischen Leben Zeugnis für das Evangelium abzulegen. "Wenn eure Gerechtigkeit nicht größer ist als die der Schreiber und Pharisäer, so werdet ihr nicht in das Himmelreich eingehen."[11]

Einer der großen Skandale, den verschiedene arme Länder anführen, besteht in der Tatsache, daß es Christen sind, die die Macht über den größten Teil der ökonomischen Mittel der Welt haben, deren sie sich bedienen, um sich zu bereichern, gleichgültig gegenüber der Situation der weniger entwickelten Länder, die immer ärmer werden.
Diese Situation läßt sich sowohl zwischen den verschiedenen Kontinenten als auch innerhalb der Kontinente zwischen den verschiedenen Ländern, als auch in den Ländern zwischen den verschiedenen Bevölkerungsschichten feststellen, wenn diese sich aufgrund verschiedener Umstände nicht gleich entwickelt haben.
Die Veränderung dieses ungerechten Zustandes kann nicht von einem Moment zum anderen durchgeführt werden, sie erfordert jedoch eine ernsthafte Anstrengung auf dem Gebiet der Erziehung aller sozialen Schichten, und zwar so, daß jede von ihnen die reale Wirklichkeit der anderen wahrnimmt; denn, wie es im Dokument der Synode heißt, "fördern die in unseren Tagen oft noch gültigen Erziehungsmethoden einen geschlossenen Individualismus. Ein Teil der menschlichen Familie lebt wie untergetaucht in einer Mentalität, die sich am Besitz von Gütern begeistert".[12]
Wenn die Güter dieser Erde wirklich für den Menschen bestimmt sind, damit dieser sie sich nutzbar mache, dann ist es auch wahr, daß "Gott die Erde mit allem, was sie enthält, für alle Menschen und Völker bestimmt hat, so daß die geschaffenen Güter, gemäß der Gerechtigkeit und Nächstenliebe gleichermaßen für alle Hände reichen sollten".

Erziehung und Unterricht
5. Die "Explosion" des Grundschulunterrichtes und seine Entwicklung auf den verschiedenen Stufen ist eine Tatsache, die nicht negiert werden kann.[13]
Es besteht indessen die Notwendigkeit und die Pflicht, die Tore der Einrichtungen für den Sekundarunterricht und den höheren Unterricht einer größeren Anzahl von Schülern zu öffnen, die aus sozial schwächeren Gruppen kommen.
Es ist wahr und es freut uns festzustellen, daß unsere Gesetzgebung keinerlei Aussonderung aufgrund von Rasse oder sozialer Klasse zuläßt.
Tatsächlich aber sind Gymnasial- und Universitätskurse für Kandidaten, die außerhalb der Hauptzentren leben, nur für Individuen zugänglich, deren finanzielle Verhältnisse es erlauben, die erhöhten Ausgaben, die der Unterhalt in diesen Zentren mit sich bringt, zu bestreiten.
Die bereits an vielen Orten bestehenden Studentenheime haben bisher dazu beigetragen, einige dieser Probleme zu lösen, tatsächlich aber sind diese für nahezu die Gesamtheit der ländlichen Bevölkerung viel zu teuer. Es ist notwendig, daß eine finanziell tragbare und mit der Evolution der Bevölkerung mehr übereinstimmende Lösung gesucht wird, damit ihre Söhne und

Töchter aus dem Unterricht und der Erziehung allen nur möglichen Nutzen ziehen können.
In diesem Kapitel über Erziehung und Unterricht glauben wir das Recht zu haben, darum zu bitten, daß der Privatunterricht, wenn er nur ernsthaft ausgeführt wird, ähnliche Vorrechte genießen sollte wie der offizielle Unterricht. Dies wäre die einzige Möglichkeit, die Freiheit der Eltern bei der Wahl der Schule für ihre Kinder zu respektieren, ohne sie zu verpflichten. Denn durch die Steuern, die sie zahlen, tragen sie schließlich zu den Kosten sowohl des offiziellen als auch des privaten Unterrichts bei, den ihre Kinder besuchen.
Und, indem wir erkennen, was die Religion zur Gesamtbildung des Menschen beiträgt, wünschen wir, daß in allen Bereichen und Stufen des Unterrichts der religiösen Erziehung die entsprechende Bedeutung gegeben wird, da wir überzeugt sind, daß die Ausbildung allein zur Heranbildung eines seiner Verantwortung bewußten Menschen nicht ausreicht.

Soziale Hilfestellung
6. Die Hilfestellung für die schwächeren Bevölkerungsschichten muß in ihren verschiedenen Bereichen verbessert werden. Dies erfordert nicht nur, daß beträchtliche Mittel materieller Art aufgewendet werden, sondern vor allem auch einen Geist der Hingabe und Liebe für unsere Brüder, die uns eindringlich den Mangel fühlen lassen, dessen Opfer sie sind. Die offiziellen Stellen haben, ebenso wie private Initiativen, hier ein breites Tätigkeitsfeld vor sich.
Ebenso möchten wir einen Appell an die ärmere Bevölkerung in dem Sinne richten, daß sie durch Arbeit, durch Ausdauer und den Geist der Disziplin, der Ehrbarkeit und der Sparsamkeit, sich selbst aufwertet, indem sie alle Möglichkeiten, die das Gesetz ihr bietet, in einer Weise nutzt, die die Günstlingswirtschaft und einen bestimmten, noch ziemlich verbreiteten Paternalismus, überflüssig macht.

Landbesitz
7. Der Landbesitz wird garantiert durch unsere Gesetzgebung und durch das in vielen traditionellen Gemeinwesen Angolas angewendete Eigentumsrecht, sowohl das private wie auch das kollektive. Trotzdem erfüllt es uns mit Sorge zu sehen, wie bestimmte Individuen und Unternehmungen große Ländereien zum Zwecke der Landwirtschaft und Viehzucht abstecken, wobei auf die Bevölkerung, die diese in traditioneller Weise nutzte, nicht immer die entsprechende Rücksicht genommen wird. Wir kennen einige Probleme und Konflikte, die hieraus und aus der Sicherung der Rechte der Schwächeren und der Armen, ganz gleich ob Europäer oder Afrikaner, entstanden sind. Diese werden in einigen Jahren schon nicht mehr genügend

Platz finden, um der bäuerlichen Arbeit in der traditionellen Weise nachgehen zu können.
Neben den gesetzlichen Bestimmungen über Ländereien zweiter Klasse, die für die Teile der Bevölkerung reserviert sind, die traditionellen Gewohnheiten folgen, ist es wichtig, die Entwicklung aller jener anzuregen, die von den Wohltaten der Zivilisation und des Fortschrittes Nutzen ziehen wollen, indem man ihnen die unerläßlichen Mittel hierzu verschafft.
Es genügt nicht, daß durch das Gesetz bestimmte Rechte anerkannt werden. Es ist vielmehr notwendig, daß sich die Bürger in der Lage sehen, aus dem Gesetz Nutzen zu ziehen. Wenn diese Bedingungen nicht vorhanden sind, müssen sie geschaffen werden. Andernfalls sind die Menschen in der Praxis von dem ausgeschlossen, was ihnen das Gesetz eigentlich zubilligt. Dies kann z. B. beim Verfahren zur Erlangung einer Bodenkonzession und in vielen anderen Fällen festgestellt werden. Da die Antragsteller nicht über die finanziellen Mittel oder über die nötigen Kenntnisse verfügen, um ihre Rechte zu nutzen, werden diese für sie unerreichbar.

Migration
8. Die materielle und moralische Situation einer Vielzahl von inländischen Wanderarbeitern, die vor allem aus dem Landesinneren auf die Farmen im Norden oder in die verschiedenen Betriebe an der Küste arbeiten gehen, ist bekannt. Viele verlassen ihr Land und ihre Familien für lange Zeitperioden — manchmal für mehrere aufeinanderfolgende Jahre —, mit den fast unvermeidbaren Folgen einer solchen Situation: mangelnde Erziehung der Kinder und sogar Auflösung des Heimes. Wir erkennen jedem das Recht zu, dort Arbeit zu suchen, wo er besser bezahlt wird, aber es ist wichtig, darüber zu wachen, daß die Familienstrukturen nicht zerfallen. Maßnahmen, die eine Zusammenführung der Familien und nicht ihre Auflösung unterstützen, sind daher unerläßlich. Wir wagen es sogar, konkrete Lösungen anzubieten: Wenn man berücksichtigt, daß Wanderarbeiter in vielen Fällen die Funktion des Geldes nicht kennen, es vielmehr in verhängnisvoller Weise zum Schaden der wirtschaftlichen Situation zu Hause und zum Schaden ihrer eigenen Gesundheit vergeuden, ist zu überlegen, ob nicht ein Teil ihres Lohnes direkt durch die zuständige Körperschaft an die Familie, die der Arbeiter in seinem Heimatort zurückgelassen hat, überwiesen wird.
Ebenso meinen wir, daß in vielen Fällen bei längerem Aufenthalt am Arbeitsort Anstrengungen in dem Sinne unternommen werden müßten, daß jedes Familienoberhaupt seine eigene Familie bei sich haben kann; auf jeden Fall sollten Arbeitern häufigere Kontakte mit ihren Familien ermöglicht werden. Es ist unser Wunsch, wirksame Vorkehrungen in Bezug auf die religiöse Betreuung der Wanderarbeiter zu treffen, ja, wir beabsichtigen, sobald als möglich einen regelrechten Verband zur Beratung und Betreuung dieser Arbeiter zu schaffen.

Arbeitsverträge
9. Das Gesetz über die Arbeitsverträge wird oft von skrupellosen Personen, die die Unkenntnis und die moralische Schwäche der Arbeiter ausnützen, umgangen, um ihnen ungerechte Bedingungen aufzuerlegen.
Der Wahrheit halber muß gesagt werden, daß man leider auch Mißbräuche feststellen kann, bei denen die Befreiung aus einem Arbeitsvertrag, der einem Menschen durch Betrug aufgenötigt wurde, nur durch eine ganz erhebliche Ablösesumme erreicht werden kann.
Es ist die Pflicht von uns allen zu verhindern, daß das individuelle oder kollektive Kapital die wirtschaftlich schwächere Bevölkerung erstickt, sei sie nun europäischer oder afrikanischer Herkunft.
Wenn man an das Kapital die Forderung stellt, nur Maßnahmen zu planen, die auch tatsächlich durchgeführt werden können, bleibt auch das Recht der Schwachen gewahrt, am Fortschritt teilzunehmen. Dann können sie ihre Stimme auch bewußt hörbar machen und bleiben nicht "stille Opfer der Ungerechtigkeit oder mehr noch, Opfer der stummen Ungerechtigkeit".[14]

Wohnverhältnisse
10. Die Situation der Vorortbevölkerung verdient unsere spezielle Aufmerksamkeit.
Mit großer Freude haben wir zur Kenntnis genommen, daß von einigen lokalen Selbstverwaltungskörperschaften und von bestimmten Unternehmen Überlegungen angestellt wurden, den Bau von Unterkünften für wirtschaftlich schwächere Bevölkerungsschichten zu fördern. Wir wissen auch von den Bemühungen verschiedener für das öffentliche Leben Verantwortlicher, Schritt für Schritt bestimmte Randbezirke der Städte, wo es an den notwendigsten Bedingungen moralischer und sozialer Gesundheit fehlt, zu ersetzen. Aber es ist notwendig, daß alle — soweit sie können — bei diesem Kreuzzug mitarbeiten, jeder Familie eine angemessene, wenn auch bescheidene Wohnung zu verschaffen. Das Streben, in wenigen Jahren einträgliche Gewinne vom investierten Kapital zu erzielen, ohne die soziale Funktion des Reichtums zu beachten, hat zur Errichtung von Häusern und Wohnungen geführt, die selbst Familien mit nur bescheidenen Ansprüchen schwerlich genügen können, selbst wenn solche Familien nur aus drei oder vier Personen bestehen.
Es gibt Unstimmigkeiten in der Mieterschutzgesetzgebung: Eine Preisfestsetzung für die täglichen Gebrauchsgüter ist vorhanden, aber für die ständige Wohnung eines Individuums oder einer Familie gibt es keinerlei Gesetz, das im Vertrag zwischen Vermieter und Mieter eine gerechte Miete regelt. So geschieht es häufig in diesem Spiel von Angebot und Nachfrage, daß Familien mit bescheidenen Mitteln keine für sie tragbare Wohnung finden, da bestimmte Hausbesitzer es eher vorziehen, die Gebäude über Monate und

Jahre hinweg leerstehen zu lassen, als sie zu einem geringeren Preis als beabsichtigt zu vermieten.
Wir wissen sehr wohl, daß das Problem komplex ist und Implikationen aufweist, die außerhalb unseres Einflußbereiches liegen. Aber es hat eine derartige Bedeutung auf dem Gebiet der sozialen Gerechtigkeit, daß wir der Meinung sind, es bei dieser Gelegenheit erwähnen zu müssen.

Öffentliche Moral
11. Es ist für niemanden mehr ein Geheimnis, daß die allgemeine Atmosphäre, der wir heute ausgesetzt sind, Sinnlichkeit und Erotik ausstrahlt – vielerorts außerdem im höchsten Grade kommerzialisiert: in den gesellschaftlichen Kommunikationsmedien, in Unterhaltungslokalen, auf Straßen und öffentlichen Plätzen und in der Literatur, die alles überschwemmt.
Berichte über unzählige jugendliche Straftäter, die in den Städten und in anderen wichtigen Zentren Überfälle und verschiedene andere Delikte gegen Personen und Güter begehen, sind häufig. An die Polizei und an andere Ordnungshüter wird appelliert, diesen Exzessen und Verbrechen ein Ende zu bereiten. Meistens allerdings, ohne daß man sich bei diesen Appellen bewußt wird, daß es nicht möglich ist, die Wirkungen zu beseitigen, ohne vorher die Ursachen zu verändern. Und diese finden sich häufig in der Gesellschaft, an der wir teilhaben.
Es ist wichtig, eine wirksame Kampagne für die Bereinigung unserer Gewohnheiten zu führen, auch wenn dabei nicht alles, was die soziale Atmosphäre beschmutzt, berücksichtigt werden kann. Heutzutage wird viel über die Luft- und Wasserverschmutzung gesprochen und geschrieben, aber die moralische Verschmutzung, in der wir gezwungen sind zu leben, hat noch verhängnisvollere Auswirkungen.
Alle Initiativen werden begrüßt: die sich gegen die Zügellosigkeit einer morbiden Öffentlichkeit richten, einer Öffentlichkeit, die an Emotionen appelliert, um Aufmerksamkeit zu erwecken und Kundschaft anzuziehen; die die Verbreitung von billiger, aber zerstörender Literatur verhindern, welche die Seelen vergiftet und ihren größten Anklang unter Heranwachsenden und Jugendlichen findet; die verbieten, daß Filme gezeigt werden, in denen Unmoral und Verbrechen das Feld beherrschen und die durch starken Applaus von einer Seite Unterstützung finden, die von Erotik und Gewalt berauscht ist; die die provokativen Ansichten und Verhaltensweisen, welche die Unschuld der Kindheit abtöten und die edelsten Ideale der Jugend zum Welken bringen, von Straßen und öffentlichen Plätzen und von den Stränden und aus den Unterhaltungszentren entfernen; die wirksam gegen die schreckliche Geißel der Rauschgiftdrogen kämpfen.
An einigen Orten kann man aufgrund der unnormalen Bedingungen, unter denen die Bevölkerung lebt, ein eindrucksvolles Ansteigen der Zahl der

unehelichen Kinder feststellen, ohne daß sich die Eltern für die, welche die Liebe auf die Welt kommen ließ, interessieren. Sie werden die Aufrührer von morgen sein, gegen ihre Vorfahren und gegen die Gesellschaft, die sie nicht ohne ungerechte Brandmale aufgenommen hat.

Reichtum und Vergnügen
12. Das Rennen nach allem, was das materielle Wohlbefinden erhöhen kann, die Gier nach Reichtum an Produktionsmitteln und Konsumgütern, ist auch eines der Symtome unserer Zeit. In Wirklichkeit hat Gott uns die Güter und alle Fortschritte der Technik gewährt, um sie zu nutzen. Dies alles sollte jedoch dem Menschen dienen und niemals ihn versklaven.
Wie der Papst in verschiedenen Ansprachen erwähnt hat, tut die Konsumgesellschaft, in der wir leben, alles, damit die Menschen immer mehr die materiellen Güter beachten und die moralischen Güter – das aufrechte Bewußtsein, die Rechtschaffenheit, den Charakter, die Verbindlichkeit in bezug auf übernommene Aufgaben – vergessen oder gar verachten. Das Rennen nach Geld und die Sorge, schnell reich zu werden, lassen die moralischen Prinzipien, die die Stützen für die gesamte Gesellschaft bilden, vergessen.
Eine der schlimmsten Verirrungen ist der Verlust des Bewußtseins von der Bedeutung der sozialen und moralischen Werte, wenn Arbeit, Ehre, Tugend und selbst die Menschen ausschließlich unter dem Blickwinkel ihrer Bedeutung als Faktoren von Reichtum oder materiellen Vergnügungsmitteln bewertet werden. So kommt es zu der Unverschämtheit, alle Taten – selbst die schändlichsten – dadurch rechtfertigen zu wollen, daß sie mit eigenem Geld bezahlt würden.

Funktionen des Reichtums
13. Der Reichtum wurde dem Menschen nicht zugesprochen, damit er über ihn verfügen kann, wie er will, vielmehr hat er einen eminent sozialen Charakter, wie die Offenbarung, die Lehre der Kirche und die Geschichte der Völker bestätigen. Es reicht nicht aus, sagen zu können: wir rauben nicht. Wir müssen uns ruhigen Gewissens versichern können, daß wir uns bei unseren Geschäften nicht des Betruges bedienen und daß wir einen Teil der Güter, die wir besitzen, zum Wohl der Allgemeinheit verwenden. Was ungerecht und unehrlich ist, kann nicht Gegenstand eines Vertrages sein. Die Absicht, schnell reich zu werden und nicht selten betrügerisch ein Leben zu führen, für das die Mittel nicht vorhanden sind, führt zur Praxis des Vertrauensmißbrauches, zu Raub und anderen unerlaubten Tätigkeiten, von denen uns durch die Kommunikationsmedien öfter als gewollt berichtet wird. In bezug auf die ländliche Bevölkerung möchten wir noch auf einige Unstimmigkeiten hinweisen, die die wachsame Aufmerksamkeit aller, die irgendeine Verantwortung in dieser Hinsicht tragen, verdienen. Wir sind alle an

ihrer Entwicklung und ihrem Fortschritt interessiert, und zwar für die insgesamt und nicht nur für einige begrenzte Gruppen. Eine bestimmte Art des Handels nimmt ihnen jede Möglichkeit, sich wirtschaftlich zu entwickeln, denn Mißbräuche sind häufig: sei es unter Ausnutzung der Bedingungen, zu denen sie (die Menschen auf dem Lande) die für sie notwendigen Güter kaufen oder Waren verkaufen müssen, sei es in der Ausbeutung gewisser lasterhafter Tendenzen. Etwa, indem man ihnen unkontrolliert alkoholische Getränke verkauft, manchmal als Tausch gegen Waren, die zur Erhaltung der eigenen Familie unerläßlich sind.

Außerdem ist es notwendig, daß sie vor den möglichen Folgen schlechter landwirtschaftlicher Jahre geschützt werden — Regenmangel, niedrige Preise für ihre Produkte usw. Nur so verfügen sie über einen Ansporn bei ihrer Arbeit, nur so werden sie befähigt, den Weg des Fortschritts einzuschlagen, was zweifelsohne das Beste ist, um sich selbst verwirklichen zu können und bei allen Initiativen, die dem Gemeinwohl dienen, mitwirken zu können. Andererseits ist es unausbleiblich, daß diese Bevölkerungsschichten nicht leicht dazu zu bringen sind, unsere Bemühungen zu akzeptieren, solange ihnen selbst nicht Sinn und Bedeutung (dieser Anstrengungen) klargeworden sind. Und zwar vor allem, weil sie durch ihre eigenen Vorstellungen geblendet werden, unterstützt von bestimmten, durch die Konsumgesellschaft geschaffenen Phantasien, denen sie hilflos ausgesetzt sind, wobei sie oft die Tugenden ihrer eigenen traditionellen Kultur verlieren.

Es ist vor allem wichtig, die ernste Überzeugung zu schaffen, daß Arbeit den Menschen adelt und daß Müßiggang, Alkoholismus und ähnliche Plagen ihn nur erniedrigen und zum Ruin führen.

Privatinitiativen

14. Ebenfalls angespornt werden sollte die Initiative der wirtschaftlich schwächeren Bevölkerungsschichten, um sie so weit zu bringen, daß sie die Urheber ihrer eigenen Entwicklung und ihres Fortschrittes werden, vor allem in bezug auf ihre Wohnverhältnisse. Sie kennen selbst, besser als irgendjemand sonst, die Art der Häuser, die den Bedürfnissen und Inhalten ihres Familienlebens entsprechen. Nicht immer wird — selbst von Personen, die die besten Absichten haben zu helfen — diesem Umstand Rechnung getragen. Auch aus diesem Grund werden die praktischen Ergebnisse nicht erreicht, die man von einer bestimmten Kampagne oder sozialen Tätigkeit erwartet hat.

Diese Bevölkerungsschichten müssen selbst gehört werden. Soweit wie möglich müssen die unerläßlichen Maßnahmen in Abstimmung mit ihnen ergriffen werden, damit sie wahrhaftig an der Errichtung und Erhaltung von Werken, deren sie bedürfen, interessiert sind. Nur diese Haltung wird bei ihnen dazu führen, die Wohltaten, die man ihnen angedeihen läßt, ernst zu nehmen und den besten Nutzen aus ihnen zu ziehen. Dies ist eine logische Konsequenz aus der Natur des Menschen und eine praktische Lehre in psychologischer Hinsicht, die in allen Gesellschaften festgestellt werden kann. Die öffentliche Hilfe darf die individuelle Initiative weder abtöten noch ersetzen, sondern muß sie angemessen wecken und anregen. Außerdem ist dieses System ohne Zweifel weniger kostspielig für den Staat, die Selbstverwaltungskörperschaften und die an diesen Arbeiten interessierten Unternehmungen, verbürgt aber gleichzeitig bessere Ergebnisse für alle.

Grundfreiheiten
15. Die jahrhundertealte portugiesische Überseetradition sollte immer versehen mit dem Stempel der Echtheit dargestellt werden.
In Kenntnis der Schwierigkeiten der gegenwärtigen Stunde und der kritischen Situation, in der sich die Bevölkerung einiger Regionen Angolas befindet, unterliegen wir alle der großen Pflicht, zur Befriedigung der Geister beizutragen, indem wir die Ursachen des Konfliktes, Mißtrauen und Unzufriedenheit, die durch verschiedene Situationen erzeugt werden können, beseitigen.
Es ist notwendig, daß wir alle in unseren Absichten und in unserem Leben glaubwürdig sind. Es ist unnütz, eine Lehre zu predigen, die — auch wenn ihre Worte noch so schön sind — nicht in die tägliche Praxis umgesetzt wird.
Die Menschenrechte müssen von allen und in allen Situationen respektiert werden, selbst wenn es sich um Verbrecher handelt. Für diese gibt es die zuständigen Gerichte, denen es zusteht, gemäß den gerechten Normen der in Kraft befindlichen Gesetze zu urteilen.
Nicht mit Politik vermischt werden dürfen Vorkommnisse, die oft auf Egoismus oder Böswilligkeit bestimmter Personen zurückzuführen sind, die sich dieser Mittel bedienen, um ungerechte Ziele zu erreichen, und die vergessen, daß durch ihr Vorgehen die Unzufriedenheit genährt wird und Haßausbrüche vorbereitet werden, die schon ein Funke entzünden kann.
Der Rassismus ist durch unsere Gesetze verboten, aber in der Praxis wird nicht selten das Ansehen von Personen oder Gruppen durch ihre Hautfarbe bestimmt, und zwar kann dies sowohl auf seiten der Europäer als auch auf Seiten der Afrikaner vorkommen.
Bei der Erfüllung der Gesetzgebung, die uns leitet, sei jedem — ohne Diskriminierung dessen, was nicht von eigenem Verdienst abhängt — dieselbe Möglichkeit geboten, sich zu bestätigen und die Vorteile, die das Gesetz ihm zugesteht, zu nutzen.
Der Wohnsitz jedes Bürgers ist unverletzlich und es muß — außer in wirklichen Ausnahmezuständen und bei Übergangsregelungen — jedem zugestander werden, dort zu wohnen, wo er will, soweit ihm gegenüber nicht ein

Urteilsspruch von einem ordentlichen Gericht vorliegt.
Mit Freude registrierten wir die letzthin einigen hundert politischen Gefangenen gewährte Amnestie. Diese und andere ähnliche Maßnahmen können dazu beitragen, wirksam die Gemüter zu beruhigen. Nun ist es wichtig, daß wir diese Amnestierten nicht ihrem eigenen Schicksal überlassen, sondern sie unterstützen und sie in die Gesellschaft integrieren, so daß sie ihr Leben ohne Komplexe und Sondermaßnahmen verbringen können.
Seit einiger Zeit wird viel über die Pressefreiheit diskutiert. Indem wir Stellung nehmen für einen freien Gedankenaustausch — was in keiner Weise mit Freigeisterei zu verwechseln ist —, wünschen wir, daß allen erlaubt wäre, in wirklich konstruktiver Weise ihre Meinung zu den in der gegenwärtigen Stunde entscheidenden Problemen abzugeben.
Wir sind überzeugt, daß wir deren Lösung nicht finden, indem wir sie ignorieren, sondern indem wir uns sehr wohl für einen ehrlichen und aufrichtigen Dialog zur Verfügung stellen. Nur so, — und mit einem richtigen Bewußtsein der Realität, in der wir leben —, können wir den Weg finden, der zum Frieden führt.

Schlußermahnung

16. In dem Dokument über die Gerechtigkeit erklären die Bischöfe der letzten Synode: "Unsere Interventionen beabsichtigen, der Ausdruck jenes Glaubens zu sein, der unser Leben und das der gläubigen Christen bestimmt. Jeder einzelne von uns ist dafür zuständig, daß diese Interventionen immer mit den örtlichen und zeitlichen Gegebenheiten übereinstimmen. Unsere Aufgabe verlangt von uns, daß wir mit entschiedenem Mut und zugleich mit Nächstenliebe, Weisheit und Bestimmtheit auftreten und aufrichtige Dialoge mit allen Interessierten aufnehmen. Wir sind uns bewußt, daß diese unsere Verkündigungen in dem Maße Zustimmung gewinnen werden, wie sie der Ausdruck unseres Lebens sind und sich in einer kontinuierlichen Tätigkeit ausdrücken."[15]
Es ist nicht unsere Absicht, pessimistisch über das von uns dargestellte Bild zu sein. Wir wissen, daß es Gründe gibt, uns zu beglückwünschen: für das Gute, das realisiert wird, und für die Initiativen offiziellen und privaten Charakters, die ergriffen wurden, um die Gerechtigkeit besser zu verwalten, Mißbräuche zu unterdrücken und einen entscheidenden Schritt bei der Förderung vieler zu machen, die das Recht auf unser Interesse haben.
Auch sind wir der Meinung, daß wir an viele, deren Bewußtsein eingeschlafen ist, den unvermeidlichen Weckruf richten, damit sie aus einem Schlaf erwachen, der vielleicht angenehm war, aber verderblich und irreführend, und durch den sie sich täuschen ließen.

Die Haltung der Kirche wird immer ein Ansporn sein für die Förderung der Gerechtigkeit und die Mitarbeit in allen Bereichen, die auf das Wohl der Bevölkerung abzielen, unabhängig von der politischen Situation. Sie überläßt es den Bürgern, die entsprechend vorbereitet und aufgeklärt sind, selbst die Entscheidungen zu fällen, die sie als für das Gebiet am gerechtesten und angemessensten erachten.

Wir wünschen, daß kirchliche Personen, Werke und Institutionen die ersten sind, die ein praktisches Beispiel der von uns dargelegten Soziallehre abgeben. abgeben.

17. Unsere besonderen Schützlinge sollen die Armen und weniger Begünstigten sein, indem wir ihnen die Wohltaten der Ausbildung und Erziehung und der sozialen Förderung zugänglich machen, die einen integralen Bestandteil der Vor-Evangelisierung ausmachen, ohne jedoch die echte christliche Ausbildung der Bevölkerung zu vernachlässigen, zu deren Evangelisierung wir berufen sind.

Wir empfehlen allen religiösen Kongregationen, die in unseren Diözesen arbeiten, vor allem aber jenen, die sich der Erziehung in städtischen Bereichen widmen, den Dienst an den sozial schwächeren Gruppen nicht zu vernachlässigen.

Die Mitglieder der verschiedenen missionarischen Einrichtungen — weltlicher oder religiöser Art — sollen die ersten sein, die ein Beispiel der Einfachheit und Uneigennützigkeit im individuellen und Gemeinschaftsleben abgeben. Diese Einfachheit sollte sich auch in den Einrichtungen der missionarischen Werke niederschlagen, die Zufluchtsstätten ohne Aufwand und Pracht zu sein versuchen sollten.

Wir empfehlen allen Missionaren, die ihre hingebungsvolle Mitarbeit Werken sozialen Charakters widmen, ganz gleich ob von offizieller oder privater Seite angeregt, zum Wohle der ärmsten Bevölkerung zu arbeiten.

Wir sind auch der Meinung, daß der Moment gekommen ist, das auf Provinz-Ebene (gemeint ist Angola, die Red.) eine Wohltätigkeitsinstitution gegründet werden soll, die — indem sie Spenden und Hilfe all jener, die helfen können, sammelt und entgegennimmt, in der Lage ist, die dringendsten Bedürfnisse zu befriedigen und die Entwicklung der ärmsten Bevölkerungsschichten zu beschleunigen. Zur gegebenen Zeit hoffen wir, ihr ein eigenes Statut geben zu können. Wir rechnen ab sofort mit all jenen, die uns helfen können, diese Idee zu verwirklichen.

Jeder von uns — ob Christ oder nicht — trage dazu bei, die Stunde schneller herbeizuführen, in der der Frieden eine Tatsache in ganz Angola wird, erreicht vor allem durch die Einigkeit der Herzen und durch den entschiedenen Willen seiner Bewohner, sich die Hände zu reichen und eine bessere Welt zu errichten, gegründet auf Gerechtigkeit, Brüderlichkeit und Liebe.

Luanda, 31. August 1972

Manuel, Erzbischof von Luanda und Apostolischer
Administrator von São Tomé
Manuel, Bischof von Silva Porto
Pompeu, Bischof von Malanje
Francisco, Bischof von Luso
Eurico, Bischof von Sá da Bandeira
Americo, Bischof von Nova Lisboa
Francisco, Bischof von Carmona und S. Salvador
Eduardo, Bischof von Isola
Armando, Bischof von Benguela

(Übersetzt von Elisabeth Hiß)

Anmerkungen
[1] Dieses Dokument wurde zusammen mit dem des "Sacerdocio Ministerial" durch das Sekretariat der Bischofskonferenz des Mutterlandes veröffentlicht. Bei Zitaten beziehen wir uns auf diese offizielle Wiedergabe, welche wir im folgenden mit DS (Documento Sinodal) abkürzen, unter Angabe der entsprechenden Seitenzahl.
[2] DS, S. 78–79.
[3] CEAST – Hirtenbrief 1971, S.1.
[4] Es erstaunt uns, mit welcher Leichtfertigkeit in ausländischen Zeitungen und Zeitschriften Schreiben von Personen entgegengenommen werden, die das Leben der Kirche in unseren Diözesen nicht kennen, oder daß jemandem vollkommen Glauben geschenkt wird, der aus Ärger oder anderen weniger ernsten Motiven sich als Richter der Verantwortlichen für das christliche Leben unter uns aufspielt. Häufig wird auch nur eine Seite der Dinge und Geschehnisse dargestellt, so daß nur "halbe Wahrheiten" veröffentlicht werden, die oft schädlicher sind als falsche Nachrichten. Gegen diese können wir uns leicht vorsehen; vor jenen ist es für jemanden, der nicht genügend informiert ist, schwierig, sich in Acht zu nehmen.
Wir meinen in einer Abhandlung über die Gerechtigkeit, daß es unsere Pflicht ist, solche Machenschaften offenzulegen, die nicht nur den Ruf unserer Bischöfe gefährden, sondern – was noch ernster ist – ein verändertes und entstelltes Gesicht der Kirche Christi darstellen, die wir mit Entschlossenheit in diesem Land errichten wollen und für die wir zu allen Opfern bereit sind, selbst dem unseres eigenen Lebens, wenn Gott uns darum bittet.
[5] Salm. 71,7
[6] Is. 11,5
[7] Jo. 8,46
[8] Vorwort zur Christ-Königs-Messe
[9] vgl. Mt. 5
[10] vgl. Mt. 26,11
[11] vgl. Mt. 5,20
[12] DS, S. 67
[13] Hirtenbrief von Angola, Januar 1971, S. 13
[14] DS, S. 57
[15] DS, S. 70

Predigt des Bischofs von Carmona zum "Hirtenbrief der Bischöfe Angolas über die Gerechtigkeit"

Meine Brüder,
seit fünfeinhalb Jahren lebe ich unter Euch, seither habe ich die gerade erst geborene Diözese, der es an den elementarsten Strukturen mangelte, betreut. Ihr habe ich das Beste meines Lebens gewidmet, ohne die Sorgen oder die Arbeit zu zählen, verbunden mit Euren Sehnsüchten und Problemen, Gott bittend, daß sie sich in Frieden, mit Gerechtigkeit und Liebe lösen ließen. Und immer hat mich nicht nur die Gnade Gottes freudig angespornt, sondern auch der Stolz auf mein Volk. Ein Volk, das ich wegen seiner ehrlichen Aufgeschlossenheit gegenüber den großen Aufgaben, den edlen Idealen und den höchsten menschlichen Bestrebungen von der ersten Stunde an bewundert habe und über das ich die leidenschaftlichsten Lobreden gehalten habe. Heute muß ich jedoch gestehen, — mit sichtbarem Schmerz —, daß sich in mir zum erstenmal dieser Stolz in Traurigkeit und Enttäuschung gewandelt hat. In allen Diözesen Angolas wird gerade mit staatsbürgerlicher Gesinnung und Respekt der neue Hirtenbrief der Bischöfe über die Gerechtigkeit gelesen. Es ist mir nicht bekannt, daß es in irgendeiner Stadt irgendwelche unkorrekten Reaktionen gegeben hat. Nur in Carmona war es anders. Verdrehte Kommentare und unverständliche Proteste wurden laut, sogar Kinder wurden hierfür eingeübt. Was sage ich? Nicht einmal Drohungen und Unverschämtheiten fehlten. Deshalb fühle ich mich verpflichtete, die Betrachtungen über den Hirtenbrief zu unterbrechen, um auf die Ungerechtigkeiten von bestimmten Behauptungen, die hier in Umlauf sind, zu antworten.
1. Es wird tatsächlich behauptet, daß der Hirtenbrief ein Angriff auf bestimmte Personen sei — ebenso der Kommentar, den ich darüber am letzten Sonntag abgab —, da Euer Privatleben angesprochen würde und Fakten verallgemeinert worden seien.
Nun, ich kann es nicht lassen, eine solch offenkundige und grundlose Ungehörigkeit lebhaft abzulehnen. Immer habe ich meinen Stolz darein gesetzt, meine Freundschaft und Beachtung allen zu widmen: Armen und Reichen, Weißen und Schwarzen, Katholiken und Nichtkatholiken, Praktizierenden und Nichtpraktizierenden, ohne Unterschied von Person, Klasse oder Glaube. Wenn ich schon im Privaten niemals jemanden nicht beachtet habe, wie sollte ich es dann wagen, dies in der Öffentlichkeit zu tun? Wer hat schon jemals gehört, daß ich Äußerungen gemacht habe, die diesen oder jenen angegriffen haben? Die Kirche verurteilt die Sünde; aber niemals den Sünder. Sie nicht, und ich schon gar nicht. Ich bin nicht hier, um über Personen zu

richten und zu urteilen, selbst dann nicht, wenn deren Lebenswandel es verdienen würde, denn nur Gott kennt das Bewußtsein und weiß, wie weit dessen Schuld reicht.
Wenn aber die Kirche den Sünder nicht verurteilt, so kann sie es doch nicht unterlassen, die Sünde selbst zu verurteilen. Dies ist ihre Aufgabe, so dornenreich sich diese auch manchmal stellt. Wenn nun die Kirche zu Euch zum Beispiel gegen Scheidung und eheliche Untreue predigt, weiß sie, daß Ihr, zumindest zum größten Teil, nicht geschieden seid; sie weiß, daß viele Ehefrauen ehrbar, viele Ehemänner treu sind und die gegenseitige Achtung noch niemals verloren haben. Und es wäre dumm von ihnen, sich von der Kirche, weil sie so predigt, angegriffen zu fühlen. Sie sollten sich eher freuen, daß sie frei von dieser Schuld sind. In derselben Weise weiß die Kirche, wenn sie gegen die Ungerechtigkeit spricht, daß es viele anständige Menschen gibt, auch in der Arbeitgeberklasse. Sie muß jedoch ihre Lehre darlegen, vor allem wenn sie irgendwo ihre Nichtbeachtung feststellen kann, die vielleicht mehr aus Mangel an Reflexion und Aufklärung als aus bösem Willen erfolgt. In dieser Weise bietet die Kirche den Kranken Arznei und den Gesunden die Impfung. Denen, die gefallen sind, um sich wieder auf die Füße zu stellen; denen, die auf ihren Füßen stehen, um nicht zu fallen. Wer kann sich hierdurch angegriffen fühlen? Wenn der Hirtenbrief sich auf einen Teil des Lohnes bezieht, der direkt an die Familie überwiesen werden soll, wird weder abgestritten, daß viele es bereits so machen, noch stellt er es als Pflicht hin, sondern schlägt es nur vor im Sinne eines vorläufigen Rates. Beim Verkünden der Lehre des Evangeliums wende ich mich nicht an fiktive Christen, spreche ich nicht zu Menschen aus dem XIII. Jahrhundert, die in China lebten. Nichts davon!
Ich spreche zu konkreten Christen, zu den Menschen von heute, die hier leben, in meiner Diözese, in Zaire und in Uige, mit ihren täglichen Problemen des Kaffees, der Pflanzungen, der Arbeit, der Preise, der latenten Spannungen, des erschütterten Friedens, des Zusammenlebens und Überlebens. Diesen Menschen und ihren Problemen habe ich heute und hier das Evangelium des Herrn zu verkünden.
Ich sagte, daß wir niemanden verurteilen. Eher wollen wir alle verteidigen, angefangen – natürlich – bei den Ärmsten. Sind es vielleicht nicht die Armen, die Schwachen, diejenigen, die keine Stimme haben, die gehört wird, diejenigen, die aus der ärmsten Klasse kommen, die eine Verteidigung am nötigsten haben? Ihr müßt richtig verstehen, Brüder, daß, wenn wir die Armen verteidigen, wir nicht von ihnen gekauft werden. Wie sollten sie, die nicht einmal Geld haben, um Brot zu kaufen, Bischöfe kaufen? Schließlich aber verteidigen wir alle. Wird hier nicht andauernd und lauthals gesagt, daß die Situation, in der wir leben, nicht einfach mit Maschinengewehren zu lösen sei? Alle haben wir das gehört, und alle haben es mit ihren eigenen

Augen gesehen, und dies geht nun schon seit fast 12 Jahren so. Nun, wenn die Situation sich nicht einfach mit Waffen lösen läßt, mit was dann? Vielleicht, indem man die Lehre, die in dem Hirtenbrief der Bischöfe enthalten ist, ablehnt und verleumdet? Wäre es nicht besser, sie zu akzeptieren und zu erfüllen?

2. Es wird auch gesagt, daß der Hirtenbrief eine Lehre mit kommunistischem Einschlag enthalte, die eine gleiche Verteilung des Reichtums nahelegt. Die Personen, die so sprechen, verstehen entweder den Hirtenbrief nicht oder den Kommunismus nicht, oder sie verstehen weder das eine noch das andere. Niemals hat der Marxismus die gleiche Verteilung der Güter verteidigt. Abgeschafft werden soll nur das Privateigentum an Produktionsmitteln (wobei gesagt werden kann, daß er keine Skrupel hat, diese den 10 Prozent der Menschheit wegzunehmen, die sie bisher den anderen 90 Prozent vorenthalten hat); das Privateigentum an Konsumgütern läßt er frei zu. Im sozialistischen Staat gibt es, wie überall auf der Welt, Leute, die ein Auto besitzen und Leute, die zu Fuß gehen; Leute, die in Luxushäusern wohnen, und Leute, die in Hütten leben; Leute, die viel verdienen, und Leute, die wenig verdienen.

Was den Hirtenbrief betrifft, so läßt er, der Lehre der Kirche folgend, das Privateigentum an Produktionsmitteln und Konsumgütern zu, wobei er sich darauf beschränkt zu lehren, daß "die geschaffenen Güter gleichermaßen für alle Hände reichen sollen". Aber dieses Wort "gleichermaßen" ist in diesem Zusammenhang kein Synonym für "absolut gleich", sondern bezieht sich auf eine proportionale Verteilung (entschuldigt, daß ich hier diese grammatikalischen Erklärungen abgeben muß). Die Güter gleichermaßen zu verteilen heißt, nach der Lehre der Kirche und des Hirtenbriefes, jedem das zu geben, was ihm zusteht, gemäß seinem Verdienst, seinen Bedürfnissen und gemäß der sozialen Funktion, die er ausübt.

Ja, die Kirche weiß, daß es immer Arme unter uns geben wird. Wenn sie aber eine gerechte Ungleichheit in der Verteilung des Reichtums nicht verurteilen kann, dann kann sie auch nicht eine ungerechte Ungleichheit gutheißen. Und ist es nicht wahr, daß es untolerierbare Ungleichheiten gibt, die kein Herz, welches mit menschlichen Gefühlen ausgestattet ist, ertragen kann und die durch keine Ursache gerechtfertigt werden können? Was machen denn diese Vinzentiner und Vinzentinerinnen, die, um das Elend bestimmter Personen zu mildern, von Tür zu Tür gehen? Machen sie es, um Sport zu treiben? Als luxuriösen Zeitvertreib? Zur Erholung? Oder geschieht es nicht eher deshalb, weil ihr Herz sich nicht mit dem Elend jenes abfinden kann, der an allem Bedarf hat, während anderen soviel übrigbleibt? Und sollte vielleicht die Ursache bestimmter Situationen immer unschuldig gewesen sein?

Ist die Verteilung der Gewinne vielleicht immer proportional dem Kapital

und der Arbeit, gemäß dem Verdienst und der Funktion dieser beim Produzieren jener? Das sind lästige Fragen, die äußerst unbequeme Antworten zur Folge haben. Aber unser Gewissen darf ihnen nicht ausweichen.
3. Wir werden angeklagt, mit Großbuchstaben, selbstverständlich, daß wir uns in etwas einmischen, worüber wir nicht gefragt wurden, nämlich in die Politik.
Wissen denn die Autoren dieser Anklage, was man unter Politik versteht?
Sie bedeutet weder ausschließlich Recht, noch soziale Fragen, noch Wirtschaft, noch Verwaltung, noch nicht einmal militärische Verteidigung.
Sie ist die Tätigkeit, die die öffentliche Hand dazu bringt, die Beziehungen zwischen den sozialen Werten im Hinblick auf das Gemeinwohl der Gesamtheit zu koordinieren und zu strukturieren. In diesem Sinne ist die Politik ein edler Dienst, den wir unserem Nächsten tun. Aus diesem Grunde sind für mich alle Menschen, die sich uneigennützig und edelmütig für die Politik einsetzen, Gläubige der höchsten Wertschätzung, wirkliche Förderer des Glücks anderer.
In diesem Sinne hat Papst Paul VI. noch kürzlich alle Laien an die Pflicht erinnert, sich würdig für diese Sache einzusetzen. Nicht zuletzt im Hinblick darauf, den Verantwortlichen mehr Licht bei Entscheidungen von Gemeininteresse zukommen zu lassen.
Kann ein Pater, wenn die Politik so verstanden wird, sie ausüben? Wichtig ist vor allem zu wissen, daß ein Geistlicher nicht weniger Bürger ist als irgendeine andere Person, und als solcher genießt er alle menschlichen Rechte, selbst die politischen. Oder ist vielleicht die Priesterweihe ein Verbrechen, wofür der Pater von seinen politischen Rechten ausgeschlossen wird?
Niemand streitet ihm sein Recht (seine Pflicht!) ab, bei einer öffentlichen Wahl zu wählen. Nun, solch eine Wahl ist par excellence der Ausdruck einer politischen Entscheidung des Bürgers, bei gegebenen Verantwortlichkeiten, die vorausgesetzt werden. Und wenn nun der Pater das Recht hat zu wählen, was niemand abstreitet, hat er auch das Recht auf politische Entscheidungen. Aus der Stimmabgabe allerdings, die von ihrer Natur her geheim ist, darf sich der Pater nicht in die Politik einmischen, nicht weil er nicht das Recht dazu hätte, sondern um die Effektivität seines Aufgabenbereiches nicht zu schmälern. In der Tat, wenige Dinge entzweien die Menschen so wie die Politik. Es reicht schon aus, daß man sich einer Partei anschließt, um gleich als Gegner der anderen betrachtet zu werden. Doch die Kirche ist nicht für die Menschen einer Partei da, sie ist für alle da: Monarchisten, Republikaner und Demokraten; für Linke, Rechte und Anhänger der Mitte (insofern sie ihre Lehre respektieren). Und wenn, in einem äußerst seltenen Fall, ein Pater die entsprechende Erlaubnis bekäme, sich mit Politik zu beschäftigen, dann könnte er niemals die Kirche zu diesem Zweck benützen, und zwar aus denselben Gründen, die ich oben angeführt habe,

und weil ihre Zielsetzung eine andere ist.

Eine noch heiklere Frage ist folgende: Kann die Hierarchie über eine Ideologie oder ein bestimmtes politisches System urteilen und sich darüber äußern? Vom technischen Gesichtspunkt aus kann sie das nicht da dies nicht in ihrer Kompetenz steht. Aber vom moralischen Gesichtspunkt aus kann und muß sie es manchmal. Dies ist der Fall bei einer Politik, die sich den geistigen Werten und den religiösen Rechten ihrer Bürger entgegensetzt. Aus keinem anderen Grund mußte Kardinal Mindszenty Gefängnis und Verbannung erleiden.

Aber der Hirtenbrief der Bischöfe Angolas schreibt nicht über irgendein politisches System, sondern lediglich über die Gerechtigkeit in der Umgebung, in der wir leben, ein Thema von größter Verantwortung für das christliche Bewußtsein unserer Zeit. Letzlich handelt es sich nur um das siebte Gebot, angewandt auf unser Leben. Und sollte es jemanden geben, der uns die Pflicht abstreitet, die Gebote Gottes zu predigen? Wenn der Hirtenbrief irgendeine Lüge über den Glauben oder die christliche Moral enthielte, wäre ich der erste, der ihn widerrufen würde. Wenn er aber statt Lügen ernste Wahrheiten beinhaltet, warum sollten wir nicht den Mut haben, diese mit Würde zu tragen? Sicher, die Wahrheit verursacht Leiden, aber sie ist es auch, die uns befreit, wie Christus lehrt.

4. Zuletzt bleibt mir noch aufzuklären, daß der Hirtenbrief der Bischöfe von Angola durch die Regierung nicht verboten wurde. Wie sollte sie ihn auch verbieten, wenn sie das Erscheinen des "O Catedratico" nicht verboten hat? Dieses Gerücht verdient mehr den Vorwurf der Diktatur als die Freiheit, die der Staat der Kirche zuerkennt.

Meine Brüder, die Taten qualifizieren die Personen, die sie vollbringen. Deshalb vermeidet alles, wodurch das Volk von Uige schlecht dargestellt werden könnte. Es gibt Kommentare, die Selbst-Denunziation sind, ein Selbstbekenntnis der Schuld. Und niemand da draußen braucht die Schuld zu kennen, die wir haben. Setzen wir unsere Betrachtungen über den Hirtenbrief an den nächsten Sonntagen fort. Mit Respekt, konstruktivem Geist und dem Wunsch, unser christliches Leben zu vervollständigen. Ich möchte nicht mehr sagen hören, daß die Leute meiner Diözese weniger erzogen und weniger korrekt sind als die der anderen Diözesen. In solchen Situationen wie dieser erweisen sich die Christen, und die Kirche erfährt, mit wem sie rechnen kann. Ich bin bereit, alle Anklagen zu verzeihen, nur eine nicht. Wißt Ihr welche? Die, Euch nicht aufzuklären. Ich kann die Vorstellung nicht dulden, daß Ihr eines Tages, vor dem Tribunal Gottes, mir ins Gesicht werft: Du, unser Bischof, warum hast du uns nicht die Wahrheit gesagt?

Die Predigt wurde am 28. Januar 1973 in der Kathedrale der Stadt Carmona (Angola) gehalten. (Übersetzt von Elisabeth Hiß)

Den Krieg überdenken

Hirtenbrief des Bischofs von Nampula/Mozambique
Manuel Vieira Pinto
zum Welttag des Friedens Januar 1974

1. "Hört mich noch einmal, ihr Menschen, an der Schwelle des Neuen Jahres 1974. Ich wiederhole: Hört mich: Noch einmal will ich zu euch vom Frieden sprechen.
Trotz der gräßlichen Episoden internationaler Konflikte, unerbittlicher Klassenkämpfe, Unterdrückung der fundamentalen Menschenrechte, trotz der Gewalttaten, die die Geschichte unserer Tage kennzeichnen, ist der Friede allen Menschen als Recht und Pflicht auferlegt. Der Friede ist notwendig, möglich, verpflichtend. Er ist das Ideal der Menschheit. Er muß als Imperativ in die Herzen eindringen, der von den wesentlichen Forderungen eines menschlichen Zusammenlebens ausgeht.
Die Bejahung eines individuellen Friedens muß zum Frieden der gesamten Gemeinschaft werden, Gewissen und Dynamik eines Volkes, muß Überzeugung, Ideologie, Aktion sein; es muß gelingen, daß er ins Denken und Handeln neuer Generationen und Bewegungen eindringt, in Politik, Wirtschaft, Kultur, Fortschritt, Ausdrucksweise, öffentliche Meinung, Interessenzentren und Bewegungen, in irgendeiner Weise in die Eroberung und Verteidigung der Rechte des Menschen und der Völker (Paul VI. am 7. Welttag des Friedens).

2. Es ist jedoch wichtig, den Frieden nicht mit der eingesetzten Ordnung zu verwechseln, mit den Streitkräften der Ordnung oder der Entfernung der Waffen, mit der Angst der Schwachen, der Unterdrückung durch die Stärkeren, mit dem Schweigen der Toten.
Der Friede ist etwas, was man nicht nur bewahren, sondern produzieren muß, ausgehend von der Wahrheit, Gerechtigkeit, Liebe und Freiheit, ausgehend vom politischen Gewissen des Menschen. Er ist folglich nicht vereinbar mit einer "Ordnung" auf Kosten der Wahrheit, Gerechtigkeit, Liebe und Freiheit. Er ist nicht Unterdrückung, nicht Angst, nicht Schweigen, nicht Tod. Der Friede ist der Mensch und der Mensch ist das Herz des Friedens.
Von daher kommt die drängende Notwendigkeit, den Menschen ernst zu nehmen, wenn wir ernsthaft den Frieden wollen. Nicht nur die Menschen ohne Namen, fern und unbekannt, sondern den Menschen hier und jetzt, den Menschen von Mozambique, der fast zehn Jahre Gewalt und Krieg erleidet und sich nach dem Frieden sehnt.
Wir würden das fundamentale Problem umgehen und die Gewalttat vergrö-

ßern, wenn wir vom Frieden in Mozambique redeten, ohne ehrlich über den
blutbefleckten Krieg zu sprechen. Schon der Prophet Ezechiel empörte
sich über die falschen Propheten, die das Volk täuschten, indem sie bekräftigten, daß alles gut stehe, während das Gegenteil der Fall war (Ez. 13,10,16).
Die Lüge ist eine Form der Unterdrückung. In irgend einer Weise ist sie
Mord. Die Lüge tötet; ebenfalls die nur halbe Wahrheit, wie das Schweigen
ein Komplize des Bösen ist. Wir können nicht Frieden sagen und zugleich
der Wahrheit den Rücken kehren. Sehen wir dem Krieg ins Auge und der Interpellation, die er uns macht.

3. Der Friede in Mozambique legt uns vor allem die Pflicht auf, daß wir
erneut über den Krieg nachdenken – "den Krieg, den wir nicht wollen" –
mit einer neuen Mentalität und einer neuen Bestimmung. Hier und jetzt den
Krieg überdenken bedeutet, aufrichtig die Konflikte anzuerkennen und zu
identifizieren, die innen und außen im Zusammenhang der Ideen zur Zerstörung des Friedens beitragen. Es bedeutet, im Geiste des Dialogs die Rechte und Pflichten nachzuprüfen, die den Menschen und dem Volk von
Mozambique einen dauerhaften Frieden sichern. Fragen wir uns in Ruhe,
ob dieser Krieg ein würdiges und angemessenes Mittel ist, den offenen Konflikt zu lösen, ob im Grunde des Prozesses nicht mehr in Frage steht, als
ein "Überfall" und eine "gerechte Verteidigung", sondern ein gerechtes
Streben dieses Volkes nach Emanzipation. Fragen wir uns ernstlich über die
Ungerechtigkeiten und Verbrechen, die im Verlauf des Krieges diese und
jene begehen können.

In Mozambique gibt es tatsächlich Konflikte. Wenn es möglich ist, die bewaffneten Kräfte zu kontrollieren und einzuschränken, geschieht dasselbe
nicht mit der psychologischen Aktion.

"In den Kämpfen und Auseinandersetzungen geht es nicht um Gelände,
sondern um Menschen, die Zustimmung der Bevölkerung". Eben deshalb
"sucht der subversive Krieg mehr die Gunst und Unterstützung der Bevölkerung zu gewinnen, als Gelände zu erobern und Feldschlachten zu liefern"
(Marcello Caetano, 2. 12. 70 und 2. 8. 71).

Da dies feststeht, fragen wir uns: Wohin führt im gegenwärtigen Moment der
Krieg in Mozambique, seine Ideologie, seine Bestimmung und seine Gewalt?
Weiter fragen wir uns, ob es jemanden erlaubt ist, weiterhin zu sagen, daß
die Gebiete der Überseeprovinzen in Frieden lebten, "daß das Leben eben da
überall ruhig verläuft, in einem Klima des mustergültigen Verständnisses
und der Arbeit; daß die Unsicherheit vor allem in wenig bewohnten Gegenden nahe der Grenzen nicht weiter das Leben in den restlichen Gebieten
der Provinz beunruhige, wo der Friede nicht nur eine Möglichkeit, sondern
eine Wirklichkeit sei" (aus Zeitungen).

Der Krieg in Mozambique ist unglücklicherweise eine Realität. Eine Realität,
die immer mehr die Bevölkerung verwirrt. Beginnend 1964 im Distrikt

Cabo Delgado, breitete er sich in diesen langen schmerzlichen zehn Jahren über fünf Distrikte aus und zieht heute einen großen Teil der Bevölkerung in Mitleidenschaft. Er mobilisiert tausende von Männern, bedeutet einen Aufwand von großen, bedeutenden Summen und hat schon tausende von unschuldigen Opfern zu verzeichnen.

Offen die Wahrheit der Konflikte annehmen, hieße den Frieden zerstören, denn "Wahrheit und Friede gehen zusammen" (Ps 84). "Lüge und Gewalt geben sich die Hände" (Jer 14). Der Friede ist ein leeres Wort, wenn nicht auf der Ordnung der Wahrheit aufgebaut (P. T. 161). Der Mangel an Wahrheit in der Kommunikation der Geschehnisse veräußert die Gewissen, verunmenschlicht die sozialen Beziehungen, läßt das Gespür der Verantwortung für das Allgemeinwohl verkümmern, verdirbt die öffentliche Meinung und trägt bei zur Einführung der Gewalt. Um die Forderungen des öffentlichen Wohles zu schützen, ist eine ehrliche, objektive, umfassende, ruhige Information notwendig, die fähig ist, die öffentliche Meinung zum Aufbau des Friedens zu orientieren und zu fordern. "Wenn die Idee des Friedens kommen wird, um in Wahrheit die Herzen der Menschen und das Gewissen der Gesellschaft zu erobern, dann wird der Friede gesichert sein". "Es ist nicht nötig, Worte zu verlieren, um die heutige Macht der Idee, die zum Gedanken des Volkes wird, zu beweisen, will sagen, die öffentliche Meinung". "Heutzutage ist die Idee Königin, die tatsächlich die Völker beherrscht. Ihr Einfluß ist unberechenbar. Sie formt, orientiert sie. Und dann sind es die Völker, will sagen die wirkende öffentliche Meinung, die die Machthaber regiert" (Paul VI.). Friede und Krieg sind ebenfalls von den Mitteln der sozialen Kommunikation abhängig. Jene Organe der Information, die durch irgendwelche Interessen oder Vorteile die Wahrheit unterdrücken, leisten einen schlechten Dienst.

Wenn ihr Frieden wollt, "seht, was ihr tun müßt: Einer dem andern die Wahrheit sagen und richten nach Gerechtigkeit. Das baut den Frieden auf" (Zach 8. 16).

4. Es genügt aber nicht, die Konflikte einzugestehen. Notwendig ist es, die Rechte und Pflichten, die dem Frieden in Mozambique Bestand verleihen, zu überprüfen.

Säen in Gerechtigkeit, heißt ernten in Eintracht. Perversität kultivieren, heißt ernten in Gewalttaten, sagt der Prophet Osias (10, 12, 13). Der heilige Jakobus fragt: "Woher kommen die Kriege und Raufereien unter euch? Kommen sie nicht gerade von euren Leidenschaften? Ihr begehrt und habt nichts, tötet, seid neidisch und erlangt nicht, was ihr wünscht, ihr bekämpft und befehdet euch, und nichts gewinnt ihr" (Jak 4, 1).

Tragen nicht die aktuellen Konflikte in ihrer Virulenz sehr viele der Ungerechtigkeiten in sich, die gestern praktiziert wurden und heute trotz allen Fortschritts und aller Anstrengung fortdauern, wenn auch unter neuen

Aspekten? Sind die Situationen, die die Würde des Menschen, sein Wachsen, die kulturelle, politische und soziale Unterdrückung der Einheimischen, der Familien und der Völkergruppen verletzten und noch verletzen, keine Ungerechtigkeiten? Ist die Unterbindung gewisser Rechte, wie das Recht der freien Zusammenkünfte, das Recht der Redefreiheit und Meinungsverschiedenheit, das Recht der eigenen Identität keine Ungerechtigkeit? (Gerechtigkeit in der Welt, Kap. I).
Verwechseln wir nicht "zeitliche Begrenzung der Ausübung einiger Rechte wegen Erfordernis des Allgemeinwohles" mit der Unterdrückung derselben Rechte. Im aktuellen Kontext von Mozambique, ist es leicht, diese Ungerechtigkeiten zu begehen. Wenn wir ernstlich eine Lösung der laufenden Konflikte wollen, müssen wir an erster Stelle die vollständige Gerechtigkeit des Menschen und der Bevölkerung von Mozambique anstreben. Das verpflichtet uns, mutig die Situationen der Ungerechtigkeit auszumerzen und gleichzeitig im Dialog das integrale Wachstum des Menschen und des Volkes zu fördern.

Wenn "Entwicklungshilfe der neue Name für Friede ist", ist es wichtig, zu prüfen, bis zu welchem Punkte die Entwicklung des Menschen in Mozambique den Frieden erzeugt und wachsen läßt. Wenn die vollständige Entwicklung des Menschen und der Völker darin besteht, daß der Mensch mehr Mensch und das Volk mehr Volk ist, müssen wir berücksichtigen, daß die hauptsächlichen Werte des Wachstums nicht eigentlich die wirtschaftliche oder soziale Macht sind, sondern: mehr *sein,* mehr *wissen,* mehr *entscheiden,* mehr *teilhaben,* mehr *sich selbst bestimmen.* Die integrale Entwicklung fördern heißt, das Recht des Menschen von Mozambique auf seine eigene Identität zu fördern, das Recht und die Freiheit, seine eigenen Bestrebungen zu behaupten und seine eigene Geschichte aufzubauen. Es genügt folglich nicht, das ABC beizubringen, neue Einrichtungen für den Unterricht zu schaffen, Stufen der Teilnahme am öffentlichen Leben zu organisieren oder größeren Reichtum zu produzieren und zu verteilen. Alles dies wird unnütz sein und sogar das Gegenteil bewirken, wenn der Mensch nur Objekt und nicht Subjekt seiner eigenen Entwicklung ist. Es ist also wichtig, zu prüfen, ob der Mensch hier und heute tatsächlich Subjekt eines kulturellen, sozialen, politischen und wirtschaftlichen Wachstums ist. Entwicklung, Würde, Freiheit, Selbstverwaltung müssen zusammen gehen.
In "Populorum Progressio" bekräftigt Paul VI. getreu der integralen Berufung des Menschen sehr klar, daß die Völker sich entwickeln müssen in der Weise, daß sie selbst die Künstler ihres eigenen Geschickes sind, Subjekt und nicht Objekt ihrer eigenen Geschichte (P. P. 65). In dieser Perspektive ist die Selbstbestimmung ein Naturrecht und Imperativ, verknüpft mit der echten Entwicklung. Als Recht legt es die Pflicht auf, das der Mensch, die Völker, nach und nach fähig werden, frei ihre eigenen, politischen, kulturellen, wirt-

schaftlichen und sozialen Institutionen zu wählen. "Wenn in einem Menschen sich das Bewußtsein seiner eigenen Rechte regt, wächst in ihm zugleich das Bewußtsein seiner eigenen Pflichten, in der Weise, daß jener, der irgend einen Anspruch hat, in gleicher Weise als Ausdruck seiner Würde auch die Pflicht hat, ihn zu fordern. Die anderen haben die Pflicht, ihn anzuerkennen und zu respektieren" (P. T. 37). "Niemand will ausländischen, politischen Mächten unterworfen sein mit seiner Gemeinschaft oder völkischen Gruppe" (P. T. 37).

Die Kirche anerkennt nicht nur das Recht der Völker auf ihre eigene Identität, sondern sucht unter den entwickelten und unterentwickelten, kolonisierten und früher kolonisierten, reichen und armen Völkern eine gerechte und ehrliche Zusammenarbeit in der Weise zu fördern, daß sie möglichen Neo-Kolonialismus auszumerzen sucht und Bedingungen schafft, die eine wirkliche Selbstbestimmung erlauben. "Nicht Kolonialismus, nicht Neo-Kolonialismus, sondern Hilfe und Impulse für die afrikanische Bevölkerung, damit sie fähig wird, mit eigenem Genie und eigenen Kräften die politischen, sozialen, wirtschaftlichen und kulturellen Strukturen zum Ausdruck zu bringen" (Paul VI., Kampala, 1. 8. 69). Die Kirche sieht in der politischen Selbstbestimmung der Völker ein positives Zeichen des Wachstums ihres Bewußtseins und der Freiheit des Menschen und der Völker, einen Prozeß der Befreiung und der Einigung der Menschheit in Jesus Christus.

"Die Probleme eines Afrika heute – sagt Paul VI. – können wir unter einem doppelten Aspekt berücksichtigen: den der Befreiung der nationalen Gebiete und den der Gleichheit der Rassen. Wir verstehen unter diesem vielwertigen Wort: "Befreiung" die zivile Unabhängigkeit, die politische Selbstbestimmung, die Befreiung von Dritten". Dies ist ein Geschehen, daß die Weltgeschichte beherrscht, ein Geschehen, daß man dem größten Bewußtwerden der Menschen und Völker von ihrer Würde als individuelle Personen und als Volk verdankt. "Die Menschen aller Länder und Kontinente sind heute Bürger eines selbständigen und unabhängigen Staates, oder sie wollen es sein" (P. T. 37). Es handelt sich um ein Faktum, das die nicht wiederkehrende Orientierung der Geschichte offenbart und das sicher auf einen providentiellen Plan antwortet, der aufzeigt, wie viele mit politischer Macht bekleidet sind, um der Orientierung zu folgen.

"Die Kirche begrüßt mit Genugtuung dieses Faktum (Selbstbestimmung), denn sie sieht in ihm einen entscheidenden Schritt auf dem Weg der menschlichen Zivilisation. Sie begrüßt es noch mehr, weil sie überzeugt ist, daß sie dazu beigetragen hat in der Macht, die ihr eigen ist, oder in der Macht des Gewissens. In Wahrheit erscheint das Licht der evangelischen Botschaft viel klarer in der Würde der Person, wie in der Würde eines Volkes, und sie macht die innewohnenden Forderungen dieser Würde verständlich" (Paul VI.).
Wenn für Friede und Krieg auch dieses Recht gilt, welches das menschliche

Gewissen immer mehr zurückfordert und das die Kirche fördert und verteidigt, in der Macht, die ihr eigen ist, und dann von Krieg und Frieden zu sprechen, hier und heute, ohne vom Recht der Selbstbestimmung in seinem realen Inhalt, wäre dies eine Täuschung eines tiefen Problems. In der Tat, bis nicht die Stunde kommt, in welcher die Rechte aller Völker, unter welchen das Recht der Selbstbestimmung und Unabhängigkeit, schuldigerweise anerkannt und gewürdigt werden, kann es keinen wahrhaften und dauerhaften Frieden geben" (Paul VI. 22. 12. 73).

Wenn es so ist, dann hängen Friede und Krieg nicht nur von den andern ab, "den Bewegungen", geschürt, gestützt und gegründet in fremden Ländern; mit imperialistischen Interessen der großen Mächte.

Friede und Krieg in Mozambique hängen auch von den Gewissen der Völker ab, die gestern beherrscht von kolonialen Systemen, heute auf der progressiven Suche einer gerechten und tatsächlichen Emanzipation sind. Sie hängen von den Beweggründen ab, warum miteinander gekämpft wird. Sie hängen sicher ab von der Anerkennung und Nichtanerkennung der Würde des Menschen und des Volkes von Mozambique und den Initiativen, die den innewohnenden Rechten einer progressiven und gerechten Selbstbestimmung Inhalt und realen Ausdruck geben. Es scheint, daß dies alles dazu führt, die Lösung des Konfliktes mehr in die politische Aktion zu verlegen, als in die bewaffnete Macht, eine politische Aktion, im Recht fundiert und für den Dialog und würdige Lösungen geöffnet.

5. Den Krieg überdenken mit einer neuen Mentalität, den einen wie den anderen sagen, daß die Zuflucht zu den Waffen, um die schwer verletzte Gerechtigkeit zu rächen, kein des Menschen würdiges, nicht einmal ein taugliches Mittel ist. Es ist von Natur aus eine radikale Gewaltanwendung gegen das Leben und die brüderliche Gemeinschaft, zu der alle Menschen von Gott berufen sind. Es ist eine Verneinung von Gottes Plan in der Geschichte.

In der Tat "ist es Gottes Wille, daß alle Menschen eine einzige Familie bilden und sich gegenseitig wie Brüder behandeln" (G. S. 24).

"Wer den Kampf zwischen den Menschen als eine strukturelle Forderung der Gesellschaft begreift, begeht nicht bloß einen optisch philosophischen Fehler, sondern auch ein potentielles und permanentes Verbrechen gegen dieselbe Gemeinschaft" (Paul VI. Kampala). Der Mensch ist nicht zum Kampf mit seinem Bruder bestimmt oder berufen, sondern er hat das Recht und die Pflicht zur brüderlichen Gemeinschaft.

Jeder Krieg ist in irgendeiner Weise brudermörderisch und diabolisch. Ist nicht der Dämon der Mörder von Anbeginn? (Joh 8, 44).

Gewiß, "niemand kann den Staatslenkern das Recht zur erlaubten Verteidigung absprechen, wenn die Gefahr des Krieges besteht, wenn es nicht eine kompetente, internationale Autorität gibt, die über angemessene Mittel verfügt" (G. S. 79).

"Die Zuflucht zu den Waffen im Fall einer erlaubten Verteidigung ist indessen nur erlaubt, nachdem alle Mittel friedlicher Verhandlungen erschöpft sind" (G. S. 79).
Der Krieg ist der letzte Ausweg, niemals der erste. In anderer Weise kann niemand von einem gerechten Krieg, nicht einmal von einer rechtmäßigen, bewaffneten Aktion sprechen.
Das Konzil erinnert die Regierungen und Völker an die Pflicht, so wichtige Angelegenheiten wie die Verteidigung des Rechtes mit bewaffneten Mitteln sehr ernst zu nehmen (G. S. 79). Der Krieg ist kein taugliches Mittel mehr, um das verletzte Recht wieder herzustellen (Paul VI. 4. 10. 65).
Trotz aller Anstrengungen, die gewiß gemacht werden, um den Krieg in Mozambique zu beenden, obliegt es uns jedoch, zu fragen: Wer kann vor Gott und der Geschichte das vergossene Blut in diesen langen, schmerzlichen zehn Jahren verantworten, wenn bei der aufrichtigen Suche nach einer ehrenhaften Lösung des Konfliktes in der Tat nicht alle friedlichen Verhandlungen ausgeschöpft worden sind?
6. Den Krieg überdenken heißt: klar und rechtzeitig die Prinzipien bekräftigen, deren Verletzung die Gerechtigkeit schädigen und jegliche bewaffnete Macht öffentlich, ungerecht, wenn nicht kriminell werden läßt. Der Mensch im Kampf ist immer Mensch, und als solcher muß er handeln. Ob er will oder nicht, er bleibt immer Imperativen des Naturrechtes unterworfen, und wenn er Christ ist, den unwandelbaren Forderungen des Evangeliums. Auch wenn der Krieg seiner Natur nach immer gegenseitige Aktionen auslöst, rechtfertigen die Verbrechen der einen nicht die der andern. Nicht im Geringsten kann man das Prinzip annehmen, eine bewaffnete Aktion sei eventuell zu rechtfertigen, obwohl brutal, führe sie zur schnellen Kapitulation des Angreifers. Das menschliche und christliche Gewissen kann keinen Erfolg auf Kosten der Moral und des Rechts annehmen. Der Zweck rechtfertigt nicht die Mittel. Darum sind die militärischen Operationen oder die Guerillaaktionen ungerecht und verbrecherisch, die nicht das Recht des Lebens, die Würde und Unversehrtheit der menschlichen Person und die Freiheit der zivilen Bevölkerung respektieren. Verschiedene internationale Konventionen haben glücklicherweise diese Regeln anerkannt. Weil der größte Teil dieser Abkommen durch das Naturrecht bestätigt ist, sind folglich auch die Kriegführenden, die sie nicht unterzeichnet haben, verpflichtet, sie zu erfüllen.
Wie im Frieden, so im Kriege begründet das geheiligte Recht für das menschliche Leben einen unverletzlichen Bestandteil der Handlung. Kein Mensch hat das Recht über Leben und Tod seinesgleichen. Gott allein ist der Herr. Die Pflicht, nicht zu töten, behält in voller bewaffneter Aktion ihre Gültigkeit. Rechtmäßige Verteidigung ist nicht synonym mit der Berechtigung zu töten. Der Mord in irgendeiner Weise ist immer ein verabscheuungswürdiges Verbrechen. Die Massaker an den Unschuldigen, den Gefangenen des Krieges

die Zivilisten als mitschuldig mit dem Feind verurteilt, sind Verbrechen, die in tiefster Weise die Menschheit verwunden (G. S. 27).
Keine Instanz, so hoch sie auch ist, ist berechtigt, einen in sich wesentlichen perversen Akt anzuordnen, wie es die Mordtaten, Massaker und Attentate gegen das Leben Unschuldiger sind (Pius XII. 3. 10. 53). Niemand hat das Recht, zu sagen, daß der Zweck die Mittel rechtfertige, daß der Terror aus rechtmäßigen Gründen erlaubt sei, daß der Mord Unschuldiger unter bestimmten Umständen erlaubt sei (Paul VI. 11. 1. 73). Militärische Operationen oder Guerillaaktionen planen, ohne dem Schutz des Lebens der Unschuldigen Rechnung zu tragen und, was noch schlimmer ist, sich direkt oder indirekt am Leben Unschuldiger vergreifen, ist ein Verbrechen, und folglich wird der Krieg, der solches praktiziert, verbrecherisch, wenn auch die Hypothese besteht, es handele sich um einen Krieg der rechtmäßigen Verteidigung. Die Geschichte wird jene Menschen richten, die in diesen langen zehn Jahren des Krieges ungestraft Gewaltakte und Morde gegen Unschuldige verübt haben. Unschuldiges Blut vergießen, ist Anhäufung des Blutes über das eigene Haupt. Jeder, der Menschenblut vergießt, muß für das Blut haften (Gen. 9, 6). Gottes Wort an Kain behält seine Gültigkeit und ist der Beachtung würdig. "Die Stimme des Blutes deines Bruders ruft von der Erde zu mir. Du sollst verflucht sein auf der Erde, die sich geöffnet hat, um aus deiner Hand das Blut deines Bruders zu trinken" (Gen. 4, 10, 11).
7. Nicht nur die Mordtaten, in irgend einer Weise verübt, sind abscheuliche Verbrechen, die den Krieg, der sie praktiziert, abscheulich machen. Die unantastbare Würde eines jeden Menschen, selbst wenn er als Verbrecher erklärt und bestraft ist, erlaubt in keinem Fall die Anwendung unmenschlicher Behandlung. Die Greueltaten, Mißhandlungen, Torturen, selbst angewandt, um ein Geständnis zu entlocken, das von großer Bedeutung für den Frieden sein könnte, müssen absolut verdammt werden als innerwesentlich widernatürlich, weil sie nicht nur die menschliche Integrität angreifen, sondern auch den Sinn für Gerechtigkeit verderben und Gefühle des Hasses und der Rache auslösen" (Paul VI. 25. 10. 70). Die moralischen, physischen, geheimen und polizeilichen Torturen, die willkürlichen Gefangennahmen, die psychologischen Pressionen, Akte, die die Würde und Integrität der menschlichen Person verletzen, sind eine Schändlichkeit und machen jene ehrlos, die solches praktizieren, sowie ebenfalls den Krieg, der diese Methoden anwendet.
8. Das Recht auf Leben und die Würde des Lebens erfordern von den beteiligten Streitkräften im Kampf Respekt für die Zivilbevölkerung. Im subversiven Krieg ist die Bevölkerung faktisch eine fundamentale Gegebenheit. Von ihr hängt zum großen Teil der Erfolg oder das Scheitern der Streitenden ab. Es ist folglich nicht zu verwundern, daß sie von diesen und jenen bekämpft wird. So laufen sie große Gefahr, immer hart unterdrückt und be-

drängt zu werden. Sehr oft ist es so geschehen. Von den blutigen Repressalien bis zu Einschüchterungen, von den Entführten, willkürlich Verhafteten, den physischen und psychischen Unterdrückungen, den Ermordeten, bis zur Zerstörung der Wohnungen und der landwirtschaftlichen Produkte. Dieses alles haben sie in den langen Jahren des Krieges gelitten. Dies begründet in Wahrheit für alle eine schwere und gewaltige Verantwortung, dieser blutige Weg, den Tausende Tag für Tag zu gehen haben, vom ersten Moment des Krieges an.

Trotz der innewohnenden Zweideutigkeiten eines subversiven Krieges, ist es niemandem erlaubt, in irgendeiner Weise die Zivilbevölkerung zu unterdrücken, unter dem Vorwand der möglichen Mitschuld oder Duldung des Gegners, oder der möglichen Gefahr. In jedweden Umständen hat sie das Recht in ihrer unverletzlichen Würde und ihrer Berufung zur Freiheit respektiert zu werden.

Die Sicherheitsmaßnahmen, so dringend sie auch sein mögen, in konkreter Weise die "aldeamentos" = Wehrdörfer, können von humanen und christlichen Gewissen nicht akzeptiert werden, wenn sie nicht die Würde der menschlichen Person und die gerechten und angemessenen Bestrebungen des Volkes garantieren, wenn sie nicht wirklich beitragen zum Wachstum und zur Freiheit der Bevölkerung, sondern sie beherrschen und ausnützen, wenn sie im Kontext des Krieges, statt sie zu verteidigen, sie den verschiedenen Formen des Druckes und möglichen Angriffen und Repressalien aussetzen, wenn sie in der Tat nicht mehr sind als eine Strategie des Krieges, in einem Wort, wenn sie nicht als Fundament Würde und Berufung des Menschen und der Völker respektieren.

9. Es ist nicht erlaubt, in der Zivilbevölkerung Gewalttätigkeiten zu schüren, als eine mögliche Absperrung gegen den erklärten oder geheimen Feind. Haß und Rache säen heißt den Höllenkreis der Gewalttat und des Todes unbegrenzbar erweitern. Angesichts des Anwachsens der Gewalt dürfen keine öffentlichen Manifestationen angekurbelt werden, umso weniger, als sie von Angst, Haß, dem Verlangen nach Rache inspiriert sind, um den Sieg im Kampf um den Frieden zu erringen. Niemals wird die Verteidigung einiger auf Kosten der Ausrottung anderer geschehen können, um danach Eintracht und Gerechtigkeit aufbauen zu können.

Die Menschen von Mozambique, die Rassen und Kulturen müssen sich begegnen. Es scheint, daß die Stunde gekommen ist. Wird es eine Begegnung zum Tode oder Leben sein?

10. "Der Friede hängt von dir ab". Er hängt davon ab, wie und was jeder vom Krieg und Frieden denkt. Der Friede der Völker geht durch das Herz eines jeden Menschen. Darum ist jeder verantwortlich für Krieg und Frieden, an dem Platz, wo er steht. Und wenn er tatsächlich den Krieg nicht will, muß er sich in aktiver Weise zu den Forderungen des Friedens verpflichten.

Niemand hat das Recht, sich von der Realität dieses Krieges, der so viele tausende Menschen, unsere Brüder, quält und bedrückt, abzuwenden. Es genügt nicht, zu lamentieren. Wichtig ist: Aufbauen in Gerechtigkeit und Frieden, würdig der Menschen, die von Gott berufen sind, untereinander wie Brüder zu leben. Der Friede hängt von allen ab, von diesen und jenen.

Wir spüren, daß Mozambique einen entscheidenden Moment durchlebt. Es ist die Stunde der Menschen, würdig des Menschen. Wir wissen, wie beschwerlich die Wege des gerechten Friedens sind, wie zahlreich und schwierig die Hindernisse für den Sieg des Dialogs den Waffen gegenüber.

Wir müssen daran glauben, daß der Herr als Fürst des Friedens in der Geschichte präsent ist. Er wird alles erneuern (Apk. 21, 6). Er erweckt im Innersten der Herzen der Menschen aufrichtige Wünsche, die den Frieden und die Eintracht bewirken werden (G. S. 38).

In ihm sind alle Menschen berufen zum Wachstum in Freiheit und Frieden, die Feindschaft zu besiegen, die Schwerter in Pflugscharen, die Lanzen in Sicheln umzuschmieden.

Lassen wir uns rufen vom Herrn und für den Menschen, der Unterdrückung und Krieg erleidet.

Der Friede hängt von dir ab, weil er von allen abhängt. "Selig die Füße, die den Frieden verkünden" (Is. 52, 7).

(Übersetzt von Sr. Maria Irene)

Ein Appell des Gewissens

Manifest der Missionare der Diözese Nampula/Mozambique vom
12. Februar 1974
unterzeichnet von Manuel Vieira Pinto, Bischof von Nampula

"Der Geist des Herrn ruht auf mir, weil er mich gesalbt hat; er hat mich gesandt, Armen Frohbotschaft zu bringen, den Gefangenen Befreiung zu verkündigen und den Blinden das Augenlicht, Bedrückte in Freiheit zu entlassen, auszurufen ein Gnadenjahr des Herrn" (Lk 4, 18−19).
"Gott offenbart sich im Alten Testament als Befreier der Unterdrückten und Anwalt der Armen; er verlangt von den Menschen, daß sie an ihn glauben und dem Nachbarn Gerechtigkeit erweisen. Nur wenn Gerechtigkeit geübt wird, kann Gott wirklich als Befreier der Unterdrückten erkannt werden" (Gerechtigkeit in der Welt, Kap. 2).
"Das Wirken für Gerechtigkeit und die Teilnahme an der Veränderung der Welt sind offensichtlich integrale Bestandteile der Verkündigung des Evangeliums, d. h. der Mission der Kirche. Es geschieht für die Erlösung der Menschen und die Befreiung aller Unterdrückten" (Gerechtigkeit in der Welt. Einleitung).
In dem Bewußtsein, daß die Kirche nur dann wirklich ein Sakrament des Heils sein kann, wenn sie alle Menschen in Christus zur vollen Freiheit der Kinder Gottes führt;
von dem Wunsche beseelt, unserem missionarischen Charisma, "Afrika durch Afrika zu retten" treu zu bleiben;
in Solidarität mit allen afrikanischen Völkern und den Veroneser Vätern, die in ganz Afrika für die Entwicklung dieser Völker wirken;
in Antwort auf den Ruf dieser Völker ("Ich habe das Elend meines Volkes gesehen und ihr Schreien habe ich gehört", Exod. 3, 7) und in Antwort auf die zweideutige und kompromittierende Haltung der Kirche − gemessen am Worte Gottes und im Lichte der jüngsten Ereignisse dieser Kirche (die Abreise der Weißen Väter und anderer Missionare aus der Diözese von Beira, die Ausweisung der Burgos-Väter, die Abreise einiger Veroneser Väter aus Tete, die bedauerlichen Erklärungen des Erzbischofs von Lourenço Marques, besonders während der Adventssonntage, und die negative Haltung einiger anderer Bischöfe);
befragen wir Veroneser Väter der Kirche von Nampula uns gemeinsam mit unserem Bischof sehr ernst und tief, inwieweit unser missionarisches Zeugnis und unsere Anwesenheit inmitten des Volkes von Mozambique noch authentisch ist.

Wir sind gesandt worden, das Wort Christi zu predigen, und wir glauben, daß wir diese Botschaft nicht voll und ganz an die uns erwartenden Völker weitergeben können. Der Grund hierfür liegt nicht vordringlich in der politischen Lage, die uns hindert, Christus zu verkünden, sondern vor allem in der Tatsache, daß die Kirche sich weigert, ihre prophetische und befreiende Mission, die sie kraft göttlichen Rechts innehat, auszuüben, – und zwar angesichts der Ereignisse und des Lebens dieser Völker, die daran gehindert werden sollten, sich den geschichtlichen Gegebenheiten zu beugen. Da wir nicht zu Komplizen dieser Kirche werden wollen, die – vielleicht unbewußt – daran mitwirkt, daß diese Lage den Forderungen des Evangeliums zuwider aufrechterhalten wird, und da wir unfähig sind, die Antwort auf die Frage dieser Völker noch länger aufzuschieben, fühlen wir uns genötigt, eine Haltung einzunehmen, die mit unserem Gewissen sowie mit der wahren Lehre Christi und der Ausrichtung der Weltkirche übereinstimmt.

In diesem Sinne und mit diesem Ziel stellen wir – als eine Art Gegenzeugnis für das Volk von Mozambique – die Probleme und Situationen heraus und verkünden zugleich die Entscheidungen, die wir aufgrund unseres Gewissens glauben treffen zu müssen.

I. Fehlverhalten der Kirche

Die Kirche verweigert sich ihrem prophetischen Amt, denn

1. Sie erkennt nicht an, daß das Volk von Mozambique ein von Gott gegebenes Recht auf eigene Identität und eigene geschichtliche Gestaltung hat (siehe A. G. 9; L. G. 13–16; Ansprache des Hl. Vaters in Uganda.)
"Nur in dem Maße, wie ein Volk seine Zukunft eigenhändig gestalten kann, drückt es wirklich seine wahre, unverwechselbare Persönlichkeit aus" (Gerechtigkeit in der Welt, Kap. 1).
"Bis zu dem Zeitpunkt, wo nicht die Rechte aller Völker – darunter das Recht auf Selbstbestimmung und Unabhängigkeit – gebührend anerkannt und gewürdigt werden, wird es keinen wahren und dauerhaften Frieden geben, obgleich Waffengewalt zeitweise die in Opposition Befindlichen niederdrücken kann" (Paul VI, Ansprache an das Hl. Kollegium, 22. Dezember 1973).

2. Sie unterläßt es, die folgenden Grundrechte des Menschen zu verkünden und genügend zu verteidigen:
a) "das Recht auf Entwicklung gemäß dem eigenen kulturellen Ethos" (Gerechtigkeit in der Welt, Kap. 3, Nr. 8). Im Gegensatz dazu: Missionsstatut Nr. 68: "Die Eingeborenen müssen in Übereinstimmung mit den in der portugiesischen Staatsverfassung aufgestellten Grundsätzen erzogen werden ...

Lehrpläne berücksichtigen die volle Nationalisierung... der Eingeborenen."
Wir stellen mit Sorge fest, daß die Kirche – dem Missionsstatut getreu –
zum kulturellen Mord dieser Völker beiträgt, indem sie sie ihren eigenen
Werten entfremdet.
b) das Recht auf Zusammenschluß und freie Meinungsäußerung. Wir bezeugen, daß das Volk keine Versammlungen abhalten oder Ideen äußern
darf, die nicht mit der Politik der Regierung übereinstimmen. Sie leben deshalb in konstanter Furcht, denn jeder, der eine gegenteilige Meinung wagt,
wird unterdrückt und läuft häufig Gefahr (besonders durch die Aktivitäten
des D. G. S.), daß man ihn willkürlich gefangen nimmt, ihn zermürbenden
Verhören unterzieht, ihn foltert und ihn nicht vor ein ordentliches Gericht
stellt.
c) das Recht auf Information. Wir sehen jeden Tag in unseren Zeitungen und
anderen Informationsmitteln, selbst in denen, die sich katholisch nennen,
(Radio Pax, Diario), wie die Wahrheit fortgesetzt verdreht wird und man sich
in den Dienst des Kapitalismus und des Establishments stellt (z. B. das Verfahren gegen die Macuti-Priester).
3. Sie legt das sozio-ökonomische System nicht bloß, das Gewinnstreben
zum Ziel hat (G. S. Nr. 64) und deshalb zu folgendem führt:
a) Konzentration des Reichtums in der Hand weniger Privilegierter, was
Situationen schreiender Ungleichheit schafft.
b) Die Enteignung von Land, das dem Volk von Mozambique gehört, um
daraus Latifundien zum Nutzen mächtiger Konzerne zu machen.
c) Die Schaffung eines schwarzen Gürtels in den Außenbezirken der
Städte. Hier werden die Afrikaner untergebracht und, da ihnen die Mittel
oder jegliche staatliche Hilfe fehlen, auf diese Weise am Erwerb von Eigentum
gehindert.
d) Die Ausbeutung des Arbeiters, die Ausbeutung der Bergarbeiter, unsichere
Arbeitsplätze, Vertragsarbeit am Rande der Legalität, Mangel an wirksamen
Verteidigungsmitteln, ungerechte Löhne, unterschiedliche Entlöhnung
trotz gleicher Arbeit in privaten Unternehmen, die sowohl weiße wie schwarze Arbeiter beschäftigen, übertriebener Schutz der Zwischenhändler zum
Nachteil der Erzeuger, besonders der bodenständigen Erzeuger (Baumwolle
wird z. B. zu einem niedrigen Preis gekauft und zu einem sehr erhöhten
Preis wieder verkauft). All das führt zu Landflucht, zu mangelndem Interesse an Arbeit und zu einer völlig ungeordneten Emigration.
4. Sie klärt die Bevölkerung nicht über schwerwiegende Ereignisse, wie den
Krieg und seine Folgen, auf.
a) Sie akzeptiert die Kriegssituation in Übereinstimmung mit der Interpretation der Regierung, nämlich daß dieser Krieg von auswärtigen Mächten
diktiert wird, und versucht nicht herauszufinden, ob es hier nicht in Wirklichkeit um das Bemühen des Mozambikanischen Volkes zur Erlangung seiner

Identität geht.
b) Sie versäumt es, mit Klarheit und Festigkeit die Massaker oder andere Situationen anzuprangern, die — von welcher Seite sie auch immer kommen mögen — die Würde des Menschen zutiefst mißachten. Auf der anderen Seite stellt sie sich ganz in den Dienst der Regierung, so daß einige Mitglieder der Hierarchie klar bewiesene und fundierte Ereignisse öffentlich abstreiten. Es wird anerkannt, daß einige dieser Ereignisse verurteilt wurden, aber nur vertraulich auf Regierungsebene und nicht öffentlich, wie es ihre Pflicht gewesen wäre.
c) Sie akzeptiert rückhaltslos die Politik der 'aldeamentos', obgleich sie sehr gut weiß, daß diese Politik dem Menschen das Recht nimmt, seinen Wohnsitz frei zu wählen und daß sie unter den augenblicklichen Umständen nur ein Mittel, ja mehr noch eine strategische Taktik ist, die keineswegs auf die Entwicklung des Volkes abzielt.
d) Sie begünstigt oder fördert keine Art von Dialog zwischen den Streitenden, da sie dem Volk das Recht auf Selbstbestimmung abzusprechen scheint. Auch versucht sie nicht, der Befreiungsbewegung irgend eine christliche Inspirierung zu geben.

II. Die Kirche wird zum Gegenzeugen

1. Ihre Beziehungen zur verfassungsmäßigen Macht:
a) Obgleich die Kirche von Mozambique ausdrücklich erklärt, daß sie in Bezug auf die politische Macht "immer eine Unabhängigkeit bewahrt und, wenn nötig, auch bekräftigt hat, auf die sie zu Recht stolz ist" (Pastoralkolloquium der Bischöfe von Mozambique im Jahre 1970), steht sie in der Praxis doch an der Seite derjenigen, die die Macht innehaben. Sie identifiziert sich mehr mit der herrschenden Gesellschaftsschicht als mit dem Volk, dem sie dienen sollte.
Evangelisieren wird gleichbedeutend mit "portugalisieren".
b) Die wirtschaftliche Abhängigkeit der Kirche vom Staat ist fast vollständig.
c) Ohne ausreichende öffentliche Brandmarkung akzeptiert sie die Infiltration und Kontrolle ihrer priesterlichen Tätigkeiten durch die zivile Macht (z. B. Kontrolle der Homiletik, Gefangennahme und Ausweisung von Priestern).
d) Sie verwechselt die Freiheit, die ihr die Regierung gibt, mit der Freiheit, auf die sie Anspruch hat und auf die sie nicht verzichten kann, ohne aufzuhören, Kirche Christi zu sein (Dok. L. R. Nr. 13, Chr. Dom. Nr. 19).
e) Bischöfe, die auf der Grundlage eines Konkordats gewählt worden sind, neigen wahrscheinlich eher dazu, der Regierungspolitik zu dienen und den

Status quo zu festigen, als den Leuten zu helfen und sie ihre Identität finden zu lassen.

2. In ihrer evangelischen Mission gegenüber dem Volk:
a) sowohl in bezug auf ihre Führung wie auch auf ihre Strukturen hat die Kirche keine enge Beziehung zu den afrikanischen Realitäten, z. B. europäisierte Liturgie, Seminaristen, die dem Volk entfremdet sind, Mangel an verantwortlichen einheimischen Mitgliedern der christlichen Gemeinde (Bischöfe, Priester und Katecheten).
b) Die Kirche erscheint immer noch als sehr klerikal und paternalistisch und verbietet, da sie den Dialog ablehnt, die Bildung von mündigen, verantwortlichen Gemeinschaften.
c) Die Bischöfe haben es versäumt, öffentlich die Aufgabe der Missionare zu verteidigen, als diese von der verfassungsmäßigen Macht bedroht wurden; z. B. akzeptieren sie die Diskriminierung zwischen portugiesischen und nichtportugiesischen Missionaren. Was hat die Kirche zum Fall der gefangenen oder ausgewiesenen Missionare gesagt? Oder wie war ihre Reaktion darauf, daß einigen eine neue Aufenthaltsgenehmigung oder die Erlaubnis zur Rückkehr verweigert wurde?

Als Folgerung all dessen und damit die Kirche ein echteres Zeichen des Heils sein kann:

I. Wir bitten die Hierarchie von Mozambique:

a) zu erklären, daß in Mozambique ein Volk mit individuellem Charakter und Kultur existiert, das ein Recht darauf hat, seinen Weg und seine Geschichte in Übereinstimmung mit dem Recht eines Volkes auf Selbstbestimmung zu wählen.
b) darauf zu sehen, daß die Kirche ihre missionarische Aktivität in einer Weise verfolgt, daß die Leute sich ihrer Rechte bewußt werden und erkennen, daß das Wirken für Gerechtigkeit ein unerläßlicher Bestandteil des Evangeliums ist.
c) die Tatsache zu begreifen, daß der Krieg, zusätzlich zu anderen Gründen, das Ergebnis eines historischen Prozesses von Systemen ist, die den Menschen ausbeuten oder ihm das Recht auf Selbstbestimmung verweigern und daß deshalb die Kirche anerkennen muß, daß die Ziele der Befreiungsbewegung legitim sind und in Einklang mit den Menschenrechten und den Lehren der Bibel stehen. Sie möge also jene, die verantwortlich denken, dazu bringen, daß sie ihre Konflikte durch gerechte und friedliche Mittel lösen und sich selbst, falls notwendig, als Vermittler anbieten.
d) in aller Öffentlichkeit nicht nur einzelne Instanzen der Unterdrückung anzuprangern, sondern vor allem die Systeme, die dem zugrunde liegen.

e) das Konkordat und das Missionsstatut zu verurteilen, da beide die Mission der Kirche, nämlich das Licht der Völker zu sein, stark verzerren und sie so zum Komplizen eines Systems machen, das zum kulturellen Mord der Völker von Mozambique beiträgt und sie hindert, ein freies und autonomes Volk zu werden (Missionsstatut Nr. 2-66-68).

f) sich zu weigern, an der staatlichen Erziehung mitzuwirken, da diese das Volk verfremdet, und das Recht auf eine nicht vom Staat dirigierte Erziehung zu verteidigen.

g) keine Unterstützungen mehr anzunehmen und auf Privilegien zu verzichten, da dieses sie kompromitieren und daran hindern würde, ihr prophetisches Amt frei auszuüben und als ein über jeden Zweifel erhobenes Zeichen des Heils zu erscheinen.

h) die Schaffung von Informationsmitteln zu fördern, die der Wahrheit dienlich sind, und die Bildung einer echten und gesunden öffentlichen Meinung, auch in Bezug auf die Kirche, zu unterstützen, damit so Strukturen des Dialogs auf allen Ebenen entstehen.

i) neue Wege zu erfinden, die die Bildung von Eliten im kirchlichen Bereich (Seminare, Noviziate, katechetische Zentren) wie auch im sozialen, wirtschaftlichen und politischen Bereich (höhere Schulbildung, Universität) garantieren.

j) die notwendigen Schritte zu ergreifen, damit die Mosambikanische Bischofskonferenz ein wirksames Mitglied der Bischofskonferenz von Afrika und Madagaskar ist und zugleich der Kongregation für die Evangelisierung der Völker unterstellt wird.

k) konkrete Verbindung mit den betreffenden Behörden aufzunehmen, damit sie das Recht der lokalen Kirchen anerkennen, bei der Ernennung von Bischöfen als Gemeinde gehört zu werden, wie dies schon der Fall in Gebieten ist, die der Jurisdiktion der Kongregation für die Evangelisierung der Völker unterstehen.

II. Zusammen mit ihrem Bischof beschließen die Veroneser Väter:

a) die Evangelisierung und die Katechese so auszurichten, daß das Mysterium Christi voll enthüllt wird und darüberhinaus zu versuchen, die Zeichen der Zeit zu erkennen und sie im Lichte des Evangeliums zu interpretieren, damit diesen Völkern geholfen werden kann, den für sie bestimmten Plan Gottes zu entdecken.

b) die Strukturen der Mission weiterhin zu überprüfen, damit diese immer mehr dem Volk dienen können und als ein Zeugnis der Liebe Gottes erscheinen, die sich in seiner Kirche zeichenhaft darstellt.

c) auf die Unterstützungen zu verzichten, die die Regierung den Missionaren gibt.

d) vom nächsten Erziehungsjahr an die Grundschulen zu übergeben, angesichts der Tatsache, daß die laufenden Programme das Volk seinen wahren und authentischen Werten entfremden, dabei gleichzeitig aber fortzufahren, zum Besten des Volkes, für seine berufliche Ausbildung und die Entwicklung der gemeindlichen Infrastruktur ('community development') zu wirken.

Diese Darlegungen und Schlußfolgerungen wurden gemeinsam von allen Veroneser Vätern der Diözese von Nampula und ihrem Bischof vorgebracht und der Mosambikanischen Bischofskonferenz durch den dort Vorsitz führenden Bischof mitgeteilt.
Eine weitere Mitteilung darüber geht an das Staatssekretariat des Vatikans, an die Missionare und an das Volk Gottes.

Nampula, 12. Februar 1974

> unterzeichnet vom
> Bischof von Nampula
> und allen Veroneser Missionaren
> der Diözese von Nampula
> 34 Priester 19 Brüder 41 Schwestern

(Übersetzt von Helga Sourek)

Der Beitrag der Christen zum sozialen und politischen Leben

Auszüge aus dem Hirtenbrief des portugiesischen Episkopats vom Juli 1974

Einleitung

Zielsetzung des vorliegenden Hirtenbriefes
3. Der vorliegende Hirtenbrief versucht einen Beitrag zur christlichen Interpretation der letzten Ereignisse in Portugal zu leisten. Diese müssen nach den Maßstäben des Evangeliums beurteilt werden. Wichtig ist es zu entdekken, welche Kompromisse jeder portugiesische Christ, der durch sein Menschsein und durch die Taufe dazu aufgefordert ist, schließen muß.
Zu den Überlegungen, die wir vortragen, zeigen wir einige Punkte auf und deuten einige Gedanken- und Führungslinien an. Vor allem den Laien – dem einzelnen wie auch ganzen Gruppen – kommt es zu, ernsthaft solche Überlegungen anzustellen und von dort ausgehend Entschlüsse zu fassen, die sie zu den notwendigen Handlungen führen.
Erneut erinnern wir an die Worte, die im Dokument des Lehramts (Populorum Progressio, 81; Octogesima Adveniens, 48) wiederholt zu lesen sind:
"In den Entwicklungsländern wie auch in den anderen Ländern sollen die Laien die Erneuerung der irdischen Ordnung als ihre eigentliche Aufgabe in Angriff nehmen. Während es die Aufgabe der Hierarchie ist, die sittlichen Grundsätze für diesen Bereich authentisch zu lehren und zu interpretieren, ist es Aufgabe der Laien, in freier Initiative und ohne erst Weisungen und Direktiven abzuwarten, das Denken und die Sitten, die Gesetze und die Strukturen ihrer Lebensgemeinschaft mit christlichem Geist zu durchdringen".
4. Im ersten Teil werden wir die auffallendsten Aspekte im nationalen Zeitgeschehen betrachten. In den beiden anderen Teilen unseres Hirtenbriefes werden wir die christliche Auffassung über die Demokratie und die daraus folgenden Kriterien für die politischen Handlungen darlegen, zu deren Ausführung die neue Lage einlädt.

I. Die derzeitige Situation Portugals

Stellung der Kirche
10. Während der Zeitabschnitte von 1926 bis 1974 brachte die Kirche, wie es ihrer Natur entspricht, ihre Anwesenheit trotz aller drohender Gefahren in fest umrissener Gestalt zum Ausdruck.
Jeder weiß, in welchem Ausmaß die Kirche – tief verwurzelt in missionari-

scher und zivilisatorischer Tätigkeit — an den Heldentaten der Seefahrer beteiligt war. Ungeachtet aller Schattenseiten, die man ihr dabei anrechnen kann, bleibt die Mission eine der schönsten Unternehmungen der Kirche. Dieser Tätigkeit entsprechend halten wir uns in dem Augenblick, in dem ein neues Statut für die überseeischen Territorien vorauszusehen ist, an die Bestimmung, die Bande einer herzlichen Brüderlichkeit zwischen den Kirchen der Metropole und den jungen Kirchen, die dort eingerichtet oder einzurichten sind, aufrechtzuerhalten. Mit gegenseitiger Dienstleistung, mit Erfahrungsaustausch und — den Möglichkeiten und Erfordernissen im Einzelfall angepaßt — mit persönlicher und materieller Hilfe wollen wir diese Bande stärken.

Wir rufen das christliche Volk dazu auf, in der missionarischen Tätigkeit weiterhin eine Pflicht zu sehen, die die ganze Kirche umfaßt, und sich darauf einzustellen, mit verstärktem Eifer den künftigen Bedürfnissen der Diözesen in Übersee nachzukommen.

11. Wie bekannt, gingen den Geschehnissen des letzten halben Jahrhunderts für die portugiesische Kirche schwierige Zeiten voraus. Die Kirche konnte sich nur über die Freiheit, Ordnung und Sicherheit freuen, die das neue Regime versprochen hatte. Wechselbeziehungen und Vorfälle verschiedener Art leiteten eine Entwicklung in der Kirche ein, die in mancher Hinsicht parallel zu der des Staates verlief. Fast in der ganzen Zeit entwickelten sich die Beziehungen zwischen Staat und Kirche in einem Klima gegenseitigen Verständnisses. Die klare Unterscheidung der jeweiligen Kompetenzen erlitt dabei keinen Schaden. Beide mögen deshalb in wünschenswerter Abgrenzung weiterhin in ihrer Substanz an Kraft gewinnen.

12. Die Kirche litt dauernd unter den Mängeln des Regimes; sie ist sich bewußt, zu deren Verringerung beigetragen zu haben. Wenn sie auch Fehler nicht immer öffentlich aufzeigte oder in einer Art, wie es manche gewünscht hätten, so wies sie doch mittels direkter Maßnahmen auf diese hin. Ein solches Vorgehen sah sie innerhalb eines "Konditionalismus", der in der modernen Geschichte Europas nicht alleine stand, als angemessener oder wirkungsvoller an.

Sie sieht jedoch ein, daß sowohl auf der Hierarchie wie auf dem Laienstand Verantwortung für begangene sowie geduldete Fehler lasten kann. Dies zu leugnen hieße zu mißachten, daß die Kirche, auch wenn der Geist Gottes sie führt und mit unfehlbarem Beistand inspiriert, aus Menschen besteht, die den Wechselfällen und den Beschränkungen irdischer Verhältnisse unterworfen sind. Die Kirche hat deshalb immer die Aufforderung des Evangeliums zur Buße vor Augen. Ihr kommt es zu, auf diese Aufforderung zu hören und sie zu verkünden. Die Kirche will diese in zweifachem Sinn verstehen: als Aufforderung zur persönlichen Umwandlung ihrer Glieder zu einem täglich vollkommener werdenden christlichen Leben und als Aufforderung zur

Erneuerung der kirchlichen Strukturen und pastoralen Handlungen. Diese Umwandlung ist im Lichte des Konzils für die richtige Wahrnehmung ihrer Mission notwendig.

Kritik an den Zeitgeschehnissen
13. Die geschichtliche Perspektive hilft uns, wie wir schon sagten, die Geschehnisse zu relativieren und die tiefgehende Dynamik aufzudecken, die die Geschehnisse in eine bestimmte Richtung zu lenken versucht. Diese Sehweise erläßt uns jedoch nicht die kritische Beachtung der Fakten, denn sie erlaubt uns, außer den Werten, die sie in ihnen findet, in ihrer entfaltenden Kraft vielleicht eine neue Dynamik zu finden, die den Lauf der Geschichte ändern kann. Wir stehen in einer Zeit großen Umbruchs. Darüber hinaus sind es die täglichen Erfolge, denen alle die größte Aufmerksamkeit schenken. Grund genug, ihren Wert nicht zu unterschätzen.

Hell und Dunkel
14. Ohne Zweifel stand die Bewegung vom 25. April primär unter dem Zeichen der Befreiung. Es war eine Revolution ohne Blutvergießen. Sie verkündete den Gewinn der bürgerlichen Freiheiten, sie führte die politischen Gefangenen und Verbannten wieder der Gesellschaft zu. Sie erweckte in weiten Kreisen der unterdrückten Bevölkerung neue Hoffnungen und verhinderte ein Scherbengericht. Ein großer Teil der Welt stimmte uns darin zu. Außerdem versprach uns diese Revolution ein neues Portugal, das nach demokratischen Grundsätzen von allen Portugiesen gemeinsam aufgebaut werden soll. In all dem findet man Wertmaßstäbe des Evangeliums, über die sich jeder freuen wird.
15. Aber nicht alles ist Licht in diesem Panorama. Es fehlen nicht Mißbrauch der Freiheit, Opportunismus, Demagogie, Rache und sogar Verfolgung, um dieses Licht zu verdunkeln. Es gibt genügend Schatten auf so wichtigen Gebieten wie der Information, der Beziehungen zwischen Arbeitgebern und Arbeitnehmern oder des Unterrichtswesens. Ständig kommen Klagen und Proteste auf uns zu von Gefangenen, die noch nicht vor ein Gericht gestellt wurden, von Opfern willkürlicher "Sanierungen", von Personen und sogar von ganzen Bevölkerungsgruppen, die Übergriffe auf ihre Rechte anzeigen oder befürchten. Die Ausschreitungen extremistischer Gruppen sind allgemein bekannt. Neben begründeter Freude stellt man im heutigen Portugal Ratlosigkeit und Unsicherheit fest.
Diese Schattenseiten wollen wir jedoch nicht überbewerten, da sie größtenteils aus den für eine Übergangsphase des sozialen Wandels, in der wir uns befinden, typischen Mängeln abzuleiten sind. Wir vertrauen darauf, daß auf die Verwirrung, die diese Phase kennzeichnet, eine klärende Zeit der sicheren Abgrenzung der Ideen und Wertmaßstäbe folgen wird. Und wir hoffen, daß die besseren überleben.

Schwerwiegende Probleme in dieser Stunde
16. Außer den Vorteilen, die uns die Aprilrevolution brachte, und den Nachteilen, die den Beginn der Freiheit immer begleiten, dürfen wir die schwerwiegenden Probleme nicht vergessen, denen das Land in dem jetzigen Augenblick ausgesetzt ist. Um sich eine Vorstellung von ihrer Art und ihrem Ausmaß machen zu können, genügt es, die wichtigsten von ihnen aufzuzählen: denken wir an das Schicksal der Gebiete in Übersee, den politischen Wiederaufbau des Landes und die drohende wirtschaftlich-soziale Krise.
Das Gewicht der Folgen dieser Probleme und die Verantwortung für ihre Lösung fällt nicht nur auf die führende Schicht, sondern auf die ganze Nation. Jeder Portugiese muß mit Realismus, klarer Sicht, gesundem Verstand, Mut und Großherzigkeit den ihm zukommenden Anteil der ungeheuren Aufgabe übernehmen, sich mit Problemen von diesem Ausmaß zu konfrontieren und sie zu lösen.

Der politische Wiederaufbau des Landes
17. Der politische Wiederaufbau des Landes muß in einem sehr weiten Sinne verstanden werden. Nicht nur die Form der Regierung steht auf dem Spiel. Es handelt sich darum, das politische, soziale, wirtschaftliche und kulturelle Leben Portugals nach neuen Modellen aufzubauen. Dabei müssen wir jedoch der Verführung durch Modeerscheinungen, die unserer Realität fremd sind, aus dem Wege gehen. Zur Realisierung dieses Aufbaus bietet sich der demokratische Weg an. Wir glauben nicht, einen anderen beschreiten zu dürfen, wenn wir als demokratischen Weg — wie wir vorher vorgeschlagen haben — jenen verstehen, der jedem Bürger die reale Möglichkeit gibt, sich aktiv und verantwortungsbewußt an der Wahl und Verwirklichung der Gesellschaftsform zu beteiligen, die er wünscht.
18. Ein gesunder Realismus jedoch verlangt, auf den Grad der Durchführbarkeit der Methoden auf diesem Weg zu achten. Bei einer Bevölkerung von schwacher politischer Bildung und mangelnder politischer Erfahrung gewinnen die Minderheitsgruppen, sofern sie im Kampf um die Macht geübt sind und nicht rechtzeitig Gegner finden, leicht die Oberhand. Im Namen des Volkes, der Demokratie oder der Freiheit setzen sie am Ende Beschlüsse in Kraft, die die Mehrheit nicht wünscht.
Schon jetzt gibt es Beispiele für solche Angriffe auf die örtliche Autorität, öffentliche und private Unternehmen, auf Informationsorgane, Einrichtungen im Unterrichtswesen, auf syndikale Organisationen usw. Auf diese Weise entstehen in der Tat außergewöhnliche und sogar illegale Situationen, die die öffentlichen Kräfte unter einer normalen Regierung, die das Recht respektiert, verhindern oder beheben müssen.
Ihr Eingreifen erläßt jedoch nicht die dringend notwendige Bemühung um die demokratische Bildung unseres Volkes, die — wie sich bereits jetzt

feststellen läßt — ohnehin die Risiken einer Einführung in Form eines Experiments mit sich bringt.

Die drohende wirtschaftliche und soziale Krise
19. Das dritte große Problem, dem das Land zu dieser Stunde gegenübersteht, ist die drohende wirtschaftliche und soziale Krise. Ohne technische Einzelheiten zu behandeln, die außerhalb unserer Kompetenz liegen, halten wir es für nützlich, kurz auf die allen bekannten Ereignisse einzugehen, die viele Leute vor allem aus der wirtschaftlich schwächeren Schicht der Landwirte und Arbeiter hart treffen.
In den letzten Jahren berücksichtigte man infolge der durch die Umstände bedingten Entwicklung der nationalen Wirtschaft die weniger begünstigten Schichten der Bevölkerung nicht entsprechend. Diese mußten in der Situation ungerechter Unterlegenheit ausharren, die durch die fortschreitende Inflation noch verschlimmert wurde. Folgen sind unter anderen die Steigerung der sozialen Spannungen, der Niedergang der Landwirtschaft und die massenhafte Auswanderung. Die pastoralen Kontakte mit den in der Welt verstreuten Emigranten erlauben uns zu bezeugen, welch bittere Enttäuschungen, Leiden und menschliche Tragödien — gemischt mit den Freuden eines gewissen wirtschaftlichen Fortschrittes — die Emigration mit sich bringt.
20. Zu den bisherigen wirtschaftlichen Schwierigkeiten kommen weitere, die ihren Ursprung in der gegenwärtigen Situation finden. Wenn man auch auf einigen Arbeitsgebieten den rechtlichen Ansprüchen nachkam und Klagen über ungerechte Vorteile berücksichtigt wurden, so verursachten das Klima der zuvor genannten Gärung, die Häufung der Anforderungen und Konflikte in den Betrieben, die intensive Aktivität der Gewerkschaften mit beinahe ständigen Versammlungen einen Rückfall der nationalen Produktion, von der weitgehend der Reichtum des Landes abhängt.
Andererseits ließen die Stagnierung oder der Ausfall der Produktion in den Betrieben — hervorgerufen durch die Konflikte und die Forderungen der Arbeitnehmer oder durch die finanziellen Schwierigkeiten — eine Flut von Arbeitslosigkeit entstehen, die im Falle einer sich anzeigenden Rückkehr der Emigranten, der überseeischen Siedler und der Reserveoffiziere noch ansteigen kann.
Schließlich bewirkt ein Klima der Unsicherheit durch den Rückzug der nationalen und ausländischen Investitionen und den Ausfall der Devisen der Emigranten und der Touristen immer den Stillstand in der Entwicklung des Landes.

Appell an das Gewissen der Portugiesen
21. Wir haben den innigen Wunsch, daß die Rückkehr in eine normale Wirt-

schaftslage, das Treffen der richtigen Maßnahmen und neuer Hilfsquellen ein solches Panorama in Kürze aufhellen können. Aber angesichts des beschriebenen Bildes können wir es nicht unterlassen, an das bürgerliche Gewissen und das christliche Denken der Portugiesen zu appellieren.
Alle mögen großmütig das allgemeine Interesse über ihr eigenes setzen, sich in Einheit gegenseitig die Hände reichen und so alles vermeiden, was zur Verschlimmerung der Situation beitragen könnte. Alle mögen mit gesteigertem Eifer den normalen Rhythmus ihrer produktiven Kräfte aufnehmen und mit dem Geist der Gerechtigkeit und in brüderlicher Hilfe jenen zu helfen versuchen, die als sozial und wirtschaftlich Schwächere die größeren Opfer der Krise waren oder sein werden.
Insbesondere erinnern wir die Arbeitnehmer daran, daß sie in Bezug auf ihre Forderungen, selbst wenn diese auf gerechtem Verlangen beruhen, wie auch in Bezug auf das Streikrecht, das in sich legitim ist, den Erfordernissen des Allgemeinwohls und den Möglichkeiten der Unternehmen und der nationalen Wirtschaft unterworfen sind. Gleichfalls rufen wir den Unternehmern ins Gedächtnis, daß unter der gleichen Forderung des Gemeinwohls für die Wirtschaft schädliche Handlungsweisen unerlaubt sind.
Die öffentlichen Kräfte und die Betriebe fordern wir auf, alle möglichen Maßnahmen zu treffen, um möglichst schnell neue Stellen zu schaffen und so den Bedürfnissen der Arbeitslosen und ihrer Familien gerecht zu werden.
Allen empfehlen wir schließlich jene Disziplin im Leben und in der Arbeit und jene Vernunft im Gebrauch der wirtschaftlichen Güter, ohne die es nicht möglich ist, Reichtum zu schaffen und ihn vor allem gerecht zu verteilen.
Die katholischen Organisationen, die sich dem sozial-caritativen Apostolat widmen, bitten wir, mit Klugheit die gegenwärtige Situation vorausschauend zu überblicken und auf deren Anforderungen in ständigem Appell an die soziale Gerechtigkeit mit den zweckmäßigsten Äußerungen einer erfinderischen und eifrigen Liebe zu antworten.

II. Die christliche Auffassung der Demokratie

22. Mit dem 25. April gewann das Wort Demokratie unter uns von einem Tag zum anderen eine Beliebtheit, die man mit der seit Ende des Krieges von 1939–1945 in einem Europa, das sich vom Nazismus befreite, vergleichen kann. Wir hören es heute von vielen Leuten durch einen euphorischen Ton lautstark gemacht. Wenn dieses Wort im Mund der Mehrheit auch nicht mehr als nur eine emotionale und vage Bedeutung hat, so halten sich in der Ausdrucksweise vieler ganz verschiedene, um nicht zu sagen, gegensätzliche Auffassungen versteckt. Es gibt Demokratie und Demokratie.

Die demokratische Auffassung im Lehramt der Kirche
23. Leo XIII unterschied schon am Ende des vergangenen Jahrhunderts bei einem ähnlichen Aufschwung zu einer demokratischen Euphorie zwischen sozialistischer und christlicher Demokratie. Dabei verstand er die unterschiedlichen Begriffe in dem Sinne, wie ihn die jeweilige Zeit prägte.
Gegen Ende des Krieges überließ uns Pius XII. in der berühmten Botschaft, die Weihnachten 1944 im Rundfunk übertragen wurde, eine Meisterlehre von unbestreitbarer Nützlichkeit über die christliche Auffassung der Demokratie. Sie ist heute noch äußerst aktuell.
In einer Zeit, in der die Demokratie aufhörte, Objekt von Polemiken zu sein, ist neuerdings das Wort Demokratie in den Dokumenten der letzten zwei Päpste, des zweiten Vatikanischen Konzils und der Bischofssynode fast vergessen, ohne daß jedoch dabei übersehen wird, die inhaltliche Bedeutung des Wortes Demokratie in zweifacher Zielsetzung auf die menschlichen Rechte und die aktive Teilnahme am Gesellschaftsleben zu vertiefen.
So haben wir innerhalb des Lehramts der Kirche genügend aktuelle Lehren, aus denen wir die christliche Auffassung der Demokratie ersehen können.
Im Gegensatz dazu stehen andere, namentlich die liberale und die marxistische. Bevor wir jedoch zu diesen Lehren übergehen, wollen wir eine kurze Einführung über die Demokratie und die Demokratien geben.

Die christliche Auffassung der Demokratie
27. Die christliche Auffassung der Demokratie geht aus von der Idee des Menschen als einer freien und verantwortlichen Person mit eigener und transzendenter Bestimmung, die im wesentlichen jedoch für die anderen Menschen mitverantwortlich ist. Diese Solidarität findet ihren Ausdruck in der natürlichen Integration in die sozialen Gruppen, angefangen von der Familie über die Schule, den Betrieb, die Gewerkschaft, die Kirche, bürgerliche Gemeinschaften usw. bis zum Staat.
Nach dieser demokratischen Auffassung beschränkt sich der Staat nicht auf eine polizeiliche Funktion, noch ist er allmächtiger Herr wie nach Auffassung der beiden ersteren Arten (liberale und marxistische Auffassung). Vielmehr hat er die bedeutende Aufgabe, bei den extremen Haltungen im Leben der Menschen das Allgemeinwohl zu fördern, indem er die Zuständigkeit der vermittelnden Körperschaften berücksichtigt und die etwaigen Mängel behebt.
Die politischen Parteien, die Gewerkschaften, alle Menschen und jeder für sich haben die Aufgabe, mit den Möglichkeiten des Dialogs und der Information, unter denen besonders die Mittel der sozialen Kommunikation hervortreten, als aktiv und verantwortungsbewußt Handelnde am sozialen Leben in seinen verschiedenen Schichtungen teilzunehmen.
Die christliche Auffassung der Demokratie, die gleichzeitig aus dem Leben und den lehrmäßigen Darstellungen der Interpreten entstand, tritt mit einem

Realismus und in einer Wahrheit in Erscheinung, die wir in den anderen nicht finden. Im übrigen neigen die anderen Demokratien bei ihrer konkreten Verwirklichung immer mehr dazu, in der christlichen Auffassung die Formen zu finden, die die Härte ihrer theoretischen Schemen mildern können.

Die Forderungen einer gesunden Demokratie
29. Nach christlicher Auffassung ist die Demokratie mehr als eine simple Regierungsform für die Nationen. Sie ist ein System für das soziale Leben, in dem der Mensch, weit davon entfernt, als reines Objekt oder passives Element betrachtet zu werden, vielmehr Subjekt, Fundament und Ziel aller Ausdrucksformen des Lebens ist.
Um eine solche Form der Demokratie zu erreichen, ist ein gewisser Grad an kultureller und staatsbürgerlicher Reife notwendig. In den politisch unterentwickelten Gesellschaften ist die Demokratie eine Utopie. Eine vorzeitige Einführung demokratischer Verfahrensweisen artet leicht in eine Anarchie aus, die wiederum den Diktaturen den Weg ebnet.
Die Reife der Bürger, die die Voraussetzung einer wahren Demokratie ist, zeigt sich in der Fähigkeit, eine zutreffende Meinung zu haben, sie richtig zum Ausdruck zu bringen und sie in entsprechender Weise dem Allgemeinwohl zugute kommen zu lassen. Dies sollte auf Ebenen des gemeinschaftlichen Lebens der Menschen geschehen, auf denen sich für eine demokratische Gesellschaft normale Strukturen des Dialogs und der Anteilnahme finden lassen.
30. Die echte Demokratie opfert nicht die Menschen von heute der Utopie einer zukünftigen Gesellschaft. Sie berücksichtigt in erster Linie den Menschen, und zwar den Menschen als Person; sie achtet seine Würde und seine Rechte; sie befaßt sich mit seinen Gesellschaftsformen, angefangen bei der Familie; sie hat ein Ohr für die Pflichten und Opfer, die das Gemeinwohl von ihm fordert; sie verlangt von ihm eine verantwortungsvolle Teilnahme am Gemeinschaftsleben.
Dies alles fordert von dem Menschen eine hohe Dienstbereitschaft, sei es im autoritären Dienst gegenüber denen, die aufgefordert sind, Befehle auszuführen, sei es im Dienst aus Gehorsam, für alle zusammenzuarbeiten. Dies ist eine Dienstbereitschaft, die ein reines moralisches Gewissen und einen ausgesprochenen Sinn für brüderliche Solidarität voraussetzt. Vor allem bei der Schaffung der geistigen Grundlagen für die Verwirklichung einer echten Demokratie hat die Kirche eine wichtige Aufgabe zu erfüllen.

Christlicher Geist der gesunden Demokratie
31. Ein christlicher Lehrer der Demokratie gelangt zu der Ansicht, daß es keine demokratische Gesinnung gäbe, die sich nicht am Evangelium inspi-

riert hätte oder ohne diese Inspiration bestehen könne. In der Weiterentwicklung dieses Gedankens kommt er zu dem Schluß, daß die Verwirklichung der Demokratie so große Ansprüche und Forderungen stellt, daß nur eine Erleuchtung und ein Glaube heldenmütiger Art, wie ihn nur Christus in der Welt erweckt hat, sie ermöglichen können (vgl. J. Maritain, Christentum und Demokratie).

Im gleichen Sinne bekräftigt Pius XII. in der schon zitierten Botschaft, "daß die Kirche die Aufgabe hat, einer Welt, die nach immer besseren und vollkommeneren Formen der Demokratie dürstet, die höchste und wichtigste Botschaft zu verkünden: die Würde des Menschen und seine Berufung als Kind Gottes."

So werden wir sagen können, daß die Kirche in diesem Licht viel beiträgt zur Grundlegung und Verwirklichung der Demokratie durch das Aufzeigen jeglicher Vergötterung; durch die Verkündung der Brüderlichkeit, die sie predigt; durch das Bewußtsein der eigenen Würde sowie ihrer Rechte und Pflichten, das sie den Menschen gibt; durch das Gewicht, das sie auf den Sieg der Wahrheit, der Gerechtigkeit, der Liebe und des Friedens in der Welt, in der wir leben, legt.

Der Aufbau einer gesunden Demokratie
32. Wir zögern nicht, uns für eine solche Demokratie einzusetzen. Wir fordern alle zu dem gemeinsamen Bemühen auf, diese unter uns zu realisieren, indem wir unser Volk diese entdecken lassen, den Geist pflegen, der sie beleben soll, und mit Einsicht und Großmut beim Aufbau der notwendigen Strukturen zusammenarbeiten, um dieser Demokratie auf allen Ebenen und Gebieten des Lebens des Landes Gestalt zu geben.

III. Der Christ und seine Stellung zu den Parteien

Kriterien zur Wahl der Partei
45. Bei der Wahl der Partei müssen im allgemeinen folgende Gesichtspunkte berücksichtigt werden: der Wert der Grundsätze und des angewandten Systems; die Möglichkeit ihrer Verwirklichung und ihre Zweckmäßigkeit für den konkreten Fall, der auf dem Spiel steht; die Garantien, die die Parteiorganisation für Zuverlässigkeit und Wirksamkeit in ihren Handlungen anbietet; die außerparteilichen Forderungen des Allgemeinwohls, die zu ihren Gunsten den Verzicht auf die parteilichen Vorteile verlangen können.

Besondere Aufmerksamkeit sollte man noch dem Programm der Partei und der Ideologie schenken, die sie inspiriert. Diese beiden Punkte müssen speziell betrachtet werden.

Unterscheidung zwischen den Parteiprogrammen
46. Die Übereinstimmung eines Parteiprogrammes mit den sozialen Lehren der Kirche ist für den Christen eines der Hauptkriterien für die Wahl der Partei.
Es verdienen insbesondere die Parteien kein Vertrauen, die keine Rücksicht auf die fundamentalsten menschlichen und christlichen Werte zusichern: nämlich die Religion und die Freiheit, sie auszuüben; das geistige und physische Leben des Menschen, das der Unkenntnis, dem Elend, der Diskriminierung, den verschiedenen Formen der Nötigung, der Abtreibung und noch anderen Arten des Anschlags auf das Leben ausgesetzt ist; die Familie, die in einer unauflöslichen Einehe begründet ist und sich auf die Aufgabe der Erziehung ihrer Kinder namentlich in dem System eines freien Unterrichtswesens stützt; die Arbeit und die freie Initiative mit dem Streben nach Selbstverwirklichung und persönlichem Beitrag für das Allgemeinwohl; das Privateigentum, selbst an Produktionsgütern, zur Verwirklichung der Freiheit und Selbständigkeit der Person mit den von der sozialen Funktion geforderten Beschränkungen; das Recht auf Wahrheit und zur Wahrheit, gepaart mit der Gedanken- und Meinungsfreiheit und der Forderung nach objektiver Information; die Teilnahme am öffentlichen Leben und an wirksamer Ausübung der politischen Freiheit; die für alle erreichbare Justiz für eine unparteiische und wirksame Verteidigung der physischen und moralischen Menschenrechte.
Diese Aufzählung, die hier nur zur Erinnerung dienen soll, lädt zu einer gründlichen Suche nach den Grenzpfählen ein, innerhalb deren Abgrenzung der Christ das Programm oder die Parteiprogramme finden kann, die wünschenswert sind.

Betrachtung der Ideologien
47. Es kann vorkommen, daß ein Parteiprogramm seine wahren Absichten nicht zum Ausdruck bringt, sei es aus Strategie oder um nur einen Teil davon zu erwähnen. Deshalb ist es von großem Interesse, über das Programm hinaus die Möglichkeit nicht außer Acht zu lassen, eine Ideologie oder ein Spiel mit Interessen dahinter zu entdecken, die die Wahl beeinflussen. In der Tat ist es bei der augenblicklichen Übersicht über unsere Parteien — obwohl sie erst noch endgültig abgeschlossen werden muß — nicht schwer, Strömungen und Formen aufzudecken, die mit dem christlichen Denken nicht zu vereinen sind.

Ideologien und geschichtliche Bewegungen
48. Wie schon Papst Johannes XXIII. in der Enzyklika "Pacem in Terris" und der derzeitige Papst in dem Apostolischen Schreiben "Octogesima Adveniens" richtig sagten, sollte man "bestimmte Bewegungen, die sich mit

wirtschaftlichen, sozialen und kulturellen Fragen oder der Politik befassen, unterscheiden von falschen philosophischen Lehrmeinungen über das Wesen, den Ursprung und das Ziel der Welt und Menschen, auch wenn diese Bewegungen aus solchen Auffassungen entstanden und von ihnen angeregt sind. Während die in ein System gefaßte und endgültig niedergelegte Weltanschauung nicht mehr geändert werden kann, unterliegen diese Bewegungen, die sich mit den je und je sich wandelnden Verhältnissen auseinanderzusetzen und ihnen anzupassen haben, unvermeidlichen Wandlungen. Wer könnte übrigens leugnen, daß in solchen Bewegungen, soweit sie sich den Gesetzen einer geordneten Vernunft anpassen und die gerechten Forderungen der menschlichen Person berücksichtigen, etwas Gutes und Anerkennenswertes sich finden kann?" (Octogesima Adveniens, 30).

49. Eine solche Unterscheidung ist richtig und nicht ohne praktische Folgen. Es gibt Fälle, in denen die Anwendung dieser Unterscheidung legitim ist. Und so finden wir Katholiken rechten Gewissens, die sich auf diese stützen und in Parteien und Gruppen mitarbeiten, die durch ihre Bezeichnung oder durch ihre ursprüngliche Tendenz an Ideologien appellieren, denen ein Katholik nicht global zustimmen kann.

Demgegenüber ist eine sorgfältige Überprüfung geboten. "Der Christ muß die Grundsätze und Regeln für sein Handeln den Quellen seines Glaubens und dem Lehramt der Kirche entnehmen, um sich nicht zunächst anziehen und zuletzt einsperren zu lassen in ein Lehrgebäude, über dessen Ziele und Totalitätsanspruch er sich erst zu spät klar wird, wenn er sie nicht bereits in seinen Wurzeln erkannte."

Diese kluge Regel gibt uns der Heilige Vater Paul VI. in dem gleichen Apostolischen Schreiben (Octogesima Adveniens, 36) nach der kurzen Betrachtung der wichtigsten, in unserer Zeit geläufigsten Ideologien wie Sozialismus, Marxismus und Liberalismus unter Erneuerung der vom katholischen Lehramt schon immer gegen sie vorgebrachten Vorbehalte und Urteile.

Das Dokument in seinem vollen Inhalt ist übrigens von größtem Interesse für alle, die ihre sozialen und politischen Ideen auf diesem Gebiet mit den Lehren der Kirche in Einklang bringen wollen.

Der Christ und der Sozialismus

50. Man kann nicht leugnen, daß "heutzutage sozialistische Ideologien und deren verschiedene, im Laufe der Zeit entstandene Abwandlungen große Anziehungskraft auf Christen ausüben. Sie suchen darin einige Anliegen wiederzuerkennen, die ihnen von ihrem Glauben her vertraut sind... Allzu oft lassen Christen sich vom Sozialismus anziehen und zeigen die Neigung, sich von ihm ein Idealbild zu machen, als sei er etwas allseitig Vollkommenes; so erscheint der Sozialismus als der Wille zur Gerechtigkeit, zu gegenseitigem Verständnis und zur Gleichheit. Zudem weigern sie sich, von den Gewalt-

maßnahmen der geschichtlichen sozialistischen Bewegungen Kenntnis zu nehmen, die nach wie vor Ausfluß seiner ursprünglichen Lehren sind."
Man muß jedoch beachten, daß nicht jeder Sozialismus, der heute in der Welt zu finden ist und an unsere Tür klopfen kann, von Organisationen und Ideologien beherrscht wird, die für einen Christen unannehmbar sind. Deshalb muß man sich um Unterscheidung bemühen. Nur so ist es für den Christen erkennbar, "wie weit er sich einlassen und an den Vorhaben beteiligen darf, ohne daß unmerklich die Werte der Freiheit, der Verantwortung im Gewissen und der Raum für geistiges (geistliches) Leben dabei zu Schaden kommen; all das sind ja Vorbedingungen einer ganzheitlichen und vollkommenen Entwicklung des Menschen" (Octogesima Adveniens, 31).

Der Christ und der Marxismus
51. Das Urteil über die marxistische Ideologie ist viel rigoroser. "Ihr atheistischer Materialismus, ihre Dialektik der Gewaltsamkeit, die Art und Weise, wie sie die persönliche Freiheit in der Gesellschaft aufgehen läßt und dabei zugleich dem Menschen, seiner persönlichen wie auch der gesamtmenschheitlichen Geschichte jeden transzendenten Bezug abspricht", das sind Ansichten, "die von Grund aus oder doch in wesentlichen Stücken ihrer Lehre mit dem Glauben und dessen Menschenbild unvereinbar sind" (Octogesima Adveniens, 26).
Unglücklicherweise zieht der Marxismus in seinen verschiedenen Formen immer noch gewisse Christen an, die weniger auf die innere Logik dieser Ideologie und die Zuverlässigkeit, die ihm das System bietet, achten und danach fragen, ob nicht gewisse spezifische Aspekte des Marxismus in seinen gegenwärtigen konkreten Formen annehmbar wären. Wir können ihnen nur mit den Worten des Papstes entgegnen, daß es "doch in hohem Grad töricht und gefährlich wäre, darüber zu vergessen, welch enges Band sie alle untereinander verknüpft; desgleichen, Elemente der marxistischen Forschung zu übernehmen, ohne ihre Beziehungen zur Lehre selbst in Betracht zu ziehen, und schließlich sich am Klassenkampf zu beteiligen und dabei seine marxistische Deutung zu bejahen, dagegen den gewaltsamen und absolutistischen Charakter der Gesellschaft zu übersehen, zu dem diese Verfahrensweise allmählich führt" (Octogesima Adveniens, 34).

Der Christ und der Liberalismus
52. Ebensowenig akzeptabel für den Christen ist der Liberalismus, der "einseitig die Freiheit der Person überbetont, sie von jeder Bindung an Normen lösen möchte, nur aufstachelt zum Erwerb von Besitz und Macht, die sozialen Beziehungen der Menschen fast nur als sich von selbst einstellende Ergebnisse der privaten Initiativen ansieht, nicht aber als Ziel und als das Merkmal, wonach die Würde einer wohlgeordneten Gesellschaft sich bemißt" (Octogesima Adveniens, 26).

Diese Ideologie hat einem Kapitalismus gedient, der für die Rechte der
Arbeiterklassen und für die Würde einer durch die Konsumpropaganda manipulierten Öffentlichkeit schädlich war. Diese Ideologie lebt heute wieder auf
in neuen Formen eines Kapitalismus von weltweitem Ausmaß; ebenso "in
multinationalen Konzernen, die, gestützt auf die gewaltigen in ihnen zusammengefaßten und zu vielseitiger Verwendung einsetzbaren Mittel völlig eigenmächtig vorgehen, niemanden unterstehen, weitgehend auch von staatlicher Autorität unabhängig sind und daher auch keiner Kontrolle in bezug
auf das Gemeinwohl unterliegen. Aufgrund ihrer weit ausgreifenden Geschäftigkeit können diese privaten Unternehmen sich zu einem neuartigen, durchaus unzulässigen wirtschaftlichen Machtfaktor auswachsen mit Auswirkungen in den sozialen, in den kulturellen, ja sogar auch in den politischen
Bereichen" (Octogesima Adveniens, 44).

Dennoch ist für viele Christen auch der Liberalismus noch weiterhin ein
Leitbild. "Diese Bewegung erhält sich lebenskräftig, indem sie sich auf ihre
wirtschaftlichen Erfolge beruft, aber auch dank dem Streben des einzelnen,
sich gegen die immer mehr um sich greifende Macht der Verbände wie
auch gegen totalitäre Staatsgewalt zu schützen." Aus der Neigung, den Liberalismus als eine Verkündigung der Freiheit zu idealisieren, "vergessen viele
Christen allzuleicht, daß der philosophische Liberalismus in seiner Wurzel
die Irrlehre von der Autonomie des einzelnen ist in bezug auf sein Tun, seine
Motivation und in bezug auf den Gebrauch, den er von seiner Freiheit
macht" (Octogesima Adveniens, 35).

Auch hier ist deshalb eine Überlegung unerläßlich, die die Werte und Gegenwerte der Systeme, die sich an dieser Ideologie inspirieren, unterscheidet.

Appell an die politische Selbstbehauptung der Christen
53. Nach unserer Auffassung dürfen wir es nicht unterlassen, gegenüber den
heute geläufigsten Ideologien eine kritische Stellung einzunehmen, zumal in
einem Augenblick, in dem das Land von der Propaganda für diese Ideologie
und von einem Ansturm von Bewegungen, die ihre Orientierung und ihre
Dynamik in ihnen finden, überfallen wird. Ebensowenig können wir unsere
Besorgnis verschweigen, wenn wir ansehen müssen, wie die Volksmassen, die
bereits auf gefährliche Weise entpolitisiert sind, von einigen dieser Bewegungen geschickt und intensiv bearbeitet werden, während andere Gruppen,
die die Achtung vor der christlichen Soziallehre gewährleisten könnten, zögern oder noch nicht voll zum Zug kamen.

Wir rufen deshalb die Katholiken an der Seite aller Menschen guten Willens
zur aktiven Präsenz in den ersten Reihen des Kampfes um das Portugal von
morgen auf: in den Parteien, aber auch in den Gewerkschaften, in den
öffentlichen Kommunikationszentren, in kulturellen Vereinen usw.

Es ist ein Gebot für die Christen, Kompromisse mit der Welt zu schließen, ohne daß dabei jedoch eine klare politische Position ausgeschlossen wird. Sie sollen die Kompromisse auf gewissenhafte Weise, in freier Entscheidung, mit Großmut und Verantwortungsbewußtsein schließen. Sie sollen mit den sozialen Lehren der Kirche und den Orientierungslinien der Hierarchie in ihren Handlungen übereinstimmen. Wie wir jedoch schon am Anfang unseres Hirtenbriefes sagten, sollen sie nicht abwarten in der Hoffnung auf konkrete Anweisungen, die die Hierarchie weder geben kann noch darf.

Zusammenfassende Schlußfolgerung

57. Wenn das Land unter dem Druck steht, neue Ziele auf seinem geschichtlichen Weg finden zu müssen, so drängt sich den Portugiesen die Pflicht auf, das Bewußtsein des Volkes in seinem klar umrissenen Charakter wieder neu zu beleben, um in Treue zu der bleibenden Größe seiner Vergangenheit sichere Wege für die Zukunft zu finden. Die gegebene Gelegenheit hierfür darf nicht versäumt werden. Vielmehr mögen die Portugiesen im Geist wahrer Brüderlichkeit, der alles überwinde, was sie trennt, und alles in Bewegung setze, was sie eint, die Herausforderung dieser Stunde mit der Klugheit und Kraft beantworten, die sie während der acht Jahrhunderte ihres Gemeinschaftslebens unter Beweis stellten.

58. Wie in der Vergangenheit wird die Kirche in diesem entscheidenden Augenblick der Geschichte Protugals, die zum großen Teil auch ihre eigene ist, gegenwärtig sein. Sie wird mit Loyalität und Dienstbereitschaft zur Stelle sein. Frei von weltlichen Kompromissen, die zu schließen die vergangenen Jahrhunderte von ihr verlangten, ist sie sich heute bewußt, daß sich ihr Beitrag zum Fortschritt des Landes auf das Wesentliche ihrer Mission begrenzt. Denn zur vollkommenen Erfüllung dieser Mission leuchte in ihr und unter all ihren Gliedern jene Einheit in der Liebe auf, die in der Welt, in der sie lebt, Zeichen für die Glaubwürdigkeit und Ansporn zur Umkehr ist.

59. Unser letztes Wort wird von Zuversicht getragen: Vertrauen auf den gesunden Menschenverstand des portugiesischen Volkes, das auf dem Scheideweg der Geschichte, auf dem es sich befindet, die richtige Richtung einzuschlagen weiß; Vertrauen auf die Aufnahmefähigkeit der Jugend, die eine so wichtige Rolle im Aufbau des künftigen Portugal spielt, für Ideal und Großmut; Vertrauen auf die Kraft des Zeugnisses des Evangeliums und der apostolischen Aktion eines Klerus und eines Laienstandes, die sich in Einheit mit ihren Bischöfen der Aufgabe der Erleuchtung und Belebung dieses Aufbaus mit dem christlichen Geist hingeben; Vertrauen schließlich auf die barmherzige Hilfe Gottes, bewirkt durch die Fürsprache der heiligen Jungfrau Maria.

(Übersetzt von Dr. Radegundis Leopold)

Überlegungen über einen Widerspruch

P. Bento Domingues OP

... "Es entstanden inzwischen eine Menge von Anklagen, Anträgen und Vorschlägen von Katholiken (Priestern und Laien), die sich an die portugiesischen Bischöfe richteten. Die einen geben Anregungen und formulieren Bitten, andere fordern öffentliche Reue und die Abdankung der Bischöfe wegen ihrer stillen Komplizenschaft mit dem vergangenen Regime. Der Bischof von Porto und der Bischof von Nampula bekommen jedoch kaum Beifall für die aufrechte Haltung, die sie in der Vergangenheit eingenommen haben. Die Haltung der einen Christen wurde von anderen als Sakrileg empfunden. Um nicht bloßen Meinungen und Motiven nachzugeben, muß man die diesen Anklagen und Vorschlägen zugrundeliegenden Fragen herausarbeiten.
a. Die Bischöfe wurden aufgrund des Konkordats eingesetzt. Sie wurden ... akzeptiert, weil das Regime keine allgemeinen politischen Gründe hatte, ein Veto einzulegen. Nur sehr wenige unter ihnen, die, als sie zwischen der 'Staatsräson' und der elenden Lage des Volkes und der Verbrechen, die gegen es begangen wurden, zu unterscheiden hatten, entschieden sich für das Volk und nicht für die 'Staatsräson'.
b. Die portugiesischen Bischöfe erhoben, bis auf ganz seltene Ausnahmen, nicht ihren öffentlichen und eindeutigen Protest gegen die systematische Verletzung des Rechts der freien Meinungsäußerung, der Versammlungsfreiheit und des Rechts, seine Rechte zu verteidigen.
c. Die portugiesischen Bischöfe protestierten niemals öffentlich und unmißverständlich gegen die Verbrechen der PIDE-DGS, Verbrechen, die ihnen auf die verschiedenste Weise mitgeteilt wurden mit umfangreichen Garantien der Wahrheit dieser Informationen. Sie richteten sich auch nie gegen ungerechte Gesetze und gegen die Verordnungen, die der politischen Polizei freie Verfügung über alles, was sie vorhatte, gaben. Aus diesem Grunde wußten sie auch, daß die Entscheidungen der politischen Gerichte von der Wurzel her ungerecht waren.
d. Die portugiesischen Bischöfe wußten von der Ausbeutung, der Tortur und von den Massakern, die vor und während der Kriege in Angola, Mozambique und Guinea begangen wurden ... Die Menschen stellen über dieses Schweigen Fragen. Einige ziehen daraus Schlußfolgerungen. Damit diese nicht voreilig und irrig sind, müssen die Bischöfe, ohne Ausflüchte zu suchen, die Gründe für ihre Handlungen und Unterlassungen angeben. Für viele Menschen steht konkret die Glaubwürdigkeit der Kirche auf dem Spiel.
Obwohl ich weiß, daß es riskant ist und daß ich in der Gefahr stehe, mich zu

irren oder ungerecht zu sein, möchte ich es wagen, folgende Bemerkungen zu machen:
1. Die Kirche verzichtete darauf, für die Rechte und Freiheiten des portugiesischen Volkes zu kämpfen, um die Freiheit des Kultes und des Unterrichts zu retten. Die Trennung von Kirche und Staat und die Bindungen des Konkordats wirkten sich in concreto nicht als Trennung von Staat und Kirche, sondern als Trennung der Kirche vom portugiesischen Volk, das von der Diktatur unterdrückt wurde, aus. Der Salazarismus und der Caetanismus gaben religiösen Äußerungen die größte Freiheit, damit sie das Volk von dem Elend, in dem es lebte, ablenkten. Der Beweis für diese Behauptung ist nicht schwer: Die Religionsfreiheit ging nur bis zu dem Punkt, in dem sie das Volk vernachlässigte und das Regime unterstützte, da jedesmal, wenn dieses nicht geschah, die Regierung mit aller Kraft diejenigen niederschlug, die im Namen des Evangeliums Fragen stellten oder Anklagen vorbrachten. Dafür gibt es viele Belege. Es genügt, an einige unwiderlegbare Beispiele zu erinnern, die für viele stehen: das zehnjährige Exil des Bischofs von Porto, die Vertreibung des Bischofs von Nampula und der Missionare aus Mozambique, der einheimischen Priester aus Angola und die Gefängnisstrafen für Priester und Laien in Portugal und den Kolonien. Dies ist die Wahrheit: Während des Regimes von Salazar und Marcelo Caetano gab es keine Freiheit für das Evangelium und sie konnte es auch nicht geben, weil die religiöse Freiheit nur existieren kann, wenn die fundamentalen Freiheiten tatsächlich garantiert sind.
Die Allianz, das "Konkordat" mit der Kirche kann nicht mit dem Staat abgeschlossen werden, sondern im Grunde nur mit der Bevölkerung und vor allem ihrem ärmsten und marginalisierten Teil. Die Kirche muß den Wert der sozialen und politischen Organisation eines Landes von denen her beurteilen, die von ihr ausgeschlossen sind. In dieser Bindung besteht ihre Freiheit. Der Irrtum der Verantwortlichen der Kirche in Portugal bestand in der Illusion, daß die Kirche frei sei ohne sich zu fragen, ob das Volk frei sei. Eine Kirche, die in der Mitte des Volkes ohne Freiheit lebt, kann sich nur dadurch frei zeigen, daß sie bis zum letzten für diese Freiheit kämpft. Die wahren Probleme der Kirche sind die Probleme des von Gott durch die partiellen Freiheiten zur totalen Freiheit gerufenen Volkes.
2. Die Kirche in Portugal hatte im Vaticanum II eine großartige Gelegenheit, bei sich selbst einiges von dem Tiefsten dessen zu verwirklichen, was sich im Lande seit dem 25. April 1974 zu realisieren begann. Einige Kirchen haben davon schon profitiert. Man denke nur an das naheliegende Beispiel der spanischen Kirche. Bei uns wurde das 2. vatikanische Konzil nicht vorbereitet, nicht begleitet und nicht angewandt. Man tat so, als ob wir keine Probleme hätten. Man zog es vor, sie zu ignorieren. Die Stimmen von Christen, die versuchten, die katholische Öffentlichkeit zu wecken, wurden erstickt

und erlebten alle Arten von Schwierigkeiten und wurden als wenig oder überhaupt nicht katholisch bezeichnet. Alle theologischen, pastoralen, sozialen und liturgischen Versuche, die Kirche zu bauen, wurden als unerwünscht bezeichnet und Sanktionen unterworfen. Das ist eine Geschichte, die geschrieben werden muß, damit sich in Zukunft nicht dieselben Fehler wiederholen. Darauf kommt es an." (S. 7–8)

Der Autor macht dann unter der Überschrift "Was tun?" sechs Vorschläge, die hier wegen der Länge nicht übersetzt werden. Es handelt sich, kurz zusammengefaßt, um folgendes (S. 9–10):

1. Es muß auf allen Ebenen der Kirche, von unten bei der Gemeinde bis oben zur Hierarchie eine gründliche Gewissensforschung über die Rolle der Kirchen und der Christen in den letzten 48 Jahren betrieben werden.
2. Die Kirche muß sich neue, demokratischere Strukturen geben, die aber keine Kopie staatlicher Strukturen sein sollen und dürfen, sondern vom Prinzip der Brüderlichkeit ausgehen müssen.
3. Die Kirche in Portugal hat bisher die theologische Arbeit völlig vernachlässigt und muß alles tun, um diese auf internationales Niveau zu bringen.
4. Ein nationales Seminar muß gegründet werden, in dem die Ergebnisse des 2. Vatikanum mit allen Gruppen diskutiert werden.
5. Die Konflikte in der Kirche müssen erkannt, formuliert, offen diskutiert und immer im Blick auf die Bewahrung der Einheit der Kirche und der Einheit der Christen bewältigt werden, wozu auch die Zulassung eines gewissen Pluralismus gehört.
6. Es muß dafür gesorgt werden, daß keine politische Gruppe oder Partei den Namen "christlich" in Anspruch nehmen darf. Nur die Kirche kann sich christlich nennen. Parteien und Gruppen sind dazu nicht berechtigt und verfälschen dadurch das Evangelium.

Teils zusammengefaßt und entnommen aus "Boletim de Instituto Superior de Estudos Teológicos" Mai/Juni 1974, abgedruckt in: "Seara Nova" Nr. 1547, September 1974, Seite 7–10.

Ausgewählte Literatur

Fritz René Allemann, 8 mal Portugal, München 1971.
Franz Ansprenger u. a. (Hg.), Wiriyamu, Eine Dokumentation zum Krieg in Mozambique, München/Mainz 1974.
Bento Domingues, Razões de um contraste, in: Seara Nova 1974, Nr. 1547, S. 6–10.
Carta colectiva dos bispos de Angola: Momento cristão de Angola, in: L'Osservatore Romano (portugiesische Ausgabe) vom 4. August 1974.
Carta colectiva dos bispos de Moçambique, in: Expresso vom 7. Sept. 1974.
Carta dos Bispos de Moçambique aos seus Presbíteros, Lourenço Marques 1971.
Carme D. Carvalhas, 48 Anos de Fascismo em Portugal, Lissabon 1974.
Jean Paul Caudron, En mars, les catholiques du Portugal pouvait avoir à choisir entre le Socialisme et la democratie chretienne, in: Informations catholiques Internationales No. 458 (15. Juni 1974), S. 3–5.
Conferência Episcopal da Metrópole. Carta Pastoral, No Décimo aniversario da „Pacem in terris", Lissabon 1973.
Conferência Episcopal da Metrópole, Carta Pastoral do episcopado português: O contributo dos cristãos para a vida social e politica, Lissabon 1974.
Ernst-Otto Czempiel, Der Beitrag der Kirchen zur Konfliktlösung in Mozambique, München/Mainz 1974.
De Kerk in Moçambique van Portuguese naar afrikaanse Kerk, Amersfoort (De Horstink), 1974.
Dokument der FRELIMO: Die Kirche in Moçambique und der Kampf für nationale Befreiung, in: Kritischer Katholizismus, Nr. 12 (1971).
Dossier P. I. D. E., Os horrores e crimes de uma „Policia", Lissabon 1974.
L'église et les territoires portugais d'outre-mer. La Documentation catholique, No. 1647 (Febr. 1974), S. 111–116.
Evangelischer Pressedienst (EPD): Dokumentation Nr. 23 1973: Portugiesischer Kolonialismus.
Antonio Ferreira Gomes, Ecumenismo e os direitos do homem na tradição portuguesa antiga, Porto 1974.
Adrian Hastings, Wiriyamu, Stein/Nürnberg und Freiburg/Schweiz 1974.
François Houtart (Hg.), Portugal in Afrika, Analyse eines Befreiungskampfes, Stein/Nürnberg 1971.
Rudi Maslowski, Der Skandal Portugal, Land ohne Menschenrechte, München 1971.
Pro Mundi Vita, Politik und Kirche in den portugiesischen Verwaltungsbezirken Afrikas, Brüssel 1972.
Michael Raske u. a. (Hg.), Der totalitäre Gottesstaat, Düsseldorf 1970.

Ludwig Renard, Salazar, Kirche und Staat in Portugal, Essen 1968.
João Afonso dos Santos, Carlos Adrião Rodrigues, Antonio Pereira Leite, Williem Gerard Polt: O julgamento dos padres do Macuti, Porto 1973.
José Augusto de Sousa, O concreto do mundo e da Igreja em Moçambique Hoje. Lourenço Marques 1972.
Bernhard Josef Wenzel, Portugal und der Heilige Stuhl, Lissabon 1958.

Autoren des Bandes

Fritz René Allemann, geb. 1910 in Basel/Schweiz. Studium der Geschichte, Nationalökonomie, Soziologie und politische Wissenschaft in Basel und Berlin. Seit seinem 18. Lebensjahr als Journalist tätig. Zahlreiche Auslandsaufenthalte. Seit 1942 Korrespondent und Redakteur der Zürcher Tageszeitung "Die Tat" in London, Paris, Zürich, Bonn und Berlin. 1960–64 Mitherausgeber der Zeitschrift "Der Monat". Leitartikler der "Weltwoche" (Zürich) bis Herbst 1970. Zahlreiche Buchveröffentlichungen, u. a. "8 mal Portugal" 1971, "Macht und Ohnmacht der Guerilla" 1974.

Dr. Francisco Bonifácio Miranda, geb. 1919 in Goa. Studium der Philologie in Bombay. Seit 1963 Assistent des Generaldirektors für Politische Angelegenheiten und Innere Verwaltung. Seit 1970 als Bevollmächtigter Minister Direktor des Presse- und Informationsamtes im Außenministerium Portugals. War viele Jahre Mitglied der portugiesischen Delegation bei den Vollversammlungen der Vereinten Nationen und Vertreter im Sicherheitsrat. Stellte das Weißbuch "20 Jahre Verteidigung des portugiesischen Staates in Indien" zusammen. Veröffentlichte u. a. "Portugal antwortet den Vereinten Nationen". Jetzt Generalkonsul in Mailand.

Dr. Miguel Artur Murupa, geb. 1943. Verließ 1962 aus Unzufriedenheit über die Überseepolitik Portugals seine Heimat in Mozambique und schloß sich Unabhängigkeitsbewegungen in Dar-es-salaam an. Nach Universitätsstudium in den USA und einer Guerilla-Ausbildung in Tanzania übernahm er 1967 eine führende Position in der *Frelimo*. Zuletzt Außenminister der Bewegung. Kehrte im November 1970 der *Frelimo* enttäuscht den Rücken und ging nach Mozambique zurück. Dort wurde er Stellvertretender Chefredakteur der in Beira erscheinenden Wochenzeitung "Voz Africana" (Die afrikanische Stimme).

Eduardo de Sousa Ferreira, geb. 1936 in Lissabon. Diplom-Volkswirt, zur Zeit in Heidelberg. Promoviert über "Die portugiesische Emigration nach Europa und in die Kolonien". Gründungsmitglied des Komitees Südliches Afrika Heidelberg. Gründungsmitglied und derzeit Vorsitzender der Informationsstelle Südliches Afrika, Bonn (ISSA). Mitglied der Studiengruppe Entwicklungsländer der Vereinigung Deutscher Wissenschaftler, Hamburg (VDM). Autor zahlreicher Analysen über den portugiesischen Kolonialismus und seine Beziehungen zu den westlichen Industrieländern. Veröffentlichungen u. a. "Portugiesischer Kolonialismus im Südlichen Afrika", Freiburg 1972; "Portuguese Colonialism: its effects on education, science culture and information" (geschrieben im Auftrag der UNESCO, Paris, erscheint dort demnächst); "Aspectos do colonialismo Português" (Lissabon, erscheint demnächst).

Luc Hertsens, Mitglied der Missionsgesellschaft der Weißen Väter. Viele Jahre als Missionar in Zaire tätig. Mehrere Jahre Rektor des "Collège International des Pères Blancs" in Rom, anschließend Generalsekretär der Konferenz der Ordensoberen von Belgien. Jetzt tätig als Direktor der Sektion Afrika des Internationalen Forschungs- und Informationszentrums "Pro Mundi Vita" in Brüssel. Zweijähriger Studienaufenthalt in Portugal.

Wilhelm Großkortenhaus, geb. 1913 in Gelsenkirchen. Priesterweihe als Mitglied der Missionsgesellschaft der Weißen Väter 1939. Theologische Promotion in Münster 1941. Nach dem Krieg Lehrtätigkeit in internationalen Priesterseminarien in Europa und Afrika. Seit 1967 Mitglied des Generalrates der Missionsgesellschaft der Weißen Väter. In dieser Stellung als Generalassistent mitverantwortlich für alle wichtigen Entscheidungen der Arbeiten und Aufgaben der Weißen Väter; dazu gehörte auch der Entschluß, die Missionare der Weißen Väter aus Mozambique zurückzuziehen.

Horst R. Flachsmeier, geb. 1924. Dr. theol. und Dr. med. Evangelischer Pastor in Hamburg, zugleich vollapprobierter niedergelassener Arzt. War viele Jahre Direktor eines Missionshospitals und theologischer Dozent. Kennt als ärztlicher Fachberater für Mission die meisten Länder Asiens, Afrikas und Lateinamerikas aus eigener Anschauung.

Heinrich Tenhumberg, geb. 1915 in Lünten/Westfalen. Studium und Priesterweihe in Münster. 1958 Weihbischof. 1966—69 Leiter des Kommissariats der Deutschen Bischöfe (Katholisches Büro) in Bonn. Seit 1969 Bischof von Münster. Vorsitzender der Pastoralkommission der Deutschen Bischofskonferenz. Vorsitzender des Katholischen Arbeitskreises Entwicklung und Frieden (KAEF), der als Kommission Justitia et Pax in der Bundesrepublik Deutschland tätig ist.

Gerhard Grohs, geb. 1929. Dipl.-Soziologe, Dr. jur., Professor für Soziologie an der Freien Universität Berlin. Vorsitzender der Kammer für Entwicklungsdienst der EKD. Mitglied der Synode der EKD. Veröffentlichungen u. a. "Stufen afrikanischer Emanzipation", Studien zum Selbstverständnis westafrikanischer Eliten, Stuttgart 1967; "Zur Soziologie der Dekolonisation in Afrika" (mit Barsam Tibi), Frankfurt 1973; "Der umstrittene Damm", Zur Diskussion um den Cabora-Bassa-Damm in Mozambique, in: Zeitschrift für Kulturaustausch, Jahrgang 24, Heft 1/1974.